RESEARCH ON
RADIOCOMMUNICATION LAW

无线电通信法研究

夏春利◎著

人民邮电出版社

北京

图书在版编目（CIP）数据

无线电通信法研究 / 夏春利著. -- 北京：人民邮电出版社，2025. -- ISBN 978-7-115-65780-0

Ⅰ. D922.174

中国国家版本馆CIP数据核字第2024P49H93号

内 容 提 要

本书系统地探讨了我国无线电通信领域的法律框架和管理机制。全书共分为九章，内容涵盖无线电通信基本概念、无线电通信法律渊源、无线电通信管理机制、无线电通信资源法、无线电台（站）管理法、无线电发射设备管理法、无线电通信秩序法、无线电安全法及无线电通信国际法等多个方面。本书附录部分列出了相关法律法规、参考文献等，为读者提供了进一步研究的资料。

本书适合无线电管理机构的工作人员，通信领域的制造商、运营商，通信和法学专业的高校师生、科研院所研究人员阅读参考。

◆ 著　　夏春利
　　责任编辑　苏　萌
　　责任印制　马振武

◆ 人民邮电出版社出版发行　　北京市丰台区成寿寺路11号
　　邮编　100164　　电子邮件　315@ptpress.com.cn
　　网址　https://www.ptpress.com.cn
　　固安县铭成印刷有限公司印刷

◆ 开本：720×960　1/16

印张：20.5　　　　　　　　2025年4月第1版

字数：400千字　　　　　　2025年4月河北第1次印刷

定价：99.80元

读者服务热线：(010)53913866　印装质量热线：(010)81055316
反盗版热线：(010)81055315

序

随着信息通信技术的迅猛发展和各种新型无线电业务的不断涌现,无线电频谱作为信息传输的重要载体,已成为各国经济社会发展的关键物质基础和国防建设的重要战略资源。无线电通信技术的应用领域非常广泛,不仅涉及军用和民用,还覆盖了陆地、空气空间、外太空以及深海海底等多个维度,因此,无线电频谱在当前和未来都是事关国家安全与发展的重要资源。2020年修订的《中华人民共和国国防法》规定,国家建设强大稳固的现代边防、海防和空防,采取有效的防卫和管理措施,保卫领陆、领水、领空的安全,维护国家海洋权益;国家采取必要的措施,维护在太空、电磁、网络空间等其他重大安全领域的活动、资产和其他利益的安全。无线电频谱不仅是建设现代边防、海防和空防的重要支柱和基石,而且已成为独立的安全领域,更是建设电磁强国的关键依托。

无线电通信法在合理分配无线电通信资源、有效维护无线电通信秩序、有力保障电磁空间安全和积极促进通信产业发展方面发挥了重要作用。我国目前已经形成了以宪法为最高法律,以含有无线电管理具体条款的法律为重要组成部分,以无线电管理行政法规、部门规章、地方性法规、地方政府规章为规则主体,以无线电管理的规范性文件和相关标准为细则的无线电法律体系,构建了无线电频谱资源分配和使用、无线电台设置使用、无线电发射设备型号核准、无线电波监测和干扰查处、无线电安全维护等方面的重要的无线电管理规则和机制。

夏春利副教授的专著《无线电通信法研究》是对我国无线电通信法律渊源和主要制度进行研究的一次有意义的尝试。该书以无线电通信资源为出发点，介绍了我国无线电通信法律渊源和无线电通信管理机制，分析了无线电频谱资源的划分、规划、分配和指配的具体制度及卫星轨道资源取得和使用制度，梳理了各类无线电台的设置、使用规则和程序，探讨了无线电发射设备型号核准制度、销售备案制度和设备使用规则，研究了无线电监测和监督检查的主要任务及"伪基站""黑广播"等扰乱无线电通信管理秩序的行为应该承担的行政责任和刑事责任，解读了无线电安全的内涵和无线电管制制度，并对国际无线电通信规制的主要规则程序进行了阐述。该书将丰富我国无线电通信法领域的学术成果。

希望本书能对广大无线电管理工作者和相关研究人员的工作和成长有所裨益，并对无线电通信领域的复合型人才的培养起到积极的推动作用。

是为序。

中国工程院院士 苏东林

2025 年 2 月

前　言

在我国，信息通信业是发展迅速、极具创新活力的领域之一。随着信息通信技术的发展，各类通信、导航、广播、电视、遥测等无线电业务应用迅速增长，各类无线电台（站）和无线电设备数量显著增加，无线电电磁环境日益复杂。无线电管理以无线电通信资源管理为出发点和核心，以保障安全、促进发展为目标，以合理、有效地利用无线电通信资源和维护空中电波秩序为两大主要任务，通过政策、法律、经济和技术等各种手段，在无线电频谱资源分配和使用、无线电台（站）设置使用、无线电发射设备型号核准和使用、无线电电波秩序维护、无线电安全保障等方面发挥重要作用。而无线电通信法在确立无线电通信资源的法律地位，确保合理开发、有效利用无线电通信资源，维护电波秩序，保障电磁空间安全和国家权益方面的重要性日益显著。

作者于 2022 年出版了《无线电通信国际规制研究》一书，该书以无线电通信资源为出发点，介绍了无线电通信国际规制的相关机构和职能，分析了无线电通信国际规制的国际法渊源，从国际无线电通信活动参与主体及其权利和义务、国际无线电通信资源权益分配和使用、国际无线电通信秩序维护和争端解决等方面，系统阐述了无线电通信领域的国际法。《无线电通信法研究》是《无线电通信国际规制研究》的姊妹篇，是对我国无线电通信法进行系统研究的一次有意义的尝试。

无线电通信法是以调整无线电通信资源分配、无线电通信活动开展、无线电通信秩序维护和无线电安全保障中的各种社会关系为内容的部门法，其着眼于无线电通信法律关系主体在各种无线电业务活动中所形成的权力／权利和义务关系，属于职权性的法律规范内容较多，并具有很强的技术性。

本书共分为九章。

第一章为导论。介绍无线电通信资源、无线电业务等无线电通信基本概念，阐述了无线电通信法的定义、特点和主要内容。

第二章介绍无线电通信法律渊源。我国无线电通信领域已经形成了以宪法为最高法律，以含有无线电管理具体条款的法律为重要组成部分，以无线电管理行政法规、部门规章、地方性法规、地方政府规章为规则主体，以无线电管理的规范性文件和相关标准为细则的法律法规体系，无线电通信领域的国际条约也是我国无线电通信法律渊源之一。本章在概述我国法律体系构成之后，对以上无线电通信法律渊源的相关表现形式和重要规则进行分析。

第三章介绍无线电通信管理机制。本章在梳理我国无线电管理机构历史沿革的基础上，就我国现行无线电管理机制，特别是国家无线电管理机构、行业无线电管理机构、地方无线电管理机构及其职责进行分析，并对军地无线电管理机构之间的关系进行简要阐述。

第四章介绍无线电通信资源法。无线电通信资源包括无线电频谱资源和卫星轨道资源。无线电通信资源法主要涉及无线电频谱资源的划分、规划、分配、指配和使用以及卫星轨道资源管理的相关规则和程序。

第五章介绍无线电台（站）管理法。对在我国境内设置或者经我国批准而设置的无线电台（站）进行管理，既是履行国际条约义务的要求，也是保护电台操作者权益、维护空中电波秩序的需要。本章介绍设置、使用无线电台（站）的许可条件、许可实施的主体、电台操作的要求及违反无线电台（站）设置、使用规定的法律责任等内容。

第六章介绍无线电发射设备管理法。本章介绍我国无线电发射设备型号核准的条件和程序、微功率短距离无线电发射设备管理规范、无线电发射设备的使用要求和违规使用的法律责任、无线电发射设备进关管理、无线电发射设备的销售备案等内容。

第七章介绍无线电通信秩序法。无线电监测通过提供空中无线电波和电磁辐射的测量信息来支持无线电管理,在频率的规划和指配、电磁环境测试、无线电台(站)的设置使用和监督管理、无线电干扰的查处、无线电通信安全的保障等方面提供强大的技术支持,确保无线电管理法律法规得以实施。查处无线电干扰和保护无线电电磁环境也是无线电通信秩序法的重要任务,本章介绍相关规则和程序,并就不遵守无线电管理的法律法规 [如未经许可擅自使用无线电频率,擅自设置、使用无线电台(站),未取得型号核准而生产或者进口在国内销售、使用的无线电发射设备等行为] 的法律责任进行分析,并提供相关案例。

第八章介绍无线电安全法。让各类电磁应用活动,特别是与国计民生相关的国家重大电磁应用活动能够在国家主权及国际共享的电磁空间范围内,不被侦察、不被利用、不受威胁、不受干扰地正常进行,既要确保重大政治活动、社会活动、体育赛事等的无线电安全,又要确保交通运输、广播电视等特定行业的无线电安全,还要维护公众无线电安全。本章分析无线电通信安全的含义和相关机制,特别对无线电管制的规则程序进行梳理。

第九章介绍无线电通信国际法。无线电波传播不受国界控制,无线电通信活动,特别是短波广播、卫星通信等,天然地具有国际影响,容易产生跨国有害干扰。用于国际无线电通信的无线电频谱和卫星轨道资源是人类的共同继承财产,具有稀缺性,需要在国际层面协调使用。本章简要地介绍国际电信联盟及其主要机构,特别是无线电通信部门在分配和管理无线电频谱和卫星轨道资源、规制国际无线电通信活动及维护国际无线电通信秩序方面所依据的一系列国际条约规则和程序,也涉及无线电通信领域的双边、多边国际协调活动及其所产生的协调协议,它们构成了从事无线电通信活动所应遵守的国际法。

当前,我国国内无线电法治建设仍处于不断完善的过程中,一些规则变动较为频繁,书中相关无线电通信法律规则更新至 2025 年 2 月。

需要特别说明的是,无线电频率是无线电波在单位时间内重复变化的次数,是指配和使用权的对象;无线电频率的范围称为无线电频谱,是无线电通信资源的一种。本书在涉及指配和使用权时,一般使用"无线电频率"一词;在涉及无线电通信资源时,一般使用"无线电频谱"一词;但如果相关法规和规范性文件对此有交叉使用的情况,则遵从原文。在涉及无线电通信秩序维护方面,《中华人民共和国刑法》第288条规定的罪名是"扰乱无线电通讯管理秩序罪",仅针对这一罪名和相关行为,书中使用"通讯"一词,其余则使用"通信"一词。此外,为了统一体例和便于理解,书中在引用规则条款时统一使用阿拉伯数字,使行文简洁,增强了可读性。

  中国无线电协会副理事长兼秘书长、工业和信息化部信息通信科学技术委员会常委阚润田先生在百忙之中对全书进行了审阅并提出了修改意见。人民邮电出版社编辑苏萌老师对全书进行了耐心细致的审校。

  由于无线电通信法技术性强,作者从事相关实务工作的经验有限,对规则的理解难免有不足之处或失之偏颇,期待学术界和实务界专家予以批评指正。

夏春利

2025 年 2 月 28 日

目 录

第一章 导论 ... 1
    第一节 无线电通信基本概念 ... 1
        一、无线电通信概述 ... 1
        二、无线电通信资源 ... 3
        三、无线电业务 ... 21
    第二节 无线电通信法概述 ... 22
        一、无线电通信法的定义和特点 ... 22
        二、无线电通信法的主要内容 ... 23

第二章 无线电通信法律渊源 ... 29
    第一节 我国法律体系构成 ... 29
    第二节 我国无线电通信法律规则体系 ... 33
        一、宪法和法律 ... 33
        二、行政法规 ... 37
        三、部门规章 ... 47
        四、地方性法规 ... 51
        五、地方政府规章 ... 55
        六、国际条约 ... 57
        七、无线电通信标准 ... 58

第三章 无线电通信管理机制 ... 61
    第一节 我国无线电管理机构的历史沿革 ... 61

第二节　我国现行无线电管理机制 …… 64
一、国家无线电管理机构及其职责 …… 64
二、行业无线电管理机构及其职责 …… 69
三、地方无线电管理机构及其职责 …… 71
四、军地无线电管理机构之间的关系 …… 76

第四章　无线电通信资源法 …… 77
第一节　无线电通信资源相关概念 …… 77
一、频段划分 …… 78
二、频率规划 …… 80
三、频率分配 …… 81
四、频率指配 …… 82
第二节　无线电频谱的频段划分 …… 82
一、国际无线电频谱的频段划分 …… 83
二、国内无线电频谱的频段划分 …… 86
第三节　无线电频率使用规划 …… 90
一、无线电频率使用规划的定义和法律性质 …… 90
二、无线电频率使用规划的对象 …… 91
三、无线电频率使用规划的主体 …… 91
四、无线电频率使用规划的考量因素和主要内容 …… 92
五、无线电管理机构制定的主要无线电频率使用规划 …… 92
第四节　无线电频率指配 …… 99
一、无线电频率指配的定义和方式 …… 99
二、无线电频率使用许可的适用范围和条件 …… 103
三、无线电频率使用许可的实施主体 …… 105
四、无线电频率使用许可证 …… 110
五、无线电频率使用权的转让 …… 110
六、无线电频率使用率要求与核查 …… 111

　　　　七、违反无线电频率使用相关规定的法律责任 ………… 114
　第五节　卫星轨道资源管理 ………………………………… 116

第五章　无线电台（站）管理法 ………………………………… 119
　第一节　无线电台（站）的定义、分类及管理的必要性 …… 119
　　　　一、无线电台（站）的定义和分类 …………………… 119
　　　　二、无线电台（站）管理的必要性 …………………… 122
　第二节　无线电台（站）的设置、使用许可 ………………… 123
　　　　一、设置、使用无线电台（站）行政许可的豁免情形 … 124
　　　　二、设置、使用无线电台（站）的条件 ……………… 124
　　　　三、无线电台（站）行政许可的实施机关 …………… 129
　　　　四、无线电台（站）的选址 …………………………… 132
　第三节　无线电台执照和电台识别码 ………………………… 132
　　　　一、无线电台执照的定义和类型 ……………………… 132
　　　　二、无线电台执照和电台识别码的许可权限 ………… 133
　　　　三、无线电台执照的主要内容和样式 ………………… 134
　　　　四、无线电台执照的有效期 …………………………… 136
　　　　五、无线电台执照的延续、变更、注销 ……………… 136
　　　　六、制式无线电台执照和非制式无线电台执照的管理
　　　　　　规定 …………………………………………………… 137
　　　　七、无线电台执照使用规范 …………………………… 137
　　　　八、其他法律法规中的无线电台执照管理规定 ……… 138
　第四节　无线电台（站）设置、使用主体的义务 …………… 139
　　　　一、变更和终止使用的手续 …………………………… 139
　　　　二、定期维护义务 ……………………………………… 139
　　　　三、电磁环境保护义务 ………………………………… 139
　　　　四、收发信号方面的义务 ……………………………… 139
　　　　五、保障无线电台安全运行的义务 …………………… 140
　　　　六、业余无线电台的使用要求 ………………………… 140

第五节　违反无线电台（站）设置、使用规定的法律责任 … 141
 一、《中华人民共和国无线电管理条例》规定的法律
  责任 … 141
 二、违反业余无线电台（站）设置、使用规定的法律
  责任 … 142

第六章　无线电发射设备管理法 … 145
第一节　无线电发射设备的定义 … 145
第二节　无线电发射设备型号核准 … 147
 一、无线电发射设备型号核准的定义和意义 … 147
 二、无线电发射设备型号核准的适用范围 … 148
 三、取得无线电发射设备型号核准的条件和申请材料 … 149
 四、无线电发射设备型号核准的实施 … 150
 五、无线电发射设备型号核准代码标示规则 … 153
第三节　微功率短距离无线电发射设备管理 … 155
 一、微功率设备相关管理规定 … 155
 二、微功率设备的使用地位 … 156
 三、微功率设备的使用要求 … 157
 四、微功率设备的市场退出机制 … 158
第四节　无线电发射设备进关管理 … 159
 一、申请临时进口不在国内实效发射的无线电发射
  设备 … 159
 二、申请临时进口需在国内临时实效发射的无线电发射
  设备 … 159
 三、享有外交特权和豁免的主体运输无线电发射设备
  入境 … 160
 四、其他境外组织或者个人运输无线电发射设备入境 … 160
第五节　无线电发射设备销售备案 … 161
 一、无线电发射设备销售备案的管理职权 … 161

目 录

　　　　二、无线电发射设备销售备案的具体要求 …………… 162
　第六节　无线电发射设备使用及其监管 ………………………… 164
　　　　一、无线电发射设备使用的管理规定 ………………… 164
　　　　二、无线电发射设备使用的监督检查 ………………… 164
　第七节　违反无线电发射设备管理规定的法律责任 …………… 169
　　　　一、《中华人民共和国无线电管理条例》中规定的行政
　　　　　　法律责任 ……………………………………………… 169
　　　　二、涉及"伪基站"设备的有关规定 ………………… 170

第七章　无线电通信秩序法 ………………………………………… 173
　第一节　无线电监测与干扰查处 ………………………………… 174
　　　　一、无线电监测 ………………………………………… 174
　　　　二、无线电干扰查处 …………………………………… 180
　第二节　无线电电磁环境保护 …………………………………… 189
　　　　一、法律中的电磁环境保护 …………………………… 190
　　　　二、行政法规中的电磁环境保护 ……………………… 192
　　　　三、地方立法中的电磁环境保护 ……………………… 193
　第三节　无线电行政违法行为及其法律责任 …………………… 202
　　　　一、违反无线电频率管理规定的行政违法行为及其
　　　　　　法律责任 ……………………………………………… 202
　　　　二、违反无线电台（站）管理规定的行政违法行为及其
　　　　　　法律责任 ……………………………………………… 203
　　　　三、违反无线电发射设备管理规定的行政违法行为及其
　　　　　　法律责任 ……………………………………………… 205
　　　　四、干扰无线电业务的行政违法行为及其法律责任 … 206
　　　　五、其他无线电行政违法行为及其法律责任 ………… 207
　　　　六、典型案例 …………………………………………… 208
　第四节　无线电刑事违法行为及其法律责任 …………………… 211
　　　　一、扰乱无线电通讯管理秩序罪的相关法律规定 …… 212

二、扰乱无线电通讯管理秩序罪的犯罪构成要件 ……… 217
　　三、扰乱无线电通讯管理秩序罪的量刑 ……… 219
　　四、扰乱无线电通讯管理秩序罪典型案例 ……… 220
　　五、以"伪基站""黑广播"等手段触犯
　　　　《中华人民共和国刑法》其他罪名 ……… 222

第八章　无线电安全法 ……… 227
第一节　电磁空间安全与无线电业务安全 ……… 227
　　一、安全的定义 ……… 227
　　二、电磁空间与电磁空间安全 ……… 230
　　三、无线电业务安全 ……… 231
第二节　无线电管制 ……… 231
　　一、实施无线电管制的法定情形 ……… 232
　　二、无线电管制的决定主体 ……… 236
　　三、无线电管制的实施原则 ……… 236
　　四、无线电管制的实施程序 ……… 237
　　五、违反法规的法律责任 ……… 239
　　六、实施无线电管制的典型案例 ……… 239

第九章　无线电通信国际法 ……… 243
第一节　无线电通信国际管理机构 ……… 243
　　一、国际电信联盟主要机构 ……… 243
　　二、国际电信联盟无线电通信部门主要机构 ……… 247
第二节　无线电通信国际法渊源 ……… 251
　　一、《国际电信联盟组织法》 ……… 252
　　二、《国际电信联盟公约》 ……… 253
　　三、《国际电信联盟大会、全会和会议的总规则》 ……… 254
　　四、《关于强制解决与〈国际电信联盟组织法〉、〈国际电信
　　　　联盟公约〉和行政规则有关的争议的任选议定书》 ……… 254

         五、《无线电规则》 ································· 255
         六、《程序规则》 ································· 256
    第三节 无线电通信国际规制的主要内容 ······················ 257
         一、无线电通信资源管理 ··························· 257
         二、无线电通信活动管理 ··························· 270
         三、无线电通信秩序管理 ··························· 277
    第四节 无线电通信领域国际协调活动及协调协议 ··············· 282
         一、开展国际协调的国内法依据 ······················ 283
         二、无线电管理双边协议的缔结程序 ·················· 295
         三、无线电业务国际协调的成果类型 ·················· 295

附录 ·· 297

附录1 主要文件 ·· 297
    一、法律 ··· 297
    二、行政法规 ··· 298
    三、部门规章 ··· 299
    四、地方性法规、地方政府规章和规范性文件 ············· 300
    五、司法解释 ··· 302
    六、其他规范性文件 ··································· 302
    七、国际条约和国际组织宣言、决议、指南、标准等 ······· 305
    八、其他相关文件 ····································· 307

附录2 参考文献 ·· 308
    一、著作 ··· 308
    二、期刊和会议论文 ··································· 309

目 录

参考文献

第一章　导论

本章概要： 无线电频谱资源是无线电通信的基础。本章研究作为无线电通信资源的无线电频谱和卫星轨道的定义、特性和法律属性，介绍无线电业务的定义和类型，概述无线电通信法的特点和主要内容。

关键术语： 无线电通信；无线电频谱；卫星轨道；无线电业务；无线电通信法

第一节　无线电通信基本概念

一、无线电通信概述

无线电通信是指利用无线电波进行的对符号、信号、文字、图像、声音或任何性质信息的传输、发射或接收[1]。1901年，意大利人伽利尔摩·马可尼在英国利用无线电波收发装置实现了跨大西洋的简单电报传输，揭示了无线电波在通信领域广泛的应用前景。早期无线电波主要应用于电报领域，今天

1　国际电信联盟[ITU]《无线电规则》(2024年版)，第1卷条款，第1.3、1.6款；《中华人民共和国无线电频率划分规定》(2023年5月23日由工业和信息化部令第62号公布，自2023年7月1日起施行)，第1章，第1.1.2、1.1.5款。

则应用于各种现代通信事业，或服务于国防安全、公共服务、科学研究等公共需要，或服务于企业或家庭等终端用户。在我国，无线电业务应用十分广泛。截至2023年年底，在无线电技术应用规模最大的公众移动通信领域，我国移动电话用户总数已达17.27亿户，其中，5G移动电话用户数达到8.05亿户，占移动电话用户数的46.6%[2]。在航空无线电通信、无线电导航、无线电监视、航空气象等无线电应用的支撑下，2023年，我国民航业完成运输总周转量1188.34亿吨公里、旅客运输量61957.64万人次、货邮运输量735.38万吨[3]。国际电信联盟《无线电规则》中规定的固定业务、移动业务、航空移动业务、广播业务、卫星广播业务、无线电导航业务、气象辅助业务、业余业务等42种无线电业务，在我国均有应用[4]。

随着信息通信技术的发展，无线电通信资源日益显示出其经济价值和重要作用，它不仅是公认的稀缺自然资源，也是支撑国民经济和国防建设的重要战略资源。无线电通信资源主要包括无线电频谱和卫星轨道，这些资源的适当供给和有效利用是各种无线电业务顺利开展的重要前提。当前，人们对无线电频谱和卫星轨道的需求日益增加，为了避免不同使用者之间的相互干扰，迫切需要对无线电通信进行管理，以便让更多用户更高效地使用无线电频谱，从而让全社会从无线电频谱和卫星轨道的使用中获得最大的利益。无线电通信管理以无线电通信资源管理为出发点和核心，以保障安全、促进发展为目标，以合理、有效地利用无线电通信资源和维护空中电波秩序为两大主要任务，通过政策、法律、经济和技术等各种手段，为无线电通信活动的正常开展提供助力。而无线电通信法在确立无线电通信资源的法律地位，确保合理开发、有效利用无线电通信资源，保障电磁空间安全，维护国家权益方面的重要性不言而喻。

当前，很多国家通过立法将无线电频谱资源规定为属于国家所有的战略

---

2 工业和信息化部运行监测协调局：《2023年通信业统计公报》。
3 中国民用航空局：《2023年民航行业发展统计公报》。
4 相关无线电业务的名称和定义见《无线电规则》（2024年版），第1卷条款，第1.19至1.60款。

资源和经济发展资源,并指定国内主管部门对这一资源进行规划、分配和管理。《中华人民共和国民法典》[5]第 252 条规定,无线电频谱资源属于国家所有。《中华人民共和国无线电管理条例》[6]第 3 条规定,无线电频谱资源属于国家所有。国家对无线电频谱资源实行统一规划、合理开发、有偿使用的原则。在一国国内对无线电频谱资源进行开发、利用和管理,是一国电信主权的重要体现。

下面将从无线电通信资源出发,介绍无线电通信资源和无线电业务的定义、类型,分析无线电通信资源的法律属性,阐明无线电通信法的主要内容。

二、无线电通信资源

(一)无线电频谱的定义

1864—1873 年,苏格兰物理学家詹姆斯·克拉克·麦克斯韦全面论证了电磁感应定律,并通过 4 个方程证明了电场和磁场的相互作用。1887 年,德国物理学家海因里希·赫兹进行了世界上首次无线电发射机室内试验,将电磁波传送至数米远的地方。1895 年,意大利人伽利尔摩·马可尼和俄国人亚历山大·波波夫分别进行了无线电通信实验。人类进入了电磁时代。

根据电磁感应原理,交变的电场产生磁场,交变的磁场产生电场,变化的电场和磁场之间相互联系、相互依存、相互转化。以场能形式存在于空间的电场能和磁场能按照一定的周期不断转化,形成具有一定能量的电磁场。交变的电磁场不仅可以存在于电荷、电流或导体周围,还能够脱离其波源向远处传播,这种在空间或介质中以波动形式传播的交变电磁场,就称为电磁波。电磁波在单位时间内重复变化的次数,称为电磁波频率,一般用 f 表示,

---

[5] 《中华人民共和国民法典》于 2020 年 5 月 28 日由第十三届全国人民代表大会第三次会议通过,自 2021 年 1 月 1 日起施行。

[6] 《中华人民共和国无线电管理条例》于 1993 年 9 月 11 日由国务院、中央军事委员会令第 128 号发布,于 2016 年 11 月 11 日由国务院、中央军事委员会令第 672 号修订,自 2016 年 12 月 1 日起施行。本书部分内容涉及 1993 年版《中华人民共和国无线电管理条例》,但如果没特别说明,书中《中华人民共和国无线电管理条例》均指 2016 年修订版。

单位为 Hz（赫兹），常用单位还有千赫（kHz）、兆赫（MHz）和吉赫（GHz）。电磁波的频率范围称为电磁波的频谱，简称电磁频谱，其范围从零到无穷大。电磁频谱按不同属性和传播特性可被划分为不同的波段，按照频率增加的顺序依次为：无线电波、红外线波、可见光波、紫外线波、X 射线和 γ 射线。电磁波各波段的频率范围如表 1-1 所示。

表 1-1 电磁波各波段的频率范围

波段名称	无线电频率范围/GHz	波长范围/μm
无线电波	0至3000	≥100
红外线波	300至4×10^5	0.75至1000
可见光波	3.84×10^5至7.69×10^5	0.39至0.78
紫外线波	7.69×10^5至3×10^8	10^{-3}至0.39
X射线	3×10^8至5×10^{10}	6×10^{-6}至6×10^{-3}
γ射线	约10^9以上	约3×10^{-4}以下

在电磁频谱各波段中，无线电波是指不用人工波导而在空间传播的、频率规定在 3000GHz 以下的电磁波[7]。无线电波是远距离实时发送和接收信息的主要载体之一。作为联合国负责信息通信技术事务的专门机构，国际电信联盟在《无线电规则》中将无线电频谱分为 9 个频段，在表 1-2 中以递增的整数列示。因为无线电频率的单位为赫兹（Hz），所以无线电频率的表达方式为：3000kHz 以下（包括 3000kHz），以千赫（kHz）表示；3MHz 以上至 3000MHz（包括 3000MHz），以兆赫（MHz）表示；3GHz 以上至 3000GHz（包括 3000GHz），以吉赫（GHz）表示。

表 1-2 无线电频谱的频段划分和命名[8]

频段序号	符号	无线电频率范围（下限除外,上限包括在内）	相当于米制的细分
4	VLF	3至30kHz	万米波
5	LF	30至300kHz	千米波

---

[7] 《无线电规则》（2024年版），第 1 卷条款，第 1.5 款。

[8] 《无线电规则》（2024年版），第 1 卷条款，第 2.1 款。

续表

频段序号	符号	无线电频率范围（下限除外，上限包括在内）	相当于米制的细分
6	MF	300至3000kHz	百米波
7	HF	3至30MHz	十米波
8	VHF	30至300MHz	米波
9	UHF	300至3000MHz	分米波
10	SHF	3至30GHz	厘米波
11	EHF	30至300GHz	毫米波
12		300至3000GHz	丝米波

（二）无线电频谱的特性

无线电频谱具有以下5个特性[9]。

第一，无线电频谱具有有限性。可为无线电通信所使用的电磁频谱在一定的时间、空间和频段内是有限的。在0至3000GHz的无线电频谱中，国际电信联盟在2019年11月之前仅对8.3kHz至275GHz频段进行了业务划分；在2019年世界无线电通信大会（WRC）上，275GHz至3000GHz被列入修订的频率划分表，但目前尚无具体业务划分，而是通过脚注形式规定了特定业务可在这一频段操作。尽管无线电频谱可以根据频率、时间、空间重复使用，但就某一个频点或某一段无线电频率而言，其在一定的时域和空域条件下都是有限的。

第二，无线电频谱具有非耗竭性。无线电频谱虽然与森林、矿产等资源一样具有稀缺性，但又与这些传统的、可消耗的自然资源有所不同，无线电频谱具有非耗竭性，任何用户只是在一定的空间或时间内"占用"无线电频率，而不会消耗掉无线电频率，用户用完之后，无线电频率依然存在。因此，不使用无线电频谱或使用不当，都是一种浪费。

第三，无线电频谱具有排他性。在一定的时间、地区和频域内，一旦某个无线电频率被使用，其他设备就不能再使用这个频率，否则会产生干扰。

---

9 翁木云，吕庆晋，谢绍斌，刘正锋：《频谱管理与监测（第2版）》，电子工业出版社，2017，第4页。

第四，无线电频谱具有易受污染性。如果无线电频率使用不当，就会受到其他无线电台、自然噪声和人为噪声的干扰而无法正常工作。

第五，无线电频谱具有共享性。它是一种全人类共享共用的资源，任何国家、运营商或者个人都有权依据相关规则加以利用。

正是由于无线电频谱的上述特性，对其进行划分、规划、分配和管理是必要的。

（三）无线电频谱的法律属性

在我国，无线电频谱一直被视为国家所有的、有限的电信资源。电信资源是指无线电频率、卫星轨道位置、电信网码号等用于实现电信功能且有限的资源[10]。其中用于无线电通信的电信资源包括无线电频率和卫星轨道位置。

在法律层面，2007 年通过的《中华人民共和国物权法》[11] 第 50 条从法律层面确认了无线电频谱资源属于国家所有。2020 年 5 月 28 日第十三届全国人民代表大会第三次会议通过《中华人民共和国民法典》后，《中华人民共和国物权法》的相关规定被纳入《中华人民共和国民法典》第二编《物权》中。《中华人民共和国民法典》是明确产权关系、确立对各种产权平等保护的重要法律，是社会主义市场经济条件下保护财产所有权和使用权的基本法律。国家通过法律手段规范无线电频谱，表明无线电频谱资源的重要性已经得到了社会的普遍认可。

在行政法规层面，早在 1993 年，《中华人民共和国无线电管理条例》第 4 条就规定了无线电频谱资源属于国家所有。2000 年通过的《中华人民共和国电信条例》第 26 条规定了国家对电信资源统一规划、集中管理、合理分配，

---

10 《中华人民共和国电信条例》，第 26 条第 2 款。《中华人民共和国电信条例》于 2000 年 9 月 25 日由国务院令第 291 号公布，根据 2014 年 7 月 29 日《国务院关于修改部分行政法规的决定》（国务院令第 653 号）第一次修订，根据 2016 年 2 月 6 日《国务院关于修改部分行政法规的决定》（国务院令第 666 号）第二次修订。

11 《中华人民共和国物权法》于 2007 年 3 月 16 日由中华人民共和国第十届全国人民代表大会第五次会议通过，现已废止。

实行有偿使用制度。2016 年，修订后的《中华人民共和国无线电管理条例》第 3 条除确认无线电频谱资源属于国家所有外，还规定了国家对无线电频谱资源实行统一规划、合理开发、有偿使用的原则。这表明针对无线电频谱资源的稀缺性、有限性等特性，行政法规设定了管理原则和具体规则。

无线电频谱资源的权利属性，可从作为自然资源的无线电频谱资源、国家对无线电频谱资源的所有权及用户对无线电频谱资源的使用权 3 个方面来分析。

1. 作为自然资源的无线电频谱资源

自然资源是指能够为人们所利用、作为生产资料和生活资料来源的自然资源要素，一般包括土地资源、水资源、生物资源、气候资源、旅游资源等。自然资源在一定经济、技术条件下可以被人们用于改善生产和生活状态，其具有可用性、地域性、有限性等特征[12]。自然资源是人类生存的自然基础，是社会物质财富的源泉，是社会生产过程中不可缺少的物质要素。各国依其本国利益自由处置其自然财富与资源之不可剥夺权利也为国际法所确认[13]。

将无线电频谱视为一种自然资源，在国际条约和国内法上都有先例。《国际电信联盟组织法》第 196 款和《无线电规则》第 1 卷条款第 0.3 款均规定，无线电频率和任何与之相关的轨道，包括对地静止卫星轨道，均为有限的自然资源，必须依照《无线电规则》的规定合理、有效和经济地使用。

美国商务部下设的国家电信和信息管理局（NTIA）制定的《联邦无线电频率管理规则和程序手册》也将无线电频谱视为所有国家可获得的、有限的自然资源[14]。

我国国内法没有明确规定无线电频谱资源属于自然资源，但《中华人民共和国宪法》关于自然资源的一般性规定，可适用于无线电频谱资源。《中华

---

12 咸道孟：《自然资源法》，中国方正出版社，2005，第 1-2 页。
13 《天然资源之永久主权》，1962 年 12 月 14 日联合国大会第 1803（XVII）号决议通过。
14 U.S. Department of Commerce National Telecommunications & Information Administration, Manual of Regulations and Procedures for Federal Radio Frequency Management (2021)，该手册通过引证归并的方式被列入美国联邦行政法规第 47 篇（电信卷）Part 300，从而成为美国联邦行政法规的一部分。

人民共和国宪法》第9条规定，矿藏、水流、森林、山岭、草原、荒地、滩涂等自然资源，都属于国家所有，即全民所有。"等"字表明该条对自然资源类型的列举是不完全列举，可包含其他类似资源，可适用法律解释中的"同类原则"[15]，将无线电频谱资源解释为在"等"字的范围内，从而成为《中华人民共和国宪法》所指的自然资源的一种。

自然资源可分为耗竭性资源和非耗竭性资源。无线电频谱属于非耗竭性资源，具有有用性、有限性和易受污染性。基于这些特性应建立并实施合理开发与利用的管理机制。我国已将无线电频谱纳入《中华人民共和国宪法》所规定的自然资源范畴，并就无线电频谱资源的保护和使用作出规定，在《中华人民共和国民法典》中已有体现。

《中华人民共和国民法典》建立了国有自然资源保护的基本制度，是《中华人民共和国宪法》关于国家所有自然资源相关规定的具体化，可分为以下3个层次。

第一是对国有财产的保护。《中华人民共和国民法典》第207条规定了国家财产权受法律保护。《中华人民共和国民法典》第258条进一步规定，国家所有的财产受法律保护，禁止任何组织或者个人侵占、哄抢、私分、截留、破坏。

第二是国有自然资源的使用原则。《中华人民共和国民法典》第246条规定由国务院代表国家行使自然资源的所有权。《中华人民共和国民法典》第325条规定了国家实行自然资源有偿使用制度。

第三是对用益物权人的国有自然资源使用权的保护。《中华人民共和国民法典》第324条规定，国家所有的自然资源，组织和个人依法可以占有、使用和收益。第326条规定，用益物权人合理开发利用资源的权利受到保护。第327条规定，因不动产或者动产被征收、征用致使用益物权消灭或者影响用益物权行使的，用益物权人有权获得相应补偿。

---

15 法律解释上的"同类原则"是指如果在列举的一些特定词后面跟随一个一般词，如"等"，则该一般词应根据特定词的类别或共性来解释。见James A Holland, Julian S Webb, Learning legal rules: a students' guide to legal method and reasoning (Oxford University Press, 2006), p.241.

2. 国家对无线电频谱资源的所有权

《中华人民共和国民法典》第 252 条规定了无线电频谱资源属于国家所有，该条属于《中华人民共和国民法典》第二编《物权》的范畴，可见，无线电频谱资源在《中华人民共和国民法典》中是按照"物"来设定相关规则的。那么，无线电频谱这一自然资源是何种"物"？

一般来说，物必有体，有体物不仅包括有形物，也包括无形物。有形物是指具有外观物质形态的物体，如土地、建筑物；无形物是指不具有外观物质形态，但可以采用现代技术手段进行度量的物体，如光、电、热能和气体等自然力。无线电频谱资源在物理本质上与光相同，事实上，频谱最初只限于光，随着科学研究的深入，人们发现以光为基点，电磁频谱可以向更高频率的"光"发展，包括紫外线、X射线及γ射线，也可以向更低频率的"光"发展，如无线电波[16]。因此，无线电频谱与光一样，属于自然力的范畴，是有体物中的无形物。

在《中华人民共和国民法典》第 252 条的基础上，《中华人民共和国电信条例》和《中华人民共和国无线电管理条例》等行政法规建立了频谱资源管理的具体制度，体现了国家频谱资源所有权的实现途径。

国家对频谱资源实行统一规划、合理开发。按照各国通行的做法，同时也是履行国际电信联盟《无线电规则》中的国际条约义务的要求，我国国家无线电管理机构制定《中华人民共和国无线电频率划分规定》，将 0 至 3000GHz 的无线电频谱划分给 43 种[17]无线电业务使用。国家无线电管理机构还可以制定频谱资源开发、利用的战略规划和频率使用的具体规划，其出发点和目标都是合理、有效和经济地使用无线电频谱资源，发挥无线电频谱

---

[16] 工业和信息化部无线电管理局：《无线电频谱知识百问百答》，人民邮电出版社，2008，第 1-2 页。

[17] 《无线电规则》中规定了 42 种无线电业务，而《中华人民共和国无线电频率划分规定》在参考《无线电规则》的基础上，规定了 43 种无线电业务，增设了"航空固定业务"。见《无线电规则》（2024 年版），第 1 卷条款，第 1.19 至 1.60 款；《中华人民共和国无线电频率划分规定》，第 1.3.1 至 1.3.43 款。

资源的最大效用，避免有害干扰。无线电管理机构还通过实施行政许可，将无线电频率指配给使用者使用[18]。如果电线电频率使用者使用不当或使用率不达标，无线电管理机构可以依法收回频率使用权[19]。

国家对频谱资源实行有偿使用。使用无线电频率应当按照国家有关规定缴纳无线电频率占用费。在我国，无线电频率占用费的项目、标准，由国务院财政部门、价格主管部门制定[20]。

3. 用户对无线电频率的使用权

在我国，除法定无须取得频率使用许可的情形[21]外，使用无线电频率应向无线电管理机构取得频率使用许可，缴纳频率占用费和依照有关规定使用。用户对无线电频率的使用权在法律上可被视为用益物权。

物权是权利人依法对特定的物享有直接支配和排他的权利，包括所有权、用益物权和担保物权[22]。用益物权是权利人对他人所有的不动产或者动产，依法享有占有、使用和收益的权利[23]。一般认为，用益物权的特点是：第一，与所有权相比，用益物权是权利范围受到限制的物权，特别是处分权能受限；第二，用益物权是优先于所有权的物权，如果所有权人以某种方式行使处分权将妨碍用益物权人的权利，则所有权人不得对标的物进行该种方式的处分；第三，用益物权是有期限的物权，用益物权的期限既可以法定，也可以约定；第四，用益物权的支配内容是物的使用价值，目的在于通过使用他人之物，来满足自己的生产、生活等需要；第五，用益物权为独立物权、主物权，一

---

18 《中华人民共和国无线电管理条例》，第14至18条。

19 《中华人民共和国无线电管理条例》，第26条。

20 《中华人民共和国无线电管理条例》，第21条。

21 根据《中华人民共和国无线电管理条例》第14条，目前在我国无须取得频率使用许可即可使用的频率包括业余无线电台、公众对讲机、制式无线电台使用的频率；国际安全与遇险系统，用于航空、水上移动业务和无线电导航业务的国际固定频率；国家无线电管理机构规定的微功率短距离无线电发射设备使用的频率。

22 《中华人民共和国民法典》，第114条。

23 《中华人民共和国民法典》，第323条。

且设定,用益物权人便独立地享有对标的物的占有、使用和收益的权利,并不依附于其他权利;第六,用益物权的标的物通常限于不动产,如《中华人民共和国民法典》中设定了土地承包经营权、建设用地使用权、宅基地使用权、地役权和居住权这几种以不动产为客体的用益物权类型,在物权法定原则[24]下,用益物权类型的扩展受到一定限制。

无线电频率使用权是用益物权,基于以下5个特点。

第一,尽管《中华人民共和国民法典》规定了几种以不动产为客体的用益物权,但也规定了用益物权客体可包括动产,因此,可以通过特别法设立以动产为客体的用益物权。用户对于无线电频率的使用权就是用益物权的一种体现。

第二,使用者通过无线电管理机构的无线电频率指配及其登记,取得了对无线电频率的用益物权。我国无线电管理机构以行政许可方式指配频率给使用者使用,根据《中华人民共和国无线电管理条例》第14条,除法定无须取得频率使用许可的情形外,使用无线电频率应当取得许可,为此应满足《中华人民共和国无线电管理条例》第15条规定的条件——所申请的无线电频率符合无线电频率划分和使用规定,有明确具体的用途;使用无线电频率的技术方案可行;有相应的专业技术人员;对依法使用的其他无线电频率不会产生有害干扰。而在历史上及在许多国家,进行频率指配还可以采取先到先得模式、命令——控制模式、选美模式及招标或拍卖等市场化配置模式,但最终是以主管部门发出频率使用许可证为使用者的用益物权之证明。

第三,使用者基于对无线电频率的用益物权而具有对其排他性占有、使用、收益及一定条件下处分的权利。无线电频率的物理特性决定了在同一时间、同一地域和同一频段上不容许两组具有相同频率的无线电波使用,否则就会产生干扰,故在同一时间、同一地点和同一频段上法律不允许设立两个

---

[24] 根据《中华人民共和国民法典》第116条,物权的种类和内容由法律规定。这体现了物权法定原则,即物权不得由当事人自由创设,而应由法律规定,其含义有二:一是不得创设民法或其他法律所不承认的物权,二是不得创设与物权法定内容相异的内容。物权法定原则的出发点在于保证物权的绝对性,贯彻物尽其用的原则以及确保交易安全与便捷。

或者两个以上的无线电频率使用权。依法取得使用权的使用者可要求不受干扰地使用频率，并在开展无线电通信业务的过程中取得收益。《中华人民共和国无线电管理条例》第 20 条允许一定条件下的处分权，即使用权人可在经过无线电管理机构批准及受让人符合特定条件的情况下，转让无线电频率使用权。

第四，无线电频率使用权附有期限，根据《中华人民共和国无线电管理条例》第 19 条，无线电频率使用许可的期限不得超过 10 年，使用期限届满后需要继续使用的，可向无线电管理机构提出延续申请。

第五，使用者对无线电频率的用益物权在有效期内、在符合使用条件的情况下，可优先于国家对频谱资源的所有权。由此，如果国家要在频率使用许可有效期内收回合法使用的无线电频率，应当有充分的法律依据和合理的政策考量，这往往发生在国家修改频率使用规划的情况下。但频率使用权人取得无线电频率使用许可后超过 2 年不使用或者使用率达不到许可证规定要求的，不在此限，因为这种情况表明使用权人并无使用频率的实际需求，违反了使用条件，从频谱资源效益最大化的角度出发，作出许可决定的无线电管理机构有权依法撤销无线电频率使用许可，收回无线电频率[25]。

（四）卫星轨道的定义和类型

在无线电通信活动中，卫星通信是一类重要的通信方式，其利用卫星作为中继电台转发或反射无线电波，以此来实现两个或多个地球站（或手持终端）之间或地球站与航天器之间通信[26]。一个卫星通信系统一般由空间段和地面段组成[27]。空间段主要以位于外层空间的卫星为主体，还包括所有用于卫星控制和监测的地面设施，如卫星控制中心及其跟踪、遥测、指令站和能源装置。地面段包括所有地球站，即设于地球表面或地球大气层主要部分以内的电台，拟用于与一个或多个空间电台通信，或通过一个或多个反射卫星或其

---

25 《中华人民共和国无线电管理条例》，第 26 条。

26 朱立东，吴廷勇，卓永宁：《卫星通信导论（第 4 版）》，电子工业出版社，2015，第 1 页。

27 王丽娜，王兵：《卫星通信系统（第 2 版）》，国防工业出版社，2014，第 6 页。

他空间物体与一个或多个同类电台进行通信[28]。卫星围绕地球或某指定参照系运动的轨迹称为卫星轨道,它是指在自然力(主要是重力)的作用下,卫星或其他空间物体的质量中心所描绘的相对于某指定参照系的轨迹[29]。

按照卫星轨道的高度、形状和卫星轨道平面倾角的不同,可以把卫星轨道分为不同的类型[30]。

根据卫星运行轨道距离地球表面的高度,通常可以把卫星轨道分为低轨道(LEO)、中轨道(MEO)、高椭圆轨道(HEO)和静止轨道(GEO)。

按照卫星轨道的形状(偏心率e),可以将卫星轨道划分为圆形轨道($e=0$)和椭圆形轨道($0<e<1$)两类。

按照卫星轨道平面倾角i的大小不同,通常可以把卫星轨道分为赤道轨道、倾斜轨道、极轨道3类。赤道轨道$i=0°$,轨道面与赤道面重合;倾斜轨道的轨道面与赤道面成一个夹角,倾斜于赤道面,$0°<i<90°$;极轨道$i=90°$。

(五)卫星轨道的特性

卫星在外层空间[31]执行探索、开发和利用外空和地球以外天体的特定任务,其所占用的轨道是位于外层空间的、无形的无线电台站址资源,具有稀缺性。

卫星轨道与无线电频谱资源的区别在于,卫星轨道位于外层空间,根据1967年《关于各国探索和利用包括月球和其他天体的外层空间活动所应遵守

---

28 《无线电规则》(2024年版),第1卷条款,第1.63款。

29 《无线电规则》(2024年版),第1卷条款,第1.184款。

30 王丽娜,王兵:《卫星通信系统(第2版)》,国防工业出版社,2014,第9-10页。

31 地球表面以上的空间分为空气空间和外层空间,在国际法上分别受制于航空法和外层空间法。航空法方面最主要的国际条约——1944年《国际民用航空公约》(又称《芝加哥公约》)规定了领空主权原则,而外层空间法方面最主要的国际条约——1967年《关于各国探索和利用包括月球和其他天体的外层空间活动所应遵守原则的条约》确立了外层空间不得由国家据为己有、不得主张主权的规则。然而,空气空间和外层空间的定义和界限问题在国际法上没有明确规定,技术领域的通说是"人造地球卫星轨道最低点说",即以人造地球卫星可以停留的最低高度为空气空间和外层空间的界线,大约为距离地球表面100千米。

原则的条约》这一规范人类外空活动的国际条约,各国不得通过主权要求、使用或占领等方法或其他任何措施,把外层空间(包括月球和其他天体)据为己有;所有国家可在平等、不受任何歧视的基础上,根据国际法自由探索和利用外层空间[32]。由此,卫星轨道的利用天然地具有国际影响,各国不得对卫星轨道主张主权,也不得将其据为己有。为了提升卫星轨道的使用效率,避免有害干扰,保护外空电磁环境,使用者应依据国际电信联盟相关规则取得卫星轨道使用权并加以使用。

(六)卫星轨道的法律属性

包括中国在内的一些国家将无线电频谱规定为属于国家所有的自然资源,但这主要针对不具有国际影响的那部分无线电频谱。由于无线电波的传播范围不受任何行政区域、国家边界的限制,一些无线电通信业务(如卫星广播业务、短波广播等)天然地具有国际影响。对于这些具有国际影响的无线电频谱和卫星轨道资源,其分配和使用必须遵循国际电信联盟的相关条约规则。作为在国际层面划分和分配无线电频谱及协调卫星轨道资源使用的机构,国际电信联盟指出:"在使用无线电业务的频段时,各成员国须铭记,无线电频率和任何相关的轨道,包括对地静止卫星轨道,均为有限的自然资源,必须依照《无线电规则》的规定合理、有效和经济地使用,以使各国或国家集团可以在照顾发展中国家的特殊需要和某些国家地理位置的特殊需要的同时,公平地使用这些轨道和频率[33]。"在国际法上,必须根据国际规则并通过国际协调取得使用权的无线电频谱和卫星轨道资源,可以被视为类似于国际海洋法中的"人类的共同继承财产"[34],这一定性决定了这类资源的使用和管理应遵循相关国际规则和机制,以确保其能够

---

32 《关于各国探索和利用包括月球和其他天体的外层空间活动所应遵守原则的条约》,第1至2条。
33 《国际电信联盟组织法》,第196款。
34 1982年《联合国海洋法公约》第136至137条规定了国际海底区域及其资源是人类的共同继承财产。

为所有国家和人民公平获得和使用。

《联合国海洋法公约》将国际海底区域规定为人类的共同继承财产，其有以下5个特征：第一，国家不得对该区域/资源主张主权，也不承认此种主张[35]；第二，对该区域/资源不得据为己有[36]；第三，通过国际合作和共同管理机制对区域/资源进行开发利用[37]；第四，专为和平目的利用[38]；第五，公平地分享利益[39]。

国际电信联盟条约包括《国际电信联盟组织法》《国际电信联盟公约》这些适用于国际电信联盟各个部门[40]的国际条约，还包括无线电通信部门制定和修改的、适用于无线电通信部门的《无线电规则》。《国际电信联盟组织法》第196款规定了使用无线电频率和卫星轨道资源的原则，即依照《无线电规则》的规定合理、有效、经济、公平地使用。《无线电规则》进一步详细规定了在国际层面取得无线电频谱和卫星轨道资源使用权的程序，该程序可以概括为协调法和规划法。

---

35 《联合国海洋法公约》，第137条第1款。

36 同上。

37 例如，《联合国海洋法公约》针对国际海底区域的开发建立了平行开发制，并由国际海底管理局代表全人类行使对"区域"内一切资源的权利。国际海底管理局由大会、理事会和秘书处3个主要机关及一个商业化的企业部组成。3个主要机关是国际海底管理局的议事和执行机构，而企业部则代表全人类直接进行"区域"内活动及从事运输、加工和销售从"区域"回收的矿物。《联合国海洋法公约》还赋予了国际海底管理局以国际法律人格、为执行其职务和实现其宗旨所必要的法律行为能力及在每一缔约国领土内的特权和豁免。见《联合国海洋法公约》第158至170、176至177条。

38 《联合国海洋法公约》，第141条。

39 同上。

40 国际电信联盟依托3个部门行使职能，分别是无线电通信部门（ITU-R）、电信标准化部门（ITU-T）和电信发展部门（ITU-D），其中ITU-R负责国际无线电通信的管理，主要包括：实施无线电频谱的频段划分、无线电频率的分配和无线电频率指配的登记及空间业务中对地静止卫星轨道的相关轨道位置和其他轨道中卫星的相关特性的登记，以避免不同国家无线电台之间的有害干扰；协调各种努力，消除不同国家无线电台之间的有害干扰；改进无线电通信业务中无线电频谱的利用，改进对地静止卫星轨道及其他卫星轨道的利用。

协调法是依据《无线电规则》第 9 条进行无线电频率和轨道位置的协调，并依据第 11 条进行无线电频率指配的通知和登记，实质是"先登先占"，在国际频率登记总表（MIFR）取得登记的无线电频率指配享有国际承认的权利，并受到保护。

规划法在空间业务方面体现在《无线电规则》第 2 卷附录 30、附录 30A 和附录 30B 中，这 3 个附录针对特定频段、特定区域内的特定卫星业务，有计划地在名义上将无线电频率和地球静止轨道位置分配给若干国家，确保国家不论大小强弱，都有利用无线电频率和地球静止轨道的权利和机会。此外，《无线电规则》还有关于特定频段内水上移动业务、航空移动业务等的相关规划[41]。

协调法和规划法的有机结合巧妙地平衡了发达国家和发展中国家、空间大国和空间能力弱的国家、无线电频率和卫星轨道位置的先占国家和后用国家的利益，体现了国际合作共同管理稀缺国际资源的机制。

国际电信联盟相关条约中并未明确规定无线电频谱和卫星轨道资源是人类的共同继承财产。然而，通过类比，这两类资源可被视为具备上述 5 个特点且国际共同管理机制十分完善的人类的共同继承财产。

第一，各国不得对人类的共同继承财产主张主权，也不承认此种主张。

首先，国际电信联盟相关条约中并未对无线电频谱和卫星轨道资源的所有权作出规定，但《国际电信联盟组织法》第 196 款强调："在使用无线电业务的频段时，各成员国须铭记，无线电频率和任何相关的轨道，包括对地静止卫星轨道，均为有限的自然资源，必须依照《无线电规则》的规定合理、有效和经济地使用，以使各国或国家集团可以在照顾发展中国家的特殊需要和某些国家地理位置的特殊需要的同时，公平地使用这些轨道和频率。"对于无线电频率来说，除在一国范围内其使用不产生国际影响的无线电频谱资源可被各国规定为属于该国所有[42]之外，具有国际影响的无线电频率应依据《无

---

41 《无线电规则》（2024 年版），第 2 卷，附录 25、附录 26、附录 27。

42 若以所有权的 4 项权能——占有、使用、收益、处分来衡量，一国对于可规定为其所有的无线电频谱资源的权能是全面且实际存在的。

线电规则》取得使用权并加以利用。

其次，依据规划或通过协调取得频率使用权后可根据《无线电规则》将相关频率指配登记并列入国际频率登记总表，登记在国际频率登记总表内的、按照《无线电规则》有关条款审查结论合格的任何频率指配，应享有国际承认的权利，这种权利意味着其他主管部门在安排其自己的指配时应考虑该指配以避免有害干扰[43]。此种登记并不是频率所有权的证明，而仅仅是确认了频率的优先使用权。

最后，对于这种优先使用权的期限，地面无线业务的频率使用权通常具有一定的期限；在空间业务中，依据《无线电规则》附录4（同时考虑了频率使用权中止的情形），一旦卫星频率指配被登记并列入国际频率登记总表，则对该频率的使用通常没有期限，某些频率规划提及了频率使用期限的问题，如《无线电规则》附录30第14条、附录30A第11条、附录30/30A第4.1.24款、附录30B第11条等[44]，有的频率指配操作期限不得

---

[43] 《无线电规则》（2024年版），第1卷条款，第8.3款。

[44] 《无线电规则》（2024年版）附录30第14条规定了各条款和相关规划的有效期，即对于1区和3区，各条款和相关规划是为了满足有关频段内卫星广播业务自1979年1月1日起至少15年的一个时期的需要而制定的；对2区，各条款和相关规划是为了满足有关频段内卫星广播业务至少延长至1994年1月1日的一个时期的需要而制定的；各条款和有关规划在根据现行公约有关条款召开的有资格的无线电通信大会予以修订前，在任何情况下均应保持有效。附录30、附录30A第4条第4.1.24款均规定，《列表》中的任一指配的操作期限都不得超过15年，从其投入使用之日或2000年6月2日两个日期的较后的一个算起；如果相关主管部门在该截止日期最少3年之前向无线电通信局提出延续请求，则该期限可最长延续15年，条件是指配的所有特征不变。附录30A第11条规定了各条款和相关规划的有效期，即各条款和相关规划是为了满足有关频段内卫星广播业务馈线链路至少延长至1994年1月1日的一个时期的需要而制定的；在任何情况下，各条款和相关规划在根据现行公约有关条款召开的相关无线电通信大会修订以前，均应保持有效。附录30B第11条也规定了本附录的各项条款和相关规划的有效期，即制定这些条款和相关规划是为了在实施中保证所有国家公平地进入对地静止卫星轨道及第3条中所载的频段，以满足从本附录生效之日后至少20年内卫星固定业务的需要；在任何情况下，在按照有效的《国际电信联盟组织法》和《国际电信联盟公约》的相关条款召开有权能的世界无线电通信大会对其进行修改前，这些条款和相关规划应一直有效。

超过 15 年[45]，但在符合条件时可申请延期。

此外，规划法对于未能实际利用无线电频谱和卫星轨道资源的国家来说只具有形式上的意义，以外层空间的轨道资源为例，根据外层空间不得主张主权和据为己有的原则，获得某一轨道位置使用权的国家并不能主张对该轨道位置的所有权。2003 年世界无线电通信大会第 2 号决议指出，一国在无线电通信局登记的无线电频率指配并不能为其提供任何永久性的优先权，也不应阻碍其他国家建立空间系统[46]。若部署新的卫星系统需要利用某些无线电频率和轨道位置，则需要根据卫星业务的频率协调和规划修改程序进行协调。也就是说，不论是协调法还是规划法，确立的都是有关国家对某一无线电频率或卫星轨道位置的优先使用权，而非所有权。而且，由于无线电频率和轨道资源的非消耗性特征，一旦某一无线电频率和轨道位置被让出，仍可由其他操作者使用而不被消耗，也就是说，这一使用权仅为一定程度上的优先权，并不构成永久性的优先权。

因此，需通过国际协调取得使用权的无线电频谱和卫星轨道资源，类似于国际海底区域，可被视为人类的共同继承财产，各国不得、也无法据为己有，而应为人类共享共用。

第二，不得据为己有原则。

这一原则将"人类的共同继承财产"与"公共地或公共资源"的概念区分开来，对于"人类的共同继承财产"禁止任何国家在未经国际监管的情况下单方据为己有，而对于"公共地或公共资源"则可以进行非排他性的开发和使用[47]。

---

45 HAIM MAZAR：《无线电频谱管理政策、法规与技术》，王磊，谢树果译，电子工业出版社，2018，第 100-101 页。

46 《关于各国以平等权利公平地使用空间无线电通信业务的对地静止卫星轨道和频段》（WRC-03 第 2 号决议），第 1 段。

47 Erkki Holmila, "Common Heritage of Mankind in the Law of the Sea", *Acta Societatis Martensis* Ⅰ（2005）:197。

第三,国际合作和共同管理机制。

国际合作是联合国宗旨之一[48],也是联合国大会的职权之一[49]。20 世纪六七十年代以来,国际合作已成为国际法上的一项重要原则,被写入 1962 年联合国大会通过的《天然资源之永久主权》[50]和 1974 年联合国大会通过的《建立新的国际经济秩序宣言》[51]《建立新的国际经济秩序行动纲领》[52]和《各国经济权利和义务宪章》[53]等文件。《各国经济权利和义务宪章》更将国际合作视为国家的权利和义务,规定国家有权进行国际贸易和其他方式的经济合作[54];且所有国家有义务个别地和集体地进行合作,以消除妨害各国促进经济、社会和文化发展的障碍[55]。1970 年联合国大会通过的《关于各国依联合国宪章建立友好关系及合作之国际法原则之宣言》也规定各国依照《联合国宪章》有彼此合作的义务。国际电信联盟是各成员国制定无线电频谱和卫星轨道资源管理规则和程序及开展协调的平台,该组织拥有 194 个成员国、超过 1000 个部门成员和准部门成员,宗旨包括"协调各成员国的行动",以及有关无线电频谱和卫星轨道资源使用的成员国行动[56],为此,国际电信联盟特别强调要注重"实施无线电频谱的频段划分、无线电频率的分配和无线电频率指配的登记,以及空间业务中对地静止卫星轨道的相关轨道位置和其他轨道中卫星的相关特性的登记,以避免不同国家无线电台之间的有害干扰",同时要"协调各种努力,消除不同国家无线电台之间的有害干扰,改进无线电通信业务

---

48 《联合国宪章》,第 1 条第 3 款。
49 《联合国宪章》,第 13 条第 1 款。
50 《天然资源之永久主权》,序言、第 1 条、第 3 条。
51 《建立新的国际经济秩序宣言》,第 3 条、第 4 条第 2 款。
52 《建立新的国际经济秩序行动纲领》,第 7 部分。
53 《各国经济权利和义务宪章》,序言。
54 《各国经济权利和义务宪章》,第 2 章第 4 条。
55 《各国经济权利和义务宪章》,第 2 章第 7 条。
56 《国际电信联盟组织法》,第 11 款。

中无线电频谱的利用，改进对地静止卫星轨道及其他卫星轨道的利用[57]"。国际电信联盟各成员国通过召开世界无线电通信大会，讨论无线电频谱和卫星轨道资源的分配规则，并以具有约束力的国际条约——《无线电规则》将规则固定下来，同时在世界无线电通信大会上依据这些规则划分频段、分配各种业务所需的无线电频率——这些程序和做法体现了国际合作与协调的管理机制。而在国际电信联盟无线电通信局组织的有关频谱/轨道资源有效利用的论坛和会议上，多国主管部门、卫星运营机构和业界的代表都认为国际电信联盟有关卫星频率和轨道管理的程序是目前国际共同财产管理方面的最佳典范[58]。

第四，专为和平目的利用。

第二次世界大战的惨痛教训使得各国在《联合国宪章》中规定了禁止使用武力和威胁、和平解决国际争端两项重要国际法基本原则，"为和平目的"可以说是来源于《联合国宪章》的一般国际法义务。尽管如此，对无线电频谱或者卫星轨道资源可能的军事用途并不一定有违和平目的。《国际电信联盟组织法》第202款还规定各成员国对于军用无线电设施保留其完全的自由权。"为和平目的"是国际电信联盟及各成员国在该组织相关会议上普遍认同并经常使用的词汇，尽管各国在如何确定"和平目的"的内涵上尚无一致意见。

第五，公平地分享利益。

《国际电信联盟组织法》第196款强调，应合理、有效和经济地使用无线电频率和任何相关的轨道，同时兼顾发展中国家的特殊需要和某些国家地理位置的特殊需要，确保公平地使用这些轨道和频率。

因此，在国际法层面，需要通过国际协调取得使用权的无线电频谱和卫星轨道资源是可为各国平等获取的自然资源，是人类的共同继承财产，其获取和使用应遵循国际电信联盟的相应规则。

---

57 《国际电信联盟组织法》，第12款。

58 YVON HENRI：《为卫星行业服务：致力于频谱/卫星轨道资源的充分利用》，《国际电信联盟新闻杂志》2012年第1期。

三、无线电业务

无线电业务大致可以分为无线电通信业务和射电天文业务两种。《无线电规则》第 1 卷条款第 1.19 至 1.60 款中定义了 41 种无线电通信业务和 1 种射电天文业务。而在《中华人民共和国无线电频率划分规定》中，无线电通信业务还包含航空固定业务[59]，即共 42 种无线电通信业务和 1 种射电天文业务。

无线电通信业务是指涉及供各种特定电信用途的无线电波的传输、发射和／或接收[60]。无线电通信业务大致可以分为地面业务和空间业务两类，其名称对应为固定业务、卫星固定业务，移动业务、卫星移动业务，水上移动业务、卫星水上移动业务，无线电导航业务、卫星无线电导航业务等，且除非另有说明，无线电通信业务均指地面无线电通信[61]。

射电天文是以无线电接收技术为观测手段，观测的对象从近处的太阳系天体到银河系中的各种对象，直到极其遥远的银河系以外的目标。射电天文业务是指涉及射电天文使用的一种业务[62]。射电天文业务的特殊性在于不进行无线电波发射，只接收来自宇宙的辐射，因此属于无线电业务，但被认为不是无线电通信业务[63]，只是在解决有害干扰时，应将射电天文业务作为无线电通信业务处理[64]。

---

59 《中华人民共和国无线电频率划分规定》，第 1.3.4 款。
60 《无线电规则》（2024 年版），第 1 卷条款，第 1.19 款。
61 同上。
62 《无线电规则》（2024 年版），第 1 卷条款，第 1.58 款。
63 HARVEY LISZT：《射电天文、频谱管理和 2019 年世界无线电通信大会》，《国际电信联盟新闻杂志》2019 年第 5 期。
64 《无线电规则》（2024 年版），第 1 卷条款，第 4.6 款。

第二节　无线电通信法概述

一、无线电通信法的定义和特点

无线电通信法是以调整无线电通信资源分配、无线电通信活动开展和无线电通信秩序维护中的各种社会关系为内容的部门法。

无线电通信法具有以下特征。

第一，无线电通信法有专门的调整对象和内容，它调整的是无线电通信法律关系主体在各种无线电业务活动中所形成的权力/权利和义务关系。

第二，属于职权性的法律规范内容较多，无线电通信法以无线电管理法为主体。无线电管理是国家通过专门机关，对无线电频谱和卫星轨道资源的研究、开发、使用所实施的，以实现合理、有效利用无线电频谱和卫星轨道资源为目的的行为、活动和全过程[65]。无线电通信法首先通过《中华人民共和国无线电管理条例》等法律法规和规章授予无线电管理机构行政管理权和执法权，各级无线电管理机构在无线电通信管理活动中行使职权，履行职责。具体而言，无线电管理是一种国家行为，是由国家授权和特许的机关来实施的活动；无线电管理的对象是研究、开发、使用无线电频谱和卫星轨道资源的各种活动，而不是具体的人、设备或电波；对研究、开发、使用无线电频谱和卫星轨道的活动所实施的这种管理，是通过计划、规划、组织、控制、激励、协调、指挥、监督、执行等手段和方法来实现的，表现为各级无线电管理机构指配无线电频率、审批无线电台（站）、监测无线电波、管理无线电设备、制定相关规章制度、实施监督检查、教育和服务用户等；无线电管理的最终目标是保障合理、有效地利用无线电频谱和卫星轨道资源[66]。

第三，具有很强的技术性。无线电技术属于高科技范畴，无线电波在空

---

[65] 马政：《无线电管理的概念和本质》，《中国无线电管理》1995年第4期。
[66] 同上。

中传播，不受行政区域、行政部门和国界/省界的限制，只服从于其本身固有的自然规律。要实现无线电频谱资源的合理、有效、经济地分配和使用，维护空中电波秩序，在立法、行政、司法的各个领域都要有全面的无线电业务知识和专长。

二、无线电通信法的主要内容

（一）无线电通信资源法

无线电通信资源包括无线电频谱资源和卫星轨道资源。无线电通信资源法主要涉及无线电频谱资源和卫星轨道资源规划、分配和使用的相关规则和程序。

1. 无线电频谱资源法

无线电波是远距离实时发送和接收信息的主要载体之一。无线电频谱资源具有有限性、非耗竭性、排他性、易受污染性和共享性等特征，是支撑国防安全、推动国家经济和社会发展的重要自然资源。为了充分发挥无线电频谱资源的效用、避免有害干扰，必须对其进行科学合理的规划和使用。

无线电频谱管理主要涉及无线电频谱的频段划分、无线电频率规划、无线电频率分配和无线电频率指配和使用等内容。

无线电频谱的频段划分是将某一具体频段划分给一种或多种地面或空间无线电通信业务或射电天文业务在规定条件下使用的过程，此种划分应记载在国际和国内频率划分表中。制定和修订国际频率划分是通过在国际电信联盟世界无线电通信大会上修订《无线电规则》第1卷条款第5条的频率划分表来实现的，制定和修订我国国内频率划分是通过国家无线电管理机构制定《中华人民共和国无线电频率划分规定》这一部门规章来实现的。在频段划分的基础上，国际国内规则还规定了多种业务共用同一频段时的地位和使用规则。

无线电频率规划是根据频段划分，就某一频段内的某项业务的频率在地域或时间上的使用预先作出统筹安排,以实现频谱资源的有效利用并避免频率间的有害干扰。频率规划可以是远期战略规划,也可以是无线电频率的使用规划,其本质上是一种行政规划行为,是无线电管理机构为了确保合理、有效、经济地利用和公平地获取无线电频谱资源和避免有害干扰,实现科学管理、保护资源、保障安全、促进发展的无线电管理方针而依法行使行政权力,制定、实施、修订或废止无线电频谱资源规划的行为。

无线电频率分配在国际层面是指经有权的大会批准,在一份议定的频率分配规划中,关于一个指定的频道可供一个或数个主管部门在规定条件下,在一个或数个经指明的国家或地理区域内用于地面或空间无线电通信业务的记载。频率分配在国内层面一般是指将无线电频率规定由一个或多个部门,在指定的区域内供地面或空间无线电通信业务在指定条件下使用。

无线电频率指配是由无线电管理机构根据审批权限,批准某单位或个人的某一无线电系统或设备在规定的条件下使用某一个或一组无线电频率,一般采用行政许可的方式,向合格的使用人颁发无线电频率使用许可。频率指配可以采取行政机关直接指配的方式,也可以采用招标、拍卖等市场化方式进行,后者一般适用于地面公众移动通信使用频率等商用无线电频率的指配。《中华人民共和国无线电管理条例》对频率指配的许可条件、实施主体、频率使用许可的有效期、频率使用率的要求及核查、频率使用权的转让等作出了具体规定。

2. 卫星轨道资源法

卫星轨道资源是位于外层空间的、无形的无线电台站址资源,具有稀缺性。空间无线电通信业务依赖无线电频谱和卫星轨道资源的可持续供给。

在国际无线电通信管理中,作为人类的共同继承财产的卫星轨道资源主要是由国际电信联盟进行管理。国际电信联盟将"改进对地静止卫星轨道及其他卫星轨道的利用"作为其工作内容之一[67],并将卫星轨道视为空间业务中

---

67 《国际电信联盟组织法》,第12款。

无线电通信系统的必要组成部分，作为使用无线电频率时必须同时配套的一种资源来处理。

在我国的无线电通信管理中，国际电信联盟根据国际规则规划给我国使用的卫星无线电频率及其相关轨道资源，由国家无线电管理机构统一分配给使用单位。操作者申请使用国际电信联盟非规划的卫星无线电频率和相关轨道资源，应通过国家无线电管理机构统一提出申请，并进行国内协调和国际申报、协调、登记工作。

（二）无线电台（站）管理法

无线电台（站）是指为在某地开展无线电通信业务或射电天文业务所必需的一台或多台发信机或收信机，或者发信机与收信机的组合（包括附属设备）。无线电台（站）大致可分为地面无线电业务所使用的地面无线电台（站）、空间无线电业务所使用的空间电台和地球站、射电天文电台等类型。各国应对其境内设立或者经其批准而设立的无线电台（站）进行管理，这不仅是履行国际条约义务的要求，也是保护电台操作者权益、维护空中电波秩序的需要。

《中华人民共和国无线电管理条例》规定了设置、使用无线电台（站）应当向无线电管理机构申请取得无线电台执照，并对相应许可条件、许可实施的主体、电台操作的要求及违反无线电台（站）设置、使用规定应承担的法律责任等作出了规定。

（三）无线电发射设备管理法

无线电发射设备是指为开展各类无线电业务而发射无线电波的设备。根据《中华人民共和国无线电管理条例》，在我国，除了微功率短距离无线电发射设备外，生产或者进口在国内销售、使用的其他无线电发射设备，应当向国家无线电管理机构申请型号核准。《中华人民共和国无线电管理条例》对无线电发射设备型号核准的条件和程序、微功率短距离无线电发射设备管理规范、无线电发射设备的使用要求和违规使用应承担的法律责任、无线电发射设备的销售备案、无线电发射设备进关管理等作出了规定。

（四）无线电通信秩序法

良好的无线电通信秩序是有效利用无线电通信资源的前提，维护空中电波秩序是无线电通信法的重要目标之一。

为了维护空中电波秩序，通常采用一定技术手段和设备对无线电发射的基本参数和频谱特性参数（如频率、频率误差、射频电平、发射带宽、调制度等）进行测量，对模拟信号进行监听，对数字信号进行频谱特性分析，对频段利用率和频带占用度进行测试、统计、分析，并对非法电台和干扰源测向定位进行查处。无线电监测通过提供空中无线电波和电磁辐射的测量信息来支持无线电管理，在频率规划、频率指配、电磁环境测试、无线电台（站）的设置规划、无线电台（站）的监督管理、无线电干扰的查处、通信安全的保障等方面提供强大的技术支持，确保无线电管理法律法规得以实施。

无线电干扰是指由于一种或多种发射、辐射、感应或其组合所产生的无用能量对无线电通信系统的接收产生的影响。这些干扰会导致系统性能下降、误解或信息丢失。若不存在无用能量，则这些后果是可以避免的。干扰一般分为可允许干扰、可接受干扰和有害干扰，其中有害干扰是危害无线电导航或其他安全业务的正常运行，或者严重地损害、阻碍或一再阻断按规定正常开展的无线电通信业务的干扰，是《国际电信联盟组织法》《无线电规则》《中华人民共和国无线电管理条例》以及相关法律法规均加以禁止的干扰。国际电信联盟法规和我国国内法分别规定了处理跨国和国内有害干扰的规则和程序。

保护无线电电磁环境也是维护空中电波秩序的重要内容。我国一些法律法规对军用无线电固定设施、军事禁区和军事管理区内的无线电固定设施，以及机场等区域的电磁环境保护作出了规定。虽然《中华人民共和国无线电管理条例》没有对电磁环境进行界定，但在设台条件及台站布局、非无线电设施使用要求、特殊项目保护及无线电专用频率保护方面，都规定了与电磁环境保护相关的内容，其出发点是有效利用无线电频谱资源和避免有害干扰。

不遵守无线电管理的法律法规，如未经许可擅自使用无线电频率，擅自设置、使用无线电台（站）或者不按照无线电台执照规定的许可事项和要求设置、使用无线电台（站），故意收发无线电台执照许可事项之外的无线电信号，传播、公布或者利用无意接收的信息，擅自编制、使用无线电台识别码，未取得型号核准而生产或者进口在国内销售、使用的无线电发射设备，使用无线电发射设备干扰无线电业务正常进行等情形，依法应当给予行政处罚，情节严重构成犯罪的，还应依据《中华人民共和国刑法》第288条扰乱无线电通讯管理秩序罪和其他相关条款进行定罪处罚。

（五）无线电通信安全法

无线电通信安全是指各类电磁应用活动，特别是与国计民生相关的国家重大电磁应用活动，能够在国家主权及国际共享的电磁空间范围内，不被侦察、不被利用、不受威胁、不受干扰地正常进行。这既要确保重大政治活动、社会活动、体育赛事等的无线电通信安全，又要确保交通运输、广播电视等特定行业的无线电通信安全，还要维护公众无线电通信安全。无线电通信安全关系到国防安全、国家政治稳定和社会安定，关系到国民经济建设的顺利进行。

《中华人民共和国无线电管理条例》和《中华人民共和国无线电管制规定》明确指出，为了维护国家安全、保障国家重大任务的顺利进行以及有效处置重大突发事件，国家可以实施无线电管制，在特定时间和特定区域内，依法采取限制或者禁止无线电台（站）、无线电发射设备和辐射无线电波的非无线电设备的使用，以及对特定的无线电频率实施技术阻断，对无线电波的发射、辐射和传播实施强制性管理。

（六）无线电通信国际法

无线电波传播不受国界控制，无线电通信活动，特别是短波广播、卫星通信等，天然地具有国际影响，容易产生跨国有害干扰。用于国际无线电通信的无线电频谱和卫星轨道资源是人类的共同继承财产，具有稀缺性，需要在国际层面协调使用。鉴于无线电通信日益重要的地位，各主权国家早在100多年前就通过国际电信联盟这一政府间国际组织缔结国际条约，对无线电通信资源分配和使用、无线电通信活动开展及无线电通信秩序维护进行国际规制，并通过相关机构和程序确保规则的实施。

无线电通信国际法涉及国际电信联盟及其主要机构，特别是无线电通信部门在分配和管理无线电频谱和卫星轨道资源、规制国际无线电通信活动及维护国际无线电通信秩序方面所依据的一系列国际条约规则和程序，也涉及无线电通信领域的双边、多边国际协调活动及其所产生的协调协议，它们构成了从事无线电通信活动所应遵守的国际法。

第二章
无线电通信法律渊源

本章概要： 无线电通信法律渊源是指无线电通信法的具体表现形式。我国无线电通信法律渊源可以概括为以宪法为最高法律，以含有无线电管理具体条款的法律为重要组成部分，以无线电管理行政法规、部门规章、地方性法规、地方政府规章为规则主体，以无线电管理的规范性文件和相关标准为细则的体系，无线电通信领域的国际条约也是我国无线电通信法律渊源之一。

关键术语：《中华人民共和国宪法》；《中华人民共和国民法典》第252条；《中华人民共和国刑法》第288条；《中华人民共和国无线电管理条例》

第一节　我国法律体系构成

《中华人民共和国立法法》[68]是明确我国国内法律体系构成，规定相关规

---

[68]《中华人民共和国立法法》于2000年3月15日由第九届全国人民代表大会第三次会议通过，根据2015年3月15日第十二届全国人民代表大会第三次会议《关于修改〈中华人民共和国立法法〉的决定》第一次修正，根据2023年3月13日第十四届全国人民代表大会第一次会议《关于修改〈中华人民共和国立法法〉的决定》第二次修正。

范的效力等级、制定主体和适用规则的一部重要法律。根据该法，我国国内法律体系的主要组成部分包括法律、行政法规、地方性法规、自治条例和单行条例、规章。

  法律由全国人民代表大会或全国人民代表大会常务委员会制定。全国人民代表大会制定和修改刑事、民事、国家机构的和其他的基本法律。全国人民代表大会常务委员会制定和修改除应当由全国人民代表大会制定的法律以外的其他法律[69]。根据《中华人民共和国立法法》第11条，以下事项只能制定法律：国家主权的事项；各级人民代表大会、人民政府、监察委员会、人民法院和人民检察院的产生、组织和职权；民族区域自治制度、特别行政区制度、基层群众自治制度；犯罪和刑罚；对公民政治权利的剥夺、限制人身自由的强制措施和处罚；税种的设立、税率的确定和税收征收管理等税收基本制度；对非国有财产的征收、征用；民事基本制度；基本经济制度以及财政、海关、金融和外贸的基本制度；诉讼制度和仲裁基本制度；必须由全国人民代表大会及其常务委员会制定法律的其他事项。就以上事项尚未制定法律的，全国人民代表大会及其常务委员会有权作出决定，授权国务院可以根据实际需要，对其中的部分事项先制定行政法规，但是有关犯罪和刑罚、对公民政治权利的剥夺和限制人身自由的强制措施和处罚、司法制度等事项除外[70]。

  行政法规由国务院根据宪法和法律，就为执行法律的规定需要制定行政法规的事项或《中华人民共和国宪法》第89条规定的国务院行政管理职权的事项而制定[71]。行政法规由国务院有关部门或者国务院法制机构具体负责起草[72]。

  地方性法规、自治条例和单行条例均属地方立法。地方性法规的制定主体包括：（1）省、自治区、直辖市的人民代表大会及其常务委员会；（2）设

---

[69] 《中华人民共和国立法法》，第10条。
[70] 《中华人民共和国立法法》，第12条。
[71] 《中华人民共和国立法法》，第72条。
[72] 《中华人民共和国立法法》，第74条。

区的市的人民代表大会及其常务委员会；（3）省、自治区的人民政府所在地的市；（4）经济特区所在地的市；（5）国务院已经批准的较大的市；（6）自治州的人民代表大会及其常务委员会[73]。在制定地方性法规时，省、自治区、直辖市的人民代表大会及其常务委员会制定的地方性法规不得与宪法、法律、行政法规相抵触[74]；设区的市制定的地方性法规不得与宪法、法律、行政法规和本省、自治区的地方性法规相抵触，且立法事项限于对城乡建设与管理、生态文明建设、历史文化保护、基层治理等方面的事项，但省、自治区人民政府所在地的市、经济特区所在地的市和国务院已经批准的较大的市已经制定的地方性法规涉及上述事项范围以外的，继续有效[75]。地方性法规可以就以下事项作出规定：①为执行法律、行政法规的规定，需要根据本行政区域的实际情况作具体规定的事项；②属于地方性事务需要制定地方性法规的事项[76]。

根据《中华人民共和国宪法》《中华人民共和国立法法》《中华人民共和国民族区域自治法》[77]，民族自治地方（包括自治区、自治州和自治县）的人民代表大会，有权依照当地民族的政治、经济和文化特点，制定自治条例和单行条例[78]。

规章包括国务院部门规章和地方政府规章两类。国务院部门规章由国务院各部、委员会、中国人民银行、审计署和具有行政管理职能的国务院直属机构以及法律规定的机构，根据法律和国务院的行政法规、决定、命令，在

---

73 《中华人民共和国立法法》，第80至81条。

74 《中华人民共和国立法法》，第80条。

75 《中华人民共和国立法法》，第81条。

76 《中华人民共和国立法法》，第82条。

77 《中华人民共和国民族区域自治法》于1984年5月31日由第六届全国人民代表大会第二次会议通过，根据2001年2月28日第九届全国人民代表大会常务委员会第二十次会议《关于修改〈中华人民共和国民族区域自治法〉的决定》修正。

78 《中华人民共和国宪法》，第116条；《中华人民共和国民族区域自治法》，第19条；《中华人民共和国立法法》，第85条。

本部门的权限范围内制定。部门规章规定的事项应当属于执行法律或者国务院的行政法规、决定、命令的事项。没有法律或者国务院的行政法规、决定、命令的依据，部门规章不得设定减损公民、法人和其他组织权利或者增加其义务的规范，不得增加本部门的权力或者减少本部门的法定职责[79]。省、自治区、直辖市和设区的市、自治州的人民政府，可以根据法律、行政法规和本省、自治区、直辖市的地方性法规，就为执行法律、行政法规、地方性法规的规定需要制定规章的事项或属于本行政区域的具体行政管理事项制定规章[80]。

在规范的效力等级方面，根据《中华人民共和国立法法》，宪法具有最高的法律效力[81]；法律的效力高于行政法规、地方性法规、规章[82]；行政法规的效力高于地方性法规、规章[83]；地方性法规的效力高于本级和下级地方政府规章，省、自治区的人民政府制定的规章的效力高于本行政区域内的设区的市、自治州的人民政府制定的规章[84]；部门规章之间、部门规章与地方政府规章之间具有同等效力，在各自的权限范围内施行[85]。

在规范的适用规则方面，同一机关制定的法律、行政法规、地方性法规、自治条例和单行条例、规章，特别规定与一般规定不一致的，适用特别规定；新的规定与旧的规定不一致的，适用新的规定[86]。法律之间对同一事项的新的一般规定与旧的特别规定不一致，不能确定如何适用时，由全国人民代表大会常务委员会裁决[87]。行政法规之间对同一事项的新的一般规定与旧的特别规

---

79 《中华人民共和国立法法》，第 91 条。
80 《中华人民共和国立法法》，第 93 条。
81 《中华人民共和国立法法》，第 98 条。
82 《中华人民共和国立法法》，第 99 条。
83 同上。
84 《中华人民共和国立法法》，第 100 条。
85 《中华人民共和国立法法》，第 102 条。
86 《中华人民共和国立法法》，第 103 条。
87 《中华人民共和国立法法》，第 105 条第 1 款。

定不一致,不能确定如何适用时,由国务院裁决[88]。地方性法规、规章之间不一致时,同一机关制定的新的一般规定与旧的特别规定不一致时,由制定机关裁决;地方性法规与部门规章之间对同一事项的规定不一致,不能确定如何适用时,由国务院提出意见,国务院认为应当适用地方性法规的,应当决定在该地方适用地方性法规的规定,认为应当适用部门规章的,应当提请全国人民代表大会常务委员会裁决;部门规章之间、部门规章与地方政府规章之间对同一事项的规定不一致时,由国务院裁决[89]。

第二节　我国无线电通信法律规则体系

一、宪法和法律

宪法是国家的根本大法,内容包括我国社会制度、国家制度、公民的基本权利和义务、国家机构的组织与活动的原则等。宪法由全国人民代表大会制定,具有最高的法律效力,是其他法律的立法基础,任何法律、法规、规章不得与宪法相抵触。无线电领域的相关法律规则也应在宪法的基础上制定,且不得与宪法相违背。

《中华人民共和国宪法》第9条规定,矿藏、水流、森林、山岭、草原、荒地、滩涂等自然资源,都属于国家所有……国家保障自然资源的合理利用;保护珍贵的动物和植物;禁止任何组织或者个人用任何手段侵占或者破坏自然资源。尽管《中华人民共和国宪法》未明确提及"无线电频谱资源"字样,但无线电频谱资源作为有限的自然资源,应纳入《中华人民共和国宪法》的保护范围。

法律由全国人民代表大会或全国人民代表大会常务委员会制定。我国目

---

88 《中华人民共和国立法法》,第105条第2款。
89 《中华人民共和国立法法》,第106条。

前尚未出台专门规范无线电通信资源和无线电通信活动的法律，但"无线电频谱资源法"已在研究起草过程中[90]。

我国部分法律中包含关于无线电通信的具体条款，主要有《中华人民共和国民法典》《中华人民共和国刑法》《中华人民共和国治安管理处罚法》《中华人民共和国国防动员法》《中华人民共和国气象法》《中华人民共和国民用航空法》《中华人民共和国国防法》《中华人民共和国国家安全法》《中华人民共和国军事设施保护法》《中华人民共和国海商法》《中华人民共和国突发事件应对法》《中华人民共和国人民防空法》《中华人民共和国海上交通安全法》《中华人民共和国反恐怖主义法》《中华人民共和国外交特权与豁免条例》《中华人民共和国领事特权与豁免条例》[91]，以上法律大致可分为以下几类。

1. 规定无线电频谱资源权属的法律条款

《中华人民共和国民法典》第252条明确规定"无线电频谱资源属于国家所有"。该条款确立了频谱资源的国家所有权，是设立我国无线电通信法律制度的基础性条款。

2. 利用无线电通信保障国家安全、应对突发事件的法律条款

无线电频谱资源是与国家安全密切相关的战略资源。《中华人民共和国国防法》第32条规定，国家根据边防、海防、空防和其他重大安全领域防卫的需要，加强防卫力量建设，建设作战、指挥、通信、测控、导航、防护、交通、保障等国防设施。……这些国防设施的建设和运转离不开无线电频谱资源的供给以及无线电通信业务的开展。《中华人民共和国国防法》第30条第2款还规定，国家采取必要的措施，维护在太空、电磁、网络空间等其他重大安全领域的活动、资产和其他利益的安全。由此，电磁领域的安全成为国家

---

90 2023年9月发布的《十四届全国人大常委会立法规划》将"无线电频谱资源法"列为与"电信法"一并考虑的第二类立法项目，即需要抓紧工作、条件成熟时提请审议的法律草案。

91 《中华人民共和国外交特权与豁免条例》和《中华人民共和国领事特权与豁免条例》虽然名称为"条例"，但均为由全国人民代表大会常务委员会制定的法律，前者由第六届全国人民代表大会常务委员会第十七次会议于1986年9月5日通过，后者由第七届全国人民代表大会常务委员会第十六次会议于1990年10月30日通过。

第二章　无线电通信法律渊源

安全的重要组成部分。

《中华人民共和国国家安全法》第 21 条规定，国家合理利用和保护资源能源，有效管控战略资源能源的开发，加强战略资源能源储备，完善资源能源运输战略通道建设和安全保护措施，加强国际资源能源合作，全面提升应急保障能力，保障经济社会发展所需的资源能源持续、可靠和有效供给。这里的资源，应当包括无线电通信资源，即无线电频谱资源和卫星轨道资源。《中华人民共和国国家安全法》第 32 条规定，国家坚持和平探索和利用外层空间、国际海底区域和极地，增强安全进出、科学考察、开发利用的能力，加强国际合作，维护我国在外层空间、国际海底区域和极地的活动、资产和其他利益的安全。而利用无线电频谱资源和卫星轨道资源开展空间业务几乎是当前与外层空间通联的唯一的手段。

军事系统是保障国家安全和国防安全的重要环节，《中华人民共和国军事设施保护法》第 33、59、61、63 条规定了对军用无线电固定设施及其周围电磁环境进行保护，以及违反相关规定后应承担的行政责任和刑事责任。

《中华人民共和国反恐怖主义法》第 61 条规定，在恐怖事件发生后，负责应对处置的反恐怖主义工作领导机构可以决定在特定区域内实施互联网、无线电、通讯管制。而实施无线电管制的具体规则程序在《中华人民共和国无线电管制规定》中予以规定。

《中华人民共和国国防动员法》第 22 条规定，与国防密切相关的建设项目和重要产品目录，由国务院经济发展综合管理部门会同国务院其他有关部门以及军队有关部门拟定，报国务院、中央军事委员会批准。而无线电通信相关项目和重要产品应名列其中。《中华人民共和国国防动员法》第 51 条规定，电信单位应当依法担负国防勤务，平时应当按照专业对口、人员精干、应急有效的原则组建专业保障队伍，组织训练、演练，提高完成国防勤务的能力。《中华人民共和国国防动员法》第 63 条规定，国家决定实施国防动员后，根据需要，可以依法在实施国防动员的区域采取对电信、信息网络等行业的管制措施。

《中华人民共和国突发事件应对法》第 49 条规定，国家加强应急通信系统建设。而无线电通信系统是应急通信系统的重要组成部分。根据《中华人民共和国人民防空法》第 32 条，国家用于人民防空通信的专用频率是相关部门予以特别保障的资源。

3. 规范无线电通信秩序的法律条款

《中华人民共和国刑法》第 288 条规定，违反国家规定，擅自设置、使用无线电台（站），或者擅自使用无线电频率，干扰无线电通讯秩序，情节严重的，处 3 年以下有期徒刑、拘役或者管制，并处或者单处罚金；情节特别严重的，处 3 年以上 7 年以下有期徒刑，并处罚金。单位也可以成为该罪的犯罪主体。为了明确何为"情节严重""情节特别严重"，2017 年 6 月，《最高人民法院最高人民检察院关于办理扰乱无线电通讯管理秩序等刑事案件适用法律若干问题的解释》（法释〔2017〕11 号）发布，并针对我国一段时期内比较典型的扰乱无线电通讯管理秩序的犯罪行为（如"伪基站""黑广播"等）的定罪量刑问题进行了司法解释。

对于扰乱无线电通信管理秩序但尚未构成犯罪的行为，《中华人民共和国治安管理处罚法》第 28 条规定，违反国家规定，故意干扰无线电业务正常进行的，或者对正常运行的无线电台（站）产生有害干扰，经有关主管部门指出后，拒不采取有效措施消除的，处 5 日以上 10 日以下拘留；情节严重的，处 10 日以上 15 日以下拘留。

以上两部法律对于规范我国境内无线电频率和无线电台（站）的使用，维护无线电通信秩序，发挥了重要作用。

4. 保障无线电专用频率的条款

航空、水上、气象等行业无线电通信活动依赖可靠的无线电频谱资源供给，《中华人民共和国民用航空法》第 88 条、《中华人民共和国海上交通安全法》第 24 条、《中华人民共和国气象法》第 26 条等，规定了对民用航空无线电专用频率、海上交通安全通信频率、气象无线电专用频道和信道的保护措施和使用规则，任何组织或个人不得挤占和干扰上述专用频率，一旦发生干扰，应迅速排除。

二、行政法规

行政法规是由国务院根据宪法和法律，按照法定程序，为执行上位法律或履行国务院行政管理职权而制定的。行政法规的效力仅次于宪法和法律。

1. 无线电管理领域的专门行政法规

无线电管理领域的专门行政法规有 1993 年发布的、2016 年修订的《中华人民共和国无线电管理条例》和 2010 年发布的《中华人民共和国无线电管制规定》。由于无线电管理涉及军队事宜，我国无线电管理的两部行政法规均由国务院和中央军事委员会联合发布。

《中华人民共和国无线电管理条例》共有 9 章 85 条，其出发点是加强无线电管理，有效开发、利用无线电频谱资源和防止无线电有害干扰，维护空中电波秩序。《中华人民共和国无线电管理条例》理顺了无线电管理的体制机制；明确了无线电管理工作在国务院、中央军事委员会的统一领导下分工管理、分级负责的原则；还规定了军地建立无线电管理协调机制，共同划分无线电频率，协商处理涉及军事系统与非军事系统间的无线电管理事宜。《中华人民共和国无线电管理条例》就国家无线电管理机构、地方无线电管理机构和国务院有关部门无线电管理机构的职责权限作了明确规定。在无线电管理的具体工作方面，《中华人民共和国无线电管理条例》重点围绕无线电频率、无线电台（站）、无线电发射设备、无线电通信秩序四大核心问题，明确了我国无线电通信的主要管理制度。

《中华人民共和国无线电管制规定》中的无线电管制，是指根据维护国家安全、保障国家重大任务、处置重大突发事件等需要，在特定时间和特定区域内，国家依法采取限制或者禁止无线电台（站）、无线电发射设备和辐射无线电波的非无线电设备的使用，以及对特定的无线电频率实施技术阻断等措施，对无线电波的发射、辐射和传播实施的强制性管理。《中华人民共和国无线电管制规定》明确了实施无线电管制的场景，决定实施无线电管制的主体，无线电管制预案的制定、批准、实施和结束，以及无线电管制具体措施的类型等内容。

2. 其他相关行政法规

我国还有一些行政法规中包含无线电管理的具体条款，如《中华人民共和国电信条例》[92]、《民用机场管理条例》[93]、《广播电视管理条例》[94]、《中华人民共和国外国常驻新闻机构和外国记者采访条例》[95]、《中华人民共和国航标条例》[96]、《气象设施和气象探测环境保护条例》[97]、《中华人民共和国水文条例》[98]、《中华人民共和国海上交通事故调查处理条例》[99]、《铁路安全管理条

---

92 《中华人民共和国电信条例》于2000年9月25日由国务院令第291号公布，根据2014年7月29日《国务院关于修改部分行政法规的决定》（国务院令第653号）第一次修订，根据2016年2月6日《国务院关于修改部分行政法规的决定》（国务院令第666号）第二次修订。

93 《民用机场管理条例》于2009年4月13日由国务院令第553号公布，根据2019年3月2日《国务院关于修改部分行政法规的决定》（国务院令第709号）修订。

94 《广播电视管理条例》于1997年8月11日由国务院令第228号公布，根据2013年12月7日《国务院关于修改部分行政法规的决定》（国务院令第645号）第一次修订，根据2017年3月1日《国务院关于修改和废止部分行政法规的决定》（国务院令第676号）第二次修订，根据2020年11月29日《国务院关于修改和废止部分行政法规的决定》（国务院令第732号）第三次修订，根据2024年12月6日《国务院关于修改和废止部分行政法规的决定》第四次修订。

95 《中华人民共和国外国常驻新闻机构和外国记者采访条例》于2008年10月17日由国务院令第537号公布，自2008年10月17日起施行。

96 《中华人民共和国航标条例》于1995年12月3日由国务院令第187号公布，根据2011年1月8日《国务院关于废止和修改部分行政法规的决定》（国务院令第588号）修订。

97 《气象设施和气象探测环境保护条例》于2012年8月29日由国务院令第623号公布，根据2016年2月6日《国务院关于修改部分行政法规的决定》（国务院令第666号）修订。

98 《中华人民共和国水文条例》于2007年4月25日由国务院令第496号公布，根据2013年7月18日《国务院关于废止和修改部分行政法规的决定》（国务院令第638号）第一次修订，根据2016年2月6日《国务院关于修改部分行政法规的决定》（国务院令第666号）第二次修订，根据2017年3月1日《国务院关于修改和废止部分行政法规的决定》（国务院令第676号）第三次修订。

99 《中华人民共和国海上交通事故调查处理条例》于1990年1月11日经国务院批准，于1990年3月3日由交通部令第14号发布。

例》[100]、《无人驾驶航空器飞行管理暂行条例》[101]、《外国民用航空器飞行管理规则》[102]、《中华人民共和国海关总署关于外国驻中国使馆和使馆人员进出境物品的规定》[103]、《中华人民共和国飞行基本规则》[104]、《中华人民共和国军事设施保护法实施办法》[105]、《中华人民共和国搜寻援救民用航空器规定》[106]、《国务院、中央军委关于保护通信线路的规定》[107]、《国境河流外国籍船舶管理办法》[108]、《中华人民共和国外国籍船舶航行长江水域管理规

---

100 《铁路安全管理条例》于2013年8月17日由国务院令第639号公布,自2014年1月1日起施行。

101 《无人驾驶航空器飞行管理暂行条例》于2023年5月31日由国务院、中央军事委员会令第761号公布,自2024年1月1日起施行。

102 《外国民用航空器飞行管理规则》于1979年2月23日由中国民用航空总局发布,根据2019年3月2日《国务院关于修改部分行政法规的决定》(国务院令第709号)第一次修订,根据2024年12月6日《国务院关于修改和废止部分行政法规的决定》(国务院令第797号)第二次修订。

103 《中华人民共和国海关总署关于外国驻中国使馆和使馆人员进出境物品的规定》于1986年10月31日经国务院批准,于1986年12月1日由海关总署发布,根据2011年1月8日《国务院关于废止和修改部分行政法规的决定》(国务院令第588号)修订。

104 《中华人民共和国飞行基本规则》于2000年7月24日由国务院、中央军事委员会令第288号公布,根据2001年7月27日《国务院、中央军委关于修改〈中华人民共和国飞行基本规则〉的决定》(国务院 中央军事委员会令第312号)第一次修订,根据2007年10月18日《国务院、中央军委关于修改〈中华人民共和国飞行基本规则〉的决定》(国务院 中央军事委员会令第509号)第二次修订。

105 《中华人民共和国军事设施保护法实施办法》于2001年1月12日由国务院、中央军事委员会令第298号公布,自公布之日起施行。

106 《中华人民共和国搜寻援救民用航空器规定》于1992年12月8日经国务院批准,于1992年12月28日由中国民用航空局令第29号发布,自发布之日起施行。

107 《国务院、中央军委关于保护通信线路的规定》于1982年9月20日由国务院、中央军事委员会发布。

108 《国境河流外国籍船舶管理办法》于1966年3月15日经国务院批准,于1966年4月19日由交通部发布。

定》[109]等。

以上行政法规的内容大致涉及无线电通信资源的范围和使用原则、无线电通信线路和专用频率保护、电磁环境保护、特定业务频率使用、涉外无线电管理等方面。

(1) 内容涉及无线电通信资源的范围和使用原则的行政法规

《中华人民共和国电信条例》规定了无线电通信资源的范围和使用原则。

《中华人民共和国电信条例》第26条规定，国家对电信资源统一规划、集中管理、合理分配，实行有偿使用制度。其中无线电通信资源包括无线电频率和卫星轨道位置。同时其第27条规定，电信业务经营者占有、使用电信资源，应当缴纳电信资源费。以上条款明确了无线电通信资源有偿使用的原则，《中华人民共和国无线电管理条例》第21条也规定，使用无线电频率应当按照国家有关规定缴纳频率占用费。

《中华人民共和国电信条例》第28条还规定，分配电信资源，可以采取指配的方式，也可以采用拍卖的方式；取得电信资源使用权的，应当在规定的时限内启用所分配的资源，并达到规定的最低使用规模。相关内容也体现在《中华人民共和国无线电管理条例》第17条和第26条规定中。以上条款确立了通过市场化机制分配电信资源的制度，而关于最低使用规模的要求，也表明在不符合相关使用要求的情况下，电信资源使用权可被撤销，电信资源被收回。

《中华人民共和国电信条例》第53至55条还规定了无线电通信设备进网许可制度。

(2) 内容涉及无线电通信线路和专用频率保护的行政法规

1982年，《国务院、中央军委关于保护通信线路的规定》明确了邮电、

---

[109] 《中华人民共和国外国籍船舶航行长江水域管理规定》于1983年4月9日经国务院批准，于1983年4月20日由交通部发布；于1986年2月6日由国务院批准第一次修订，于1986年3月1日由交通部发布；于1992年6月6日由国务院批准第二次修订，于1992年7月25日由交通部发布；于1997年5月26日由国务院批准第三次修订，于1997年8月17日由交通部发布；根据2019年3月2日《国务院关于修改部分行政法规的决定》(国务院令第709号)第四次修订。

第二章　无线电通信法律渊源

铁路、军队等部门的各种通信线路，包括无线线路等，是国家通信网的重要组成部分，担负着党政军民的国内、国际通信任务，属于应受保护的对象，任何单位和人民群众都不得损坏通信设备或有危害通信安全的行为。该文件还规定了保护通信线路的主体及其职责以及违反相关规定应承担的法律责任。1993 年《中华人民共和国无线电管理条例》和 1997 年《中华人民共和国刑法》颁布实施后，通信线路保护的相关规定更为完善。

《中华人民共和国军事设施保护法实施办法》细化了军用通信线路的保护，军用通信线路包括无线线路，即无人值守微波站、微波无源反射板、各类无线电固定台（站）天线以及其他附属设施[110]。

《民用机场管理条例》规定，任何单位或者个人使用的无线电台（站）和其他仪器、装置，不得对民用航空无线电专用频率的正常使用产生干扰。民用航空无线电专用频率受到干扰时，机场管理机构和民用航空管理部门应当立即采取排查措施，及时消除；无法消除的，应当通报民用机场所在地地方无线电管理机构。接到通报的无线电管理机构应当采取措施，依法查处[111]。该条例还规定，使用的无线电台（站）或者其他仪器、装置，对民用航空无线电专用频率的正常使用产生干扰的，由民用机场所在地无线电管理机构责令改正；情节严重的，处 2 万元以上 10 万元以下的罚款[112]。《中华人民共和国飞行基本规则》也规定，有关部门应当加强对航空通信、导航无线电频率的管理和保护。任何单位或者个人使用的无线电台和其他仪器、装置，不得妨碍航空无线电专用频率的正常使用[113]。

《中华人民共和国水文条例》规定，水文机构依法取得的无线电频率使用权和通信线路使用权受国家保护。任何单位和个人不得挤占、干扰水文机构

110　《中华人民共和国军事设施保护法实施办法》，第 27 条。
111　《民用机场管理条例》，第 57 条和第 58 条。
112　《民用机场管理条例》，第 80 条。
113　《中华人民共和国飞行基本规则》，第 105 条。

使用的无线电频率,不得破坏水文机构使用的通信线路[114]。

《广播电视管理条例》规定,任何单位和个人不得侵占、干扰广播电视专用频率,不得擅自截传、干扰、解扰广播电视信号[115]。该条例还针对侵占、干扰广播电视专用频率的行为进行了规定,此类行为由县级以上人民政府广播电视行政部门责令停止违法活动,给予警告,没收违法所得和从事违法活动的专用工具、设备,可以并处罚款[116]。

《中华人民共和国航标条例》规定,在无线电导航设施的发射方向,不得构筑影响航标正常工作效能的建筑物、构筑物,不得种植影响航标正常工作效能的植物[117]。禁止在无线电导航设施附近设置、使用影响导航设施工作效能的高频电磁辐射装置、设备等,以确保无线电导航设施的正常工作,避免因高频电磁辐射装置或设备的干扰而影响航标的工作效能[118]。

《铁路安全管理条例》规定,禁止使用无线电台(站)以及其他仪器、装置干扰铁路运营指挥调度无线电频率的正常使用。铁路运营指挥调度无线电频率受到干扰的,铁路运输企业应当立即采取排查措施并报告无线电管理机构、铁路监管部门;无线电管理机构、铁路监管部门应当依法排除干扰[119]。

《气象设施和气象探测环境保护条例》规定,禁止实施挤占、干扰依法设立的气象无线电台(站)、频率等危害气象设施的行为[120]。对于挤占、干扰依法设立的气象无线电台(站)、频率的行为,依照无线电管理相关法律法规的规定予以处罚[121]。

---

114 《中华人民共和国水文条例》,第35条。
115 《广播电视管理条例》,第28条。
116 《广播电视管理条例》,第51条。
117 《中华人民共和国航标条例》,第13条。
118 《中华人民共和国航标条例》,第17条第(4)项。
119 《铁路安全管理条例》,第74条。
120 《气象设施和气象探测环境保护条例》,第10条第(3)项。
121 《气象设施和气象探测环境保护条例》,第24条第2款。

第二章　无线电通信法律渊源

（3）涉及电磁环境保护的行政法规

电磁环境指的是存在于给定场所的所有电磁现象的总和[122]。一些行政法规对特定场合的无线电电磁环境保护作出了规定。

《中华人民共和国军事设施保护法实施办法》对军用无线电固定设施电磁环境（以下简称军用电磁环境）提出了保护要求。军用电磁环境是指为保证军用无线电收（发）信、侦察、测向、雷达、导航定位等固定设施正常工作，在其周围划定的限制电磁干扰信号和电磁障碍物体的区域[123]。为了保护军用电磁环境，《中华人民共和国军事设施保护法实施办法》规定，在军用电磁环境保护范围内，禁止建设、设置或者使用发射、辐射电磁信号的设备和电磁障碍物体[124]。地方在军用电磁环境保护范围内安排建设项目，对军用电磁环境可能产生影响的，应当按照规定征求有关军事机关的意见；必要时，可以由军事设施管理单位和地方有关部门共同对其干扰程度和电磁障碍物的影响情况进行测试和论证[125]。各级人民政府有关部门审批和验收军用电磁环境保护范围内的建设项目，应当审查发射、辐射电磁信号设备和电磁障碍物的状况，以及征求军事机关意见的情况；未征求军事机关意见或者不符合国家电磁环境保护标准的，不予办理建设或者使用许可手续[126]。军用无线电固定设施管理单位，应当掌握军用电磁环境保护情况，发现问题及时向上级军事机关和当地军事设施保护委员会报告[127]。

《民用机场管理条例》规定，民用机场所在地地方无线电管理机构应当会同地区民用航空管理机构按照国家无线电管理的有关规定和标准确定民用机场电磁环境保护区域，并向社会公布。民用机场电磁环境保护区域包括设置在民用机场总体规划区域内的民用航空无线电台（站）电磁环境保护区域和

---

122 《电磁环境控制限值》（GB 8702—2014），第3.1款。
123 《中华人民共和国军事设施保护法实施办法》，第33条。
124 《中华人民共和国军事设施保护法实施办法》，第34条。
125 《中华人民共和国军事设施保护法实施办法》，第35条。
126 《中华人民共和国军事设施保护法实施办法》，第36条。
127 《中华人民共和国军事设施保护法实施办法》，第37条。

民用机场飞行区电磁环境保护区域[128]。该条例还规定，在民用机场电磁环境保护区域内设置、使用非民用航空无线电台（站）的，无线电管理机构应当在征求民用机场所在地地区民用航空管理机构意见后，按照国家无线电管理的有关规定审批[129]。禁止在民用航空无线电台（站）电磁环境保护区域内，从事影响民用机场电磁环境的活动[130]。该条例还针对从事影响民用机场电磁环境的行为规定了其应承担的相关法律责任[131]。

《气象设施和气象探测环境保护条例》规定，高空气象观测站、天气雷达站、气象卫星地面站、区域气象观测站和单独设立的气象探测设施探测环境的保护，应当严格执行国家规定的保护范围和要求。相关保护范围和要求由国务院气象主管机构公布，涉及无线电频率管理的，国务院气象主管机构应当征得国务院无线电管理部门的同意[132]。

《无人驾驶航空器飞行管理暂行条例》是为了规范无人驾驶航空器飞行以及有关活动，促进无人驾驶航空器产业健康有序发展，维护航空安全、公共安全、国家安全而制定的条例。该条例明确了无人驾驶航空器管制空域和适飞空域的划设，规定未经空中交通管理机构批准，无人驾驶航空器不得在管制空域内实施无人驾驶航空器飞行活动，管制空域范围以外的空域为微型、轻型、小型无人驾驶航空器的适飞空域。而管制空域包括真高120米以上空域，空中禁区、空中限制区以及周边空域，军用航空超低空飞行空域，以及射电天文台、卫星测控（导航）站、航空无线电导航台、雷达站等需要电磁环境特殊保护的设施以及周边一定范围的区域[133]。

---

128 《民用机场管理条例》，第53条。
129 《民用机场管理条例》，第55条。
130 《民用机场管理条例》，第56条。
131 《民用机场管理条例》，第81条。
132 《气象设施和气象探测环境保护条例》，第15条。
133 《无人驾驶航空器飞行管理暂行条例》，第19条。

（4）内容涉及特定业务频率使用的行政法规

《中华人民共和国海上交通事故调查处理条例》规定，船舶、设施发生海上交通事故，必须立即用甚高频电话、无线电报或其他有效手段向就近港口的港务监督报告[134]。

《中华人民共和国搜寻援救民用航空器规定》规定，执行搜寻援救任务的航空器与船舶、遇险待救人员、搜寻援救工作组之间，应当使用无线电进行联络[135]。

《中华人民共和国飞行基本规则》规定，在飞行中遇到严重危及航空器和人员安全的情况时，飞行人员应当利用一切手段，重复发出规定的遇险信号。其他航空器飞行人员在飞行中收到遇险信号，应当暂时停止使用无线电发信，必要时协助遇险航空器重复发出遇险信号[136]。

（5）内容涉及涉外无线电管理的行政法规

1966年，由国务院批准、交通部发布的《国境河流外国籍船舶管理办法》规定，外国籍船舶进入引水锚地，船长应将船上无线电发报机、无线电话发射机、雷达、火箭信号、信号炮等的名称、数量向港务监督申报，且无线电发报机、无线电话发射机、雷达、火箭信号、信号炮等禁止使用[137]。

《中华人民共和国外国常驻新闻机构和外国记者采访条例》规定，外国常驻新闻机构和外国记者因采访报道需要，在依法履行报批手续后，可以临时进口、设置和使用无线电通信设备[138]。

《中华人民共和国海关总署关于外国驻中国使馆和使馆人员进出境物品的规定》规定，运进无线电收发信机及其器材，必须事先以书面申请报经中国外交部批准。使馆和使馆人员应当向海关申报并提供有关批准文件，海关予

---

134 《中华人民共和国海上交通事故调查处理条例》，第5条。
135 《中华人民共和国搜寻援救民用航空器规定》，第26条。
136 《中华人民共和国飞行基本规则》，第101条。
137 《国境河流外国籍船舶管理办法》，第8条。
138 《中华人民共和国外国常驻新闻机构和外国记者采访条例》，第19条。

以审核放行[139]。

《中华人民共和国外国籍船舶航行长江水域管理规定》规定，船舶在长江水域及其港口使用甚高频无线电话，按《中华人民共和国交通部关于外轮使用甚高频无线电话暂行办法》办理[140]。船舶的无线电报、无线电话发射机，在长江水域期间只准与中华人民共和国江岸、海岸电台通讯；在港口期间只有在危急情况下才可以使用，并且使用后必须向港务监督报告[141]。

《外国民用航空器飞行管理规则》规定，外国民用航空器在中华人民共和国境内飞行时，应当按照国务院民用航空主管部门规定的无线电通信的方式和无线电频率，同国务院民用航空主管部门有关的空中交通管制部门保持不间断地守听，以便及时地进行通信联络[142]。该管理规则还规定，在中华人民共和国境内飞行的外国民用航空器，如果发生严重危及航空器和机上人员安全，并且需要立即援助的情况时，其空勤组应当立即向国务院民用航空主管部门有关的空中交通管制部门发出遇险信号，以便及时进行搜寻和援救[143]。

（6）其他相关规定

《无人驾驶航空器飞行管理暂行条例》规定，非法拥有、使用无人驾驶航空器反制设备的，由无线电管理机构、公安机关按照职责分工予以没收，并应受到罚款的行政处罚[144]。其中无人驾驶航空器反制设备，是指专门用于防控无人驾驶航空器违规飞行，具有干扰、截控、捕获、摧毁等功能的设备[145]。

以上无线电管理行政法规体现了国家对无线电通信资源的管理原则和以资源管理为抓手、以秩序管理为保障的无线电管理机制。这些行政法规在维

---

139 《中华人民共和国海关总署关于外国驻中国使馆和使馆人员进出境物品的规定》，第5条第2款。

140 《中华人民共和国外国籍船舶航行长江水域管理规定》，第11条。

141 《中华人民共和国外国籍船舶航行长江水域管理规定》，第12条。

142 《外国民用航空器飞行管理规则》，第24条。

143 《外国民用航空器飞行管理规则》，第36条。

144 《无人驾驶航空器飞行管理暂行条例》，第52条。

145 《无人驾驶航空器飞行管理暂行条例》，第62条第(14)项。

护空中电波秩序，有效开发、利用无线电频谱资源，保证各种无线电业务的正常开展方面发挥了重要作用。含有无线电管理条款的其他行政法规也使得使用无线电频率、无线电台（站）和无线电发射设备的行业、业务和活动在一定程度上有法可依，对民用航空无线电专用频率、气象无线电专用频率、水上无线电专用频率和电磁环境的保护起到了积极作用。

三、部门规章

部门规章是指国务院各部、各委员会、中国人民银行、审计署和具有行政管理职能的直属机构（简称国务院部门）根据法律和国务院的行政法规、决定、命令，在本部门的职权范围内依照《规章制定程序条例》制定的、用于规定执行法律或者国务院的行政法规、决定、命令的事项的规范性文件，是法律和行政法规的具体化。

根据制定主体的不同，与无线电通信相关的部门规章可分为国家无线电管理机构制定的部门规章和其他国务院部门制定的无线电管理部门规章两类。

1. 国家无线电管理机构制定的部门规章

根据《工业和信息化部主要职责内设机构和人员编制规定》，国务院负责无线电管理的部门是工业和信息化部，其承接了原信息产业部的无线电管理职责，并通过无线电管理局（国家无线电办公室）这一内设机构开展工作，相关职责包括统一配置和管理无线电频谱资源，依法监督管理无线电台（站），负责卫星轨道位置的协调和管理，协调处理军地间无线电管理相关事宜，负责无线电监测、检测、干扰查处，协调处理电磁干扰事宜，维护空中电波秩序，依法组织实施无线电管制。根据《中华人民共和国立法法》第91条，工业和信息化部具有无线电管理方面的规章制定权，相关部门规章的内容应当属于执行法律或者国务院的行政法规、决定、命令的事项，无线电管理部门规章应当符合上位法律和《中华人民共和国无线电管理条例》等行政法规的规定。没有法律或者国务院的行政法规、决定、命令的依据，无线电管理部门规章不得设定减损公民、法人和其他组织权利或者增加其义务的规范，不得增加本部门的权力或者减少本部门的法定职责。

国家无线电管理机构制定的部门规章，有的是原信息产业部制定的，目前仍然有效；大部分由工业和信息化部制定，少量由工业和信息化部联合其他相关国务院部门共同制定。以上部门规章，有的属于无线电管理的一般性部门规章，适用于无线电管理的各个方面；有的属于无线电管理的特别部门规章，适用于特定无线电业务。国家无线电管理机构制定的部门规章如表2-1所示。

表2-1 国家无线电管理机构制定的部门规章

序号	名称	发文号	发布时间	实施时间
1	《业余无线电台管理办法》	工业和信息化部令第67号	2024年1月18日	2024年3月1日
2	《中华人民共和国无线电频率划分规定》	工业和信息化部令第62号	2023年5月23日	2023年7月1日
3	《地面无线电台（站）管理规定》	工业和信息化部令第60号	2022年12月30日	2023年2月1日
4	《无线电发射设备管理规定》	工业和信息化部令第57号	2022年12月22日	2023年7月1日
5	《铁路无线电管理办法》	工业和信息化部、交通运输部令第56号	2021年6月30日	2021年10月1日
6	《无线电频率使用许可管理办法》	工业和信息化部令第40号	2017年7月3日	2017年9月1日
7	《边境地区地面无线电业务频率国际协调规定》	工业和信息化部令第38号	2016年12月6日	2017年2月1日
8	《卫星移动通信系统终端地球站管理办法》	工业和信息化部令第19号	2011年4月21日	2011年6月1日
9	《建立卫星通信网和设置使用地球站管理规定》	工业和信息化部令第7号	2009年3月1日	2009年4月10日
10	《无线电台执照管理规定》	工业和信息化部令第6号	2009年3月5日	2009年4月10日
11	《设置卫星网络空间电台管理规定》	信部无〔1999〕835号	1999年9月13日	1999年9月13日

第二章 无线电通信法律渊源

以上部门规章如果制定于 2016 年《中华人民共和国无线电管理条例》修订之前，如《设置卫星网络空间电台管理规定》《卫星移动通信系统终端地球站管理办法》《建立卫星通信网和设置使用地球站管理规定》等，则应根据修订后的《中华人民共和国无线电管理条例》进行修订。

2. 其他国务院部门制定的无线电管理部门规章

根据国务院"三定"方案确立的国务院部门职权以及《中华人民共和国无线电管理条例》第 12 条关于部门、行业无线电管理的规定，国务院有关部门的无线电管理机构在国家无线电管理机构的业务指导下，负责本系统（行业）的无线电管理工作，贯彻执行国家无线电管理的方针、政策和法律、行政法规、规章，依照《中华人民共和国无线电管理条例》的规定和国务院规定的部门职权，管理国家无线电管理机构分配给本系统（行业）使用的航空、水上无线电专用频率，规划本系统（行业）无线电台（站）的建设布局和台址，核发制式无线电台执照及无线电台识别码。为此，国务院部门可出台针对本部门和行业的无线电管理部门规章，如《广播电视无线传输覆盖网管理办法》[146]、《中国民用航空无线电管理规定》[147]、《民用航空通信导航监视工作规则》[148]、《一般运行和飞行规则》[149]、《渔业无线电管理规定》[150]、《船舶无线电台执照核发办法》[151]、《国家地震局无线电管理办法》[152] 等。

鉴于一些文件的发布时间早于 1993 年的《中华人民共和国无线电管理

---

146 该部门规章于 2022 年 9 月 26 日由国家广播电视总局令第 13 号公布。
147 该部门规章于 1990 年 5 月 26 日由中国民用航空总局令第 7 号公布。
148 该部门规章于 2016 年 3 月 28 日由交通运输部发布，根据 2018 年 10 月 22 日《交通运输部关于修改〈民用航空通信导航监视工作规则〉的决定》（交通运输部令 2018 年第 25 号）修订。
149 该部门规章于 2022 年 1 月 4 日由交通运输部令 2022 年第 3 号公布。
150 该部门规章于 1996 年 8 月 9 日由国家无线电管理委员会、农业部发布。2022 年 4 月，农业农村部起草了《渔业无线电管理规定（征求意见稿）》，并向社会公开征求意见，但新的文件尚未出台。
151 该部门规章于 1989 年 2 月 10 日由交通部发布。
152 1993 年 4 月 7 日由中国地震局（原国家地震局）发布。

条例》的发布时间，在 2016 年《中华人民共和国无线电管理条例》修订后，国务院部门也亟须依据现有管理机制和管理规则，制定或修订行业无线电管理的部门规章。根据《规章制定程序条例》[153] 第 9 条，涉及国务院两个以上部门职权范围的事项，需要制定规章的，国务院有关部门应当联合制定规章，在此情况下，国务院有关部门单独制定的规章无效。因此，行业无线电管理部门规章应由工业和信息化部联合相关国务院部门共同制定。

3. 部门规范性文件

规范性文件是指各级各类行政机关在国家行政管理活动中，为了贯彻实施国家政策和法律法规，依据法定权限和程序所制定的除行政法规、规章以外的具有普遍约束力并能反复适用的决定、命令、行政措施等的总和。规范性文件是行政机关进行行政管理活动的一种基本手段，在国家行政管理活动中发挥了非常重要的作用。根据《中华人民共和国国务院组织法》[154] 第 14 条，国务院组成部门工作中的方针、政策、计划和重大行政措施，应当向国务院请示报告，由国务院决定。根据法律和国务院的行政法规、决定、命令，主管部门可以在本部门的权限范围内发布命令、指示。据此，国家无线电管理机构为了实施法律和执行政策，在法定权限内发布了大量具有普遍约束力和规范体式的决定和命令，即无线电管理的规范性文件，这些文件在实践中得到了普遍遵守。无线电管理的部门规范性文件必须符合《中华人民共和国无线电管理条例》和无线电管理的部门规章，而不能与之相冲突。

国家无线电管理机构出台的部门规范性文件包括《无线电频率使用率要求及核查管理暂行规定》（工信部无〔2017〕322 号）、《对地静止轨道卫星动中通地球站管理办法》（工信部无〔2023〕28 号）、《民用无人驾驶航空器无

---

[153] 《规章制定程序条例》于 2001 年 11 月 16 日由国务院令第 322 号公布，根据 2017 年 12 月 22 日《国务院关于修改〈规章制定程序条例〉的决定》（国务院令第 695 号）修订。

[154] 《中华人民共和国国务院组织法》于 1982 年 12 月 10 日由第五届全国人民代表大会第五次会议通过并于同日公布施行，于 2024 年 3 月 11 日由第十四届全国人民代表大会第二次会议修订通过并于同日公布施行。

线电管理暂行办法》(工信部无〔2023〕252号)、《无线电干扰投诉和查处工作实施细则》(工信部无〔2018〕192号)、《卫星网络申报协调与登记维护管理办法(试行)》(工信部无〔2017〕3号)、《卫星网络国内协调管理办法(暂行)》(工信部无〔2025〕52号)、《雷达无线电管理规定(试行)》(工信部无〔2025〕22号)、《国家无线电办公室关于150MHz和400MHz频段对讲机频率使用管理和设备技术要求有关事宜的通知》(国无办〔2025〕1号)、《无线电发射设备销售备案实施办法(暂行)》(工信部无〔2018〕285号)、《中华人民共和国工业和信息化部公告2019年第52号》、《增强机器类通信系统频率使用管理规定(暂行)》(工信部无〔2019〕248号)、《工业和信息化部关于调整800MHz频段数字集群通信系统频率使用规划的通知》(工信部无〔2019〕237号)、《遥感和空间科学卫星无线电频率资源使用规划(2019—2025年)》(工信部联无〔2019〕77号)、《卫星无线电频率使用可行性论证办法(试行)》(工信部无〔2019〕290号)、《卫星网络国际申报简易程序规定(试行)》(工信部无〔2019〕128号)等。我国无线电管理部门规范性文件的内容涉及无线电管理当中的频率、台站、设备和秩序管理的各个环节。

国务院部门出台的无线电管理规范性文件则包括《铁路机车制式无线电台执照核发管理办法》(国铁设备监规〔2020〕54号)、《司法部、工业和信息化部、公安部关于进一步加强防范和打击利用互联网及无线电设备在国家司法考试中违法作弊活动的通知》(司发通〔2012〕251号)等。

四、地方性法规

根据《中华人民共和国立法法》第80至81条,省、自治区、直辖市的人民代表大会及其常务委员会根据本行政区域的具体情况和实际需要,在不同宪法、法律、行政法规相抵触的前提下,可以制定地方性法规;设区的市的人民代表大会及其常务委员会根据本市的具体情况和实际需要,在不同宪法、法律、行政法规和本省、自治区的地方性法规相抵触的前提下,可以对城乡建设与管理、生态文明建设、历史文化保护、基层治理等方面的事项制定地方性法规。《中华人民共和国立法法》第 82 条规定，地方性法规可以就以下两类事项作出规定：一是为执行法律、行政法规的规定，需要根据本行政区域的实际情况作具体规定的事项；二是属于地方性事务需要制定地方性法规的事项。

截至 2025 年 2 月，我国共有 23 部无线电管理方面的地方性法规，包括 18 个省级行政区（广西壮族自治区、江西省、内蒙古自治区、安徽省、西藏自治区、湖南省、山东省、海南省、贵州省、广东省、福建省、浙江省、山西省、吉林省、天津市、湖北省、江苏省、云南省）和一个经济特区（深圳市）制定的 19 部地方无线电管理条例以及《四川省民用机场净空及电磁环境保护条例》《云南省无线电电磁环境保护条例》《黔南布依族苗族自治州 500 米口径球面射电望远镜电磁波宁静区环境保护条例》《徐州观音国际机场净空和电磁环境保护条例》。黑龙江省曾经制定过一部地方无线电管理条例，但黑龙江省人民代表大会常务委员会在 2018 年 4 月发文废止，目前尚无新的地方性法规出台。在以上 23 部地方性法规中，2016 年以后制定或修订地方无线电管理条例的省级行政区或经济特区有天津市、吉林省、广西壮族自治区、江西省、内蒙古自治区、安徽省、西藏自治区、湖南省、山东省、深圳市、海南省、贵州省、广东省、福建省、浙江省、山西省 16 个，而在 2016 年之前已经制定、目前需要修订或重订地方无线电管理条例的省级行政区有云南省、江苏省、湖北省、黑龙江省。我国制定的无线电管理方面的地方性法规如表 2-2 所示。

表 2-2　我国制定的无线电管理方面的地方性法规

编号	省级行政区或经济特区	法规名称	制定主体和公告号	最新公布时间	生效时间
1	天津市	《天津市无线电管理条例》	天津市第十八届人民代表大会常务委员会公告第30号	2024年12月3日	2025年1月1日
2	吉林省	《吉林省无线电管理条例》	吉林省第十四届人民代表大会常务委员会公告第48号	2024年11月27日	2024年11月27日

第二章 无线电通信法律渊源

续表

编号	省级行政区或经济特区	法规名称	制定主体和公告号	最新公布时间	生效时间
3	广西壮族自治区	《广西壮族自治区无线电管理条例》	广西壮族自治区人民代表大会常务委员会公告十四届第8号	2023年7月27日	2023年10月1日
4	江西省	《江西省无线电管理条例》	江西省第十三届人民代表大会常务委员会公告第157号	2022年11月25日	2023年3月1日
5	内蒙古自治区	《内蒙古自治区无线电管理条例》	内蒙古自治区第十三届人民代表大会常务委员会公告第88号	2022年7月28日	2022年9月1日
6	安徽省	《安徽省无线电管理条例》	安徽省第十三届人民代表大会常务委员会公告第48号	2021年7月23日	2021年9月1日
7	西藏自治区	《西藏自治区无线电管理条例》	西藏自治区第十一届人民代表大会常务委员会公告〔2021〕2号	2021年4月1日	2021年6月1日
8	湖南省	《湖南省无线电管理条例》	湖南省第十三届人民代表大会常务委员会公告第53号	2020年9月25日	2020年9月25日
9	山东省	《山东省无线电管理条例》	山东省第十三届人民代表大会常务委员会公告第119号	2020年7月24日	2020年7月24日
10	深圳市	《深圳经济特区无线电管理条例》	深圳市第六届人民代表大会常务委员会公告第161号	2019年9月5日	2019年9月5日
11	海南省	《海南省无线电管理条例》	海南省第六届人民代表大会常务委员会公告第32号	2019年7月29日	2019年9月1日
12	贵州省	《贵州省无线电管理条例》	贵州省第十三届人民代表大会常务委员会公告2019第3号	2019年3月29日	2019年5月1日
13	广东省	《广东省无线电管理条例》	广东省第十三届人民代表大会常务委员会公告第32号	2019年3月28日	2019年7月1日
14	福建省	《福建省无线电管理条例》	福建省第十三届人民代表大会常务委员会第三次会议修正	2018年5月31日	2018年5月31日

续表

编号	省级行政区或经济特区	法规名称	制定主体和公告号	最新公布时间	生效时间
15	浙江省	《浙江省无线电管理条例》	浙江省第十二届人民代表大会常务委员会公告第62号	2017年9月30日	2018年1月1日
16	山西省	《山西省无线电管理条例》	山西省第十二届人民代表大会常务委员会公告第44号	2017年5月19日	2017年9月1日
17	湖北省	《湖北省无线电管理条例》	湖北省第十一届人民代表大会常务委员会第二十七次会议修正	2011年12月1日	2011年12月1日
18	江苏省	《江苏省无线电管理条例》	江苏省第十届人民代表大会常务委员会公告第104号	2005年9月26日	2005年12月1日
19	云南省	《云南省无线电管理条例》	云南省第十届人民代表大会常务委员会第六次会议通过，2012年3月31日云南省第十一届人民代表大会常务委员会公告第58号《云南省人民代表大会常务委员会关于修改25件涉及行政强制的地方性法规的决定》修订	2003年11月28日	2004年1月1日
20	四川省	《四川省民用机场净空及电磁环境保护条例》	四川省第九届人民代表大会常务委员会公告第59号	2001年9月22日	2001年9月22日
21	云南省	《云南省无线电电磁环境保护条例》	云南省第十一届人民代表大会常务委员会公告第3号	2008年3月28日	2008年6月1日
22	黔南布依族苗族自治州	《黔南布依族苗族自治州500米口径球面射电望远镜电磁波宁静区环境保护条例》	黔南布依族苗族自治州第十四届人民代表大会常务委员会第十五次会议修正	2019年6月20日	2019年6月20日

续表

编号	省级行政区或经济特区	法规名称	制定主体和公告号	最新公布时间	生效时间
23	徐州市	《徐州观音国际机场净空和电磁环境保护条例》	徐州市第十七届人民代表大会常务委员会公告第18号	2023年12月8日	2024年2月1日

根据《中华人民共和国立法法》第82条，制定地方性法规，对上位法已经明确规定的内容，一般不作重复性规定。地方无线电管理条例可在符合《中华人民共和国无线电管理条例》的前提下，根据地方无线电事业的实际情况和发展需要，制定具有地方特色的规则。比如，《贵州省无线电管理条例》为500米口径球面射电望远镜的保护设立专门章节，以确保其正常运行必备的电磁环境。《海南省无线电管理条例》根据海南自由贸易试验区和中国特色自由贸易港建设需要进行了创新。

无线电管理的地方性法规应当符合无线电管理的法律和行政法规。就地方性法规与部门规章之间的关系，根据《中华人民共和国立法法》第106条第（二）项，地方性法规与部门规章之间对同一事项的规定不一致，不能确定如何适用时，由国务院提出意见，国务院认为应当适用地方性法规的，应当决定在该地方适用地方性法规的规定；认为应当适用部门规章的，应当提请全国人民代表大会常务委员会裁决。

五、地方政府规章

地方政府规章由省、自治区、直辖市和设区的市、自治州人民政府，根据法律、行政法规和本省、自治区、直辖市的地方性法规，针对为执行法律、行政法规、地方性法规的规定需要制定规章的事项或者属于本行政区域的具体行政管理事项而制定。全国共有四川省、宁夏回族自治区、甘肃省、河北省、重庆市、上海市、北京市7个省、自治区、直辖市制定和实施无线电管理的地方政府规章。2016年《中华人民共和国无线电管理条例》修订后，截至2024年6月，四川省、宁夏回族自治区、甘肃省、河北省、重庆市、上海市已对其无线电管理的政府规章进行了修订，《北京市无线电管理办法》的修订工作也正在进行。无线电管理的地方政府规章如表2-3所示。

表2-3　无线电管理的地方政府规章

编号	省、自治区、直辖市	法规名称	制定主体和公告号	最新公布时间	施行时间
1	四川省	《四川省无线电管理办法》	四川省人民政府令第361号	2024年1月20日	2024年3月1日
2	宁夏回族自治区	《宁夏回族自治区无线电管理办法》	宁夏回族自治区人民政府令第128号	2023年11月14日	2023年11月14日
3	甘肃省	《甘肃省无线电管理办法》	甘肃省人民政府令第159号	2021年11月2日	2022年2月1日
4	河北省	《河北省无线电管理规定》	河北省人民政府令〔2021〕第1号	2021年6月23日	2021年8月1日
5	重庆市	《重庆市无线电管理办法》	重庆市人民政府令第331号	2019年11月19日	2020年1月1日
6	上海市	《上海市无线电管理办法》	上海市人民政府令第12号	2018年10月29日	2018年12月1日
7	北京市	《北京市无线电管理办法》	北京市人民政府令第175号	2006年10月11日	2006年12月1日

无线电管理方面的地方政府规章和规范性文件可根据上位法和地方无线电管理的实际需求，创新管理模式。比如，2020年，浙江省经济和信息化厅就根据《中华人民共和国无线电管理条例》《浙江省无线电管理条例》《浙江省公共信用信息管理条例》等规定，出台了《浙江省无线电管理信用评价办法（试行）》（浙经信无管〔2020〕137号），构建了全国首个无线电领域的行业信用评价体系，制定了可量化、可操作性强的评价细则。又如，山西省出台了《山西省无线电管理局行政处罚自由裁量基准制度》，完善了全省无线电行政执法工作制度。

六、国际条约

无线电波的特性之一是其传播不受国界限制,容易造成跨国有害干扰;卫星无线电通信业务天然地具有国际影响,其使用的无线电频率和卫星轨道需要通过国际规划或者协调程序从国际层面取得使用权,才能免受干扰地使用。因此,无线电通信活动受国际条约、区域协定、双边协议等国际规则的制约。

无线电通信国际规则是用于调整各国在无线电通信活动中的相互关系,规范其权利和义务的国际规则。目前,无线电通信领域的国际条约主要有《国际电信联盟组织法》《国际电信联盟公约》《无线电规则》。国际电信联盟是负责信息通信技术事务的联合国专门机构,通过电信标准化部门(ITU-T)、无线电通信部门(ITU-R)和电信发展部门(ITU-D)开展工作,其中ITU-R负责划分全球无线电频谱和卫星轨道资源、维护国际电波秩序和处理有害干扰。《国际电信联盟组织法》对国际电信联盟的宗旨、组织机构、国际电信业务使用、无线电频谱和对地静止卫星轨道及其他卫星轨道的使用等方面的基本准则等作出了规定。《国际电信联盟公约》则是对《国际电信联盟组织法》关于职能行使、大会和全会的一般条款、议事规则、仲裁和修订等内容的补充。《无线电规则》规定了为无线电业务划分的频带以及设置、使用提供上述业务的无线电台时必须遵守的规则性条件与程序。《国际电信联盟组织法》《国际电信联盟公约》和《无线电规则》对于成员国来说,是有约束力的国际法,各成员国均有义务遵守以上条约的规定。以上国际条约,也是我国无线电通信的法律渊源。我国无线电立法,尤其是《中华人民共和国无线电频率划分规定》,应符合国际电信联盟《无线电规则》。《中华人民共和国无线电频率划分规定》这一部门规章是将《无线电规则》这一国际条约的部分内容转化成我国国内法的体现。

无线电波传播不受国境控制,使用无线电频率若可能给其他国家依法运行的无线电业务造成有害干扰,则需要开展区域协调或双边协调,签署区域协定或双边协议，主管部门签署的区域协定和双边协议的性质分别是有限的多边条约和双边条约，对签署国具有法律约束力。无线电通信领域的区域协定（如亚太电信组织的相关条约）以及我国与邻国缔结的无线电通信方面的双边协议（如 2021 年 12 月我国工业和信息化部与老挝邮电通信部签署的中老铁路无线电频率使用协议[155]）等，也是我国无线电通信的法律渊源。

七、无线电通信标准

无线电通信标准体系是由无线电业务管理、技术管理、重点行业应用等不同领域的国家标准、行业标准、地方标准、团体标准和企业标准等不同层级的一系列标准按其内在联系形成的科学有机整体，是为了规范、调整无线电管理领域各种行为和关系而制定的技术标准的有序集合，反映了无线电管理技术标准之间相互联系、相互依存、相互制约的内在关系[156]。近年来，我国加快无线电管理标准规范体系的建设，标准体系从无到有、由粗到细，已制定和应用无线电管理国家标准、地方标准、行业标准、团体标准千余项，基本形成了覆盖通用基础、频谱工程、无线电监测、无线电设备检测、地面业务、空间业务和其他业务等领域的比较完备的标准规范体系[157]。无线电通信标准在我国无线电事业的规划建设、运营维护、科研生产、引进工程、设备制造中发挥了重要的指导和支撑作用，为无线电通信事业的发展奠定了坚实的技术基础。无线电管理的国家标准、行业标准等作为"软法"应纳入我国无线电管理的法律渊源。

无线电通信标准体系主要包括通用基础标准、无线电业务管理标准、技术管理标准、重点行业应用标准等方面[158]。

---

155 该双边协议是落实《中华人民共和国政府和老挝人民民主共和国政府国境铁路协定》的重要举措之一，内容涉及中老铁路专用移动通信系统、列尾防护系统、司乘人员对讲通信系统使用频率等。

156 董洁、李丕兰：《浅谈无线电管理标准规范体系建设》，《中国无线电》2018 年第 5 期。

157 同上。

158 同上。

通用基础标准是无线电管理领域标准的基础，主要包括无线电和无线电管理相关的术语与定义、数据字典、图形符号等方面的标准。

无线电业务管理标准是支撑无线电管理发展的基础，主要涉及各类无线电业务管理的技术特性、要求。依据《中华人民共和国无线电频率划分规定》及国际无线电业务分类，无线电业务管理标准可分为地面业务管理、空间业务管理、其他无线电业务管理三大类。

技术管理标准涵盖频谱工程、无线电监测、无线电设备检测、无线电台（站）管理、管制系统、卫星频率和轨道资源管理、信息化技术以及基础设施建设等多个领域，涉及电磁兼容分析、电磁环境保护、技术设施建设、工作方法和流程、国际和国内协调等方面。

重点行业应用标准主要从行业应用的角度进行分类，涵盖通信、广电、交通、民航、铁路、农业、气象、公安、军队、渔业、航天等重点行业和部门的无线电管理相关标准，主要涉及行业的特殊需求及专用的无线电业务管理标准。

第三章
无线电通信管理机制

本章概要： 在我国，国家无线电管理机构负责全国无线电管理工作；中国人民解放军电磁频谱管理机构负责军事系统的无线电管理工作；省、自治区、直辖市无线电管理机构在国家无线电管理机构和省、自治区、直辖市人民政府领导下，负责本行政区域除军事系统外的无线电管理工作；国务院有关部门的无线电管理机构在国家无线电管理机构的业务指导下，负责本系统（行业）的无线电管理工作。军地通过无线电管理协调机制，协商处理涉及军事系统与非军事系统间的无线电管理事宜。

关键术语： 国家无线电管理机构；地方无线电管理机构；行业无线电管理机构；军地无线电管理协调机制

第一节 我国无线电管理机构的历史沿革

1899 年，无线电传入中国，清政府在广州、马口、前山、威远等地设立了无线电台。1912 年，张家口、武昌、吴淞、福州等地建立了长波无线电台。1919 年，北京设立了远程收报处，开始抄收欧洲的新闻广播。1923 年，沈阳国际无线电台与法国、德国和美国建立了直达通信业务。1928 年，国民党政府开办的中央广播电台开始播音。1930年,上海国际电台使用20kW大功率电台进行无线电通信。

中国共产党领导的无线电建设与革命战争年代的军事活动密切结合。1928年,周恩来同志开始筹办无线电培训班。1931年,红军组建了无线电通信队。抗日战争时期,中国共产党采用集中设台的方式,将收信机和发信机分别集中配置,以避免干扰。解放战争时期,除设立固定通信基地外,各战略区、二级军区以上机关也普遍设立了通信部门和无线电大(中)队,团以上部队设有无线电区队或无线电分队。无线电在中国人民解放事业中发挥了重要作用[159]。

新中国成立后,我国的无线电管理体制几经变化,总体而言,可分为军事化管理阶段和军地分管阶段[160]。

军事化管理阶段主要是在新中国成立前及新中国成立初期,无线电长期用于军事领域。新中国成立初期,由军队通信兵建立的全国短波电台机要通信网担负党政军系统的通信任务,无线电台主要集中设在军队。1951年4月,中共中央、政务院、中央军事委员会在北京召开无线电控制和管理会议,成立了中央天空控制组,对无线电台实行军事管制,并进行全国性的电台登记;同时,军委通信部为入朝作战的志愿军空军规定了地空通信专用频率。1954年,空军换装超短波多波道对空台和塔台后,对频段和波道的使用进行了划分。1962年7月,中共中央决定成立中央无线电管理委员会(简称中央无委会),各中央局设中央局无线电管理委员会(简称中央局无委会)。1963年1月,中央无线电管理委员会提出在各省、自治区、直辖市成立无线电管理小组,这些无线电管理小组于1966年4月统一改称无线电管理委员会。在管理机制上,中央无委会在中共中央、国务院的直接领导下,统一管理全国无线电频率的划分和使用,审定固定无线电台的建设和布局,负责战时通信保密和

---

159 马政:《我国无线电管理的历史与发展概况》,《中国无线电管理》1995年第3期。
160 祝捷:《无线电行政法》,人民出版社,2010,第81-86页;翁木云、吕庆晋、谢绍斌、刘正锋:《频谱管理与监测:第2版》,电子工业出版社,2017,第15-17页。

对广播电台的无线电管制工作。中央无委会办公室设在中国人民解放军通信兵部。1969年,国务院、中央军事委员会指出,无线电工作由总参谋部、通信兵部、邮电部和各省级无线电管理委员会共同负责。1971年5月,国务院、中央军事委员会和各省、自治区、直辖市恢复成立无线电管理委员会,国务院、中央军事委员会无线电管理委员会成为全国无线电管理委员会(后于1984年改称国家无线电管理委员会,简称"国家无委会"),办公室设在中国人民解放军通信兵部(1975年3月3日改称总参谋部通信部);各大军区成立无委会,由各大军区党委领导;各省、自治区、直辖市恢复成立无委会,由省级党委和省军区党委领导,以军队为主,办公室设在军队通信部门。

无线电管理的军地分管阶段始于1984年。1984年4月,省级无委会办公室由军队通信部门转到地方政府办公厅,实行军地联合办公。1986年11月,国务院、中央军事委员会决定调整无线电管理体制,按照统一领导、分工管理的原则,国家无委会办公室由军队转到政府。同时,各省和地市基本建立了无线电管理机构,因此形成了"中央—省—地市"的三级无线电管理体制。1987年,改设到邮电部的国家无委会办公室开始对外办公,具体负责党政民系统的无线电管理工作。1994年,国务院发布了《国务院关于调整无线电管理办事机构设置的通知》(国发〔1994〕34号),明确无线电管理实行中央和省、自治区、直辖市的相对集中的统一领导——国家设国家无线电管理委员会,作为国家无线电行政机关;省、自治区、直辖市设省级无线电管理委员会,作为省级无线电行政机关;省级以下各级人民政府(包括省会城市)不再设无线电管理委员会,但根据工作需要可以设立省级无线电管理办公室的派出机构,并报国家无线电办公室备案。由此,原有的三级管理体制改为"国家—省"两级管理体制。地方无线电管理委员会一般挂靠在各地行政机关办公,有的挂靠在地方邮电部门,有的挂靠在地方政府办公厅。1998年,国务院发布了《国务院关于议事协调机构和临时机构设置的通知》(国发〔1998〕7号),实行机构改革,撤销国家无线电管理委员会,其职能改由信息产业部承担。地方无线电行政机关统一划归地方信息产业部门。同时,在军地协调方面，1992年11月7日，国家无委会和全军区无委会共同制定了《军地无线电管理协调规定》，明确了军地协调的原则、内容和方法，涉及军地双方有关无线电管理的重大事项，由信息产业部、总参谋部联合上报国务院、中央军事委员会决定。2008年，根据第十一届全国人民代表大会第一次会议批准的国务院机构方案，原信息产业部的职责划入工业和信息化部，无线电管理局（国家无线电办公室）也整体划入工业和信息化部。

第二节 我国现行无线电管理机制

一、国家无线电管理机构及其职责

国家无线电管理机构及其职责的依据为《中华人民共和国立法法》《中华人民共和国国务院组织法》《规章制定程序条例》《中华人民共和国无线电管理条例》《工业和信息化部主要职责内设机构和人员编制规定》（国办发〔2008〕72号）以及《工业和信息化部机关各司局及相关单位具体职责内设机构和人员编制规定》（工信部〔2009〕435号）等。

《中华人民共和国立法法》《中华人民共和国国务院组织法》《规章制定程序条例》规定了国务院部门制定部门规章的行政立法权。

《中华人民共和国无线电管理条例》第8条规定，国家无线电管理机构负责全国无线电管理工作，依据职责拟订无线电管理的方针、政策，统一管理无线电频率和无线电台（站），负责无线电监测、干扰查处和涉外无线电管理等工作，协调处理无线电管理相关事宜。

在国家层面，工业和信息化部是我国无线电事务的主管机关。根据国务院办公厅2008年7月11日发布的《工业和信息化部主要职责内设机构和人员编制规定》，原信息产业部的大部分职能划分给了工业和信息化部，其中涉及无线电管理的职能包括：统一配置和管理无线电频谱资源，依法监督管理

第三章　无线电通信管理机制

无线电台（站），负责卫星轨道位置的协调和管理，协调军地间无线电管理相关事宜，负责无线电监测、检测、干扰查处，协调处理电磁干扰事宜，维护空中电波秩序，依法组织实施无线电管制。无线电管理的具体工作由工业和信息化部无线电管理局（国家无线电办公室）负责。

工业和信息化部无线电管理局（国家无线电办公室）负责编制无线电频谱规划；负责无线电频率的划分、分配与指配；依法监督管理无线电台（站）；负责卫星轨道位置协调和管理；承担国家无线电办公室的日常工作，指导相关部门、各省（区、市）无线电行政机关和国家无线电管理技术机构的业务工作；协调处理军地间无线电管理相关事宜，承担军地无线电管理联席会议的相关工作；负责无线电监测、检测、干扰查处，协调处理电磁干扰事宜，维护空中电波秩序；依法组织实施无线电管制；负责涉外无线电管理工作。

具体而言，国家无线电管理机构的无线电管理职责有以下几项。

第一，负责全国无线电管理工作。国家无线电管理机构是全国无线电管理工作的主管部门。

第二，依据职责拟订无线电管理的方针、政策，即研究、起草无线电管理的方针、政策，一般经过征询意见的程序后，成为国家无线电管理的正式文件。

第三，制定无线电管理规章。工业和信息化部是我国无线电事务的主管机关，按照《中华人民共和国立法法》和《规章制定程序条例》，具有规章制定权。国务院部门法制机构（即工业和信息化部产业政策与法规司）应根据部内设机构的规章制定立项申请，拟定本部的年度规章制订工作计划，经批准后实施，本部可组织有关内设机构、其他机构，或者委托有关专家起草规章，并由本部法制机构进行审查，部门规章由部务会议通过后，以部长令形式签署并向社会公布。

第四，统一管理无线电频率。国家无线电管理机构负责国家无线电频谱资源的统一管理，包括根据《中华人民共和国无线电管理条例》制定无线电频率划分规定并向社会公布[161]，实施无线电频率使用许可或确定可由省、自治区、直辖市无线电管理机构实施无线电频率使用许可的频率[162]，向交通运输、渔业、海洋系统（行业）、民用航空系统（行业）分配无线电专用频率[163]，向使用单位分配国际电信联盟依照国际规则规划给我国使用的卫星无线电频率[164]。

第五，统一管理无线电台（站）。除豁免无线电台执照的情形外，在我国设置、使用无线电台（站）应当向无线电管理机构申请取得无线电台执照[165]。我国无线电台（站）实行属地化管理，国家无线电管理机构负责对设置、使用空间无线电台、卫星测控（导航）站、卫星关口站、卫星国际专线地球站、15瓦以上的短波无线电台（站）以及涉及国家主权、安全的其他重要无线电台（站）实施许可，其他无线电台（站）的设置、使用许可由省、自治区、直辖市无线电管理机构或国务院有关部门的无线电管理机构实施[166]。

第六，无线电发射设备管理。目前我国对无线电发射设备实施型号核准制度，具体而言，国家无线电管理机构负责对除微功率短距离无线电发射设备外，生产或者进口在国内销售、使用的其他无线电发射设备实施型号核准[167]。

第七，负责无线电监测。无线电监测是无线电行政机关的重要职责，也是无线电管理的主要事务性工作。国家无线电管理机构按照"政事分开"的原则，设置专门机构负责全国的无线电监测工作。目前，工业和信息化部下设国家无线电监测中心（正局级单位），专门负责全国无线电监测工作。无线电管理机构应当定期对无线电频率的使用情况和在用的无线电台（站）进

---

161 《中华人民共和国无线电管理条例》，第13条。
162 《中华人民共和国无线电管理条例》，第18条。
163 同上。
164 《中华人民共和国无线电管理条例》，第22条。
165 《中华人民共和国无线电管理条例》，第27条。
166 《中华人民共和国无线电管理条例》，第30、36条。
167 《中华人民共和国无线电管理条例》，第44条。

行检查和检测，保障无线电台（站）的正常使用，维护正常的无线电波秩序。国家无线电监测中心作为无线电管理技术机构，在国家无线电管理机构领导下，对无线电信号实施监测，查找无线电干扰源和未经许可设置、使用的无线电台（站）[168]。

第八，负责干扰查处。依法设置、使用的无线电台（站）受到有害干扰的，可以向无线电管理机构投诉。受理投诉的无线电管理机构应当及时处理，并将处理情况告知投诉人。处理无线电频率相互有害干扰，应当遵循频带外让频带内、次要业务让主要业务、后用让先用、无规划让有规划的原则[169]。

第九，负责涉外无线电管理等工作。无线电波传播不受地理条件限制，且无线电事务高度国际化。我国采取涉外无线电管理事务统一办理原则，由国家无线电行政机关负责涉外事务的统一管理，地方各级无线电行政机关一般不直接管理涉外业务。我国参加国际电信联盟《无线电规则》的修订以及频率协调工作，也由国家无线电管理机构组织进行，国家无线电管理机构是国际电信联盟的中国主管部门代表。在具体职责方面，无线电频率协调的涉外事宜，以及我国境内电台与境外电台的相互有害干扰，由国家无线电管理机构会同有关单位与有关的国际组织或者国家、地区协调处理；需要向国际电信联盟或者其他国家、地区提供无线电管理相关资料的，由国家无线电管理机构统一办理[170]。外国领导人访华、各国驻华使领馆和享有外交特权与豁免的国际组织驻华代表机构需要设置、使用无线电台（站）的，应当通过外交途径经国家无线电管理机构批准；除使用外交邮袋装运外，外国领导人访华、各国驻华使领馆和享有外交特权与豁免的国际组织驻华代表机构携带、寄递或者以其他方式运输应当取得型号核准而未取得型号核准的无线电发射设备入境的，应当通过外交途径经国家无线电管理机构批准后办理通关

---

168 《中华人民共和国无线电管理条例》，第56、57条。
169 《中华人民共和国无线电管理条例》，第65条。
170 《中华人民共和国无线电管理条例》，第51条。

手续[171]。

第十，协调处理无线电管理相关事宜。无线电事务涉及军地和各行业，国家无线电行政机关负责协调和处理军地、各行业的无线电事务。

为履行国家无线电管理机构的无线电管理职责，工业和信息化部内设无线电管理局，下设综合处、地面业务处、空间业务一处、空间业务二处、频率规划处、监督检查处、无线电安全处 7 个处室，开展全国无线电管理工作。

综合处负责全国无线电管理综合统计和指导工作，组织开展无线电管理相关培训，提出无线电管理专项经费预算建议，承办国家无线电办公室日常工作，负责局内文秘、行政事务和综合协调工作。

地面业务处负责审核固定、移动、广播等地面无线电台的设置、使用申请，指配频率、核发无线电台执照，分配、指配地面无线电业务频率，核定频率占用费，核配无线电台呼号；监督管理地面业务无线电台（站）；负责与国际地面无线电业务的频率协调；拟订地面无线电业务管理规定等。

空间业务相关各处负责审核卫星固定、卫星移动、卫星广播、卫星气象、空间科学等空间业务中的无线电台和地球站的设置、使用申请，核发无线电台执照，核配无线电台呼号，并对空间业务无线电台（站）进行监督管理；负责卫星频率和轨道位置的国内协调，指配频率，核定频率占用费；负责卫星频率和轨道位置的国际协调和国际登记；拟定空间无线电业务管理规定。

频率规划处负责无线电频谱和卫星轨道的中长期规划；负责未规划频率的审批；组织无线电管理技术规范的制定工作；负责无线电发射设备的生产、进口、检测及电磁兼容认证管理，核发无线电发射设备型号核准；承担世界无线电通信大会相关组织工作；拟定无线电频谱和卫星轨道资源的开发利用政策。

监督检查处负责无线电管理的行政执法和监督检查；负责无线电监测，协调处理电磁干扰事宜；负责军地协调以及军地无线电管理联席会议的相关

---

171 《中华人民共和国无线电管理条例》，第 53 条。

工作；提出无线电频谱资源占用费使用管理建议；承担无线电管理法规草案及规章的起草工作。

无线电安全处负责组织实施无线电管制；拟订无线电管理应急预案；负责相关无线电安全保障工作；协调处理涉及无线电安全的重大事件；组织专项无线电监测和整顿工作；负责境内涉外临时使用无线电频率及电磁环境测试等相关管理工作；负责无线电管理基础设施和技术设施建设相关工作。

二、行业无线电管理机构及其职责

无线电业务广泛应用于通信、广播、航运、民航、铁路、渔业、气象等多个行业，并且部分行业有特殊的管理要求。我国无线电管理工作在国务院、中央军事委员会的统一领导下分工管理、分级负责，除了国家和地方无线电管理机构承担主要的无线电管理职责，依据各个行业的特点，国务院有关部门还设立了无线电管理机构，承担本部门无线电管理职责[172]。

国务院有关部门的无线电管理机构在国家无线电管理机构的业务指导下，负责本系统（行业）的无线电管理工作，贯彻执行国家无线电管理的方针、政策和法律、行政法规、规章，依照《中华人民共和国无线电管理条例》的规定和国务院规定的部门职权，管理国家无线电管理机构分配给本系统（行业）使用的航空、水上无线电专用频率，规划本系统（行业）无线电台（站）的建设布局和台址，核发制式无线电台执照及无线电台识别码[173]。

在无线电频率管理方面，国家无线电管理机构在制定无线电频率划分规定时应当征求国务院有关部门的意见[174]；国家无线电管理机构分配给交通运输、渔业、海洋系统（行业）使用的水上无线电专用频率，由所在地省、自治区、直辖市无线电管理机构分别会同相关主管部门实施许可；国家无线电管理机构分配给民用航空系统使用的航空无线电专用频率，由国务院民用航

---

172 《中华人民共和国无线电管理条例》，第4条。

173 《中华人民共和国无线电管理条例》，第12条。

174 《中华人民共和国无线电管理条例》，第13条。

空主管部门实施许可[175]。对于《中华人民共和国无线电管理条例》中没有明确规定的、国务院部门在本系统（行业）使用的其他无线电频率的许可和管理，则应通过制定相关部门规章加以明确。例如,《铁路无线电管理办法》[176]第6至7条规定，国家无线电管理机构在法定职权范围内，委托国家铁路局对专门用于铁路运营指挥调度、列车运行控制等涉及铁路运营安全的无线电频率实施许可。根据《中华人民共和国行政许可法》的要求，国家无线电管理机构应另行发布委托国家铁路局实施行政许可的公告，详细列明委托行政许可的具体事项及相关内容[177]。

在无线电台（站）设置、使用许可方面，船舶、航空器、铁路机车（含动车组列车）设置、使用制式无线电台应当符合国家有关规定，由国务院有关部门的无线电管理机构颁发无线电台执照；需要使用无线电台识别码的，同时核发无线电台识别码。国务院有关部门应当将制式无线电台执照及无线电台识别码的核发情况定期通报国家无线电管理机构。船舶、航空器、铁路机车设置、使用非制式无线电台的管理办法，由国家无线电管理机构会同国务院有关部门制定[178]。例如,《铁路无线电管理办法》第17条规定，国家无线电管理机构在法定职权范围内，委托国家铁路局对在铁路机车上设置、使用的非制式无线电台（站）实施许可；国家无线电管理机构和省、自治区、直辖市无线电管理机构依据审批权限对铁路运输企业设置、使用的其他无线电

---

175 《中华人民共和国无线电管理条例》，第18条。

176 《铁路无线电管理办法》于2021年6月30日由工业和信息化部、交通运输部令第56号公布，自2021年10月1日起施行。

177 《中华人民共和国行政许可法》（于2003年8月27日由第十届全国人民代表大会常务委员会第四次会议通过，于2019年4月23日由第十三届全国人民代表大会常务委员会第十次会议修正）第24条规定，行政机关在其法定职权范围内，依照法律、法规、规章的规定，可以委托其他行政机关实施行政许可。委托机关应当将受委托机关和受委托实施行政许可的内容予以公告。委托行政机关对受委托机关实施行政许可的行为应当负责监督，并对该行为的后果承担法律责任。受委托行政机关在委托范围内，以委托行政机关名义实施行政许可；不得再委托其他组织或者个人实施行政许可。

178 《中华人民共和国无线电管理条例》，第36条。

台（站）实施许可。

行业无线电管理的依据除了《中华人民共和国无线电管理条例》，还有一些相关行政法规和部门规章，如《广播电视管理条例》《中国民用航空无线电管理规定》《铁路无线电管理办法》《渔业无线电管理规定》等。一些行业无线电管理规定制定于2016年《中华人民共和国无线电管理条例》修订之前，因此需要根据修订后的《中华人民共和国无线电管理条例》加以修改。根据《规章制定程序条例》第9条，涉及国务院两个以上部门职权范围的事项，制定行政法规条件尚不成熟，需要制定规章的，国务院有关部门应当联合制定规章；在此情况下，国务院有关部门单独制定的规章无效。因此，国务院有关部门关于本系统（行业）的无线电管理规章，应当由工业和信息化部及相关国务院部门联合制定。

负责本系统无线电管理工作的国务院有关部门（含直属机构、直属事业单位）包括公安部、交通运输部（含国家铁路局[179]和中国民用航空局等部管国家局）、水利部、农业农村部、自然资源部、国家广播电视总局、国家体育总局、中国科学院、中国气象局等。

三、地方无线电管理机构及其职责

《中华人民共和国无线电管理条例》第10条第1款规定，省、自治区、直辖市无线电管理机构在国家无线电管理机构和省、自治区、直辖市人民政府领导下，负责本行政区域除军事系统外的无线电管理工作，根据审批权限实施无线电频率使用许可，审查无线电台（站）的建设布局和台址，核发无线电台执照及无线电台识别码（含呼号），负责本行政区域无线电监测和干扰查处，协调处理本行政区域无线电管理相关事宜。

---

[179] 根据2013年3月《第十二届全国人民代表大会第一次会议关于国务院机构改革和职能转变方案的决定》，铁道部实行铁路政企分开。将铁道部拟定铁路发展规划和政策的行政职责划入交通运输部；组建国家铁路局，由交通运输部管理，承担铁道部的其他行政职责；组建中国铁路总公司，承担铁道部的企业职责；不再保留铁道部。

目前我国无线电管理实行"中央—省级"两级管理体制，省、自治区、直辖市无线电管理机构，一般是在省、自治区、直辖市工业和信息化厅/局（或经济和信息化厅/局/委员会、政府办公厅等）[180]下设无线电管理处（或无线电管理委员会办公室、无线电管理办公室、无线电管理局、无线电监督管理局、无线电监督检查处、无线电频率台站管理处等），负责辖区内除军事系统以外的无线电管理工作。我国省、自治区、直辖市无线电管理机构实行双重领导制，同时受国家无线电管理机构和省、自治区、直辖市人民政府领导。

在无线电管理的具体职责方面，省、自治区、直辖市无线电管理机构可实施无线电频率使用许可，具体而言，国家无线电管理机构确定范围内的无线电频率使用许可，由省、自治区、直辖市无线电管理机构实施[181]；国家无线电管理机构分配给交通运输、渔业、海洋系统（行业）使用的水上无线电专用频率，由所在地省、自治区、直辖市无线电管理机构分别会同相关主管部门实施许可[182]。

在无线电台（站）管理方面，省、自治区、直辖市无线电管理机构负责审查无线电台（站）的布局和台址，核发无线电台执照和电台识别码。除设置、使用空间无线电台、卫星测控（导航）站、卫星关口站、卫星国际专线地球站、15瓦以上的短波无线电台（站）以及涉及国家主权、安全的其他重要无线电台（站），由国家无线电管理机构实施许可以外，其他无线电台（站）的

---

180 目前，我国省、自治区、直辖市无线电管理机构的名称不统一，称工业和信息化厅/局的有河北省、山西省、内蒙古自治区、辽宁省、吉林省、黑龙江省、安徽省、江苏省、福建省、江西省、天津市、山东省、河南省、湖南省、广西壮族自治区、广东省、海南省、贵州省、云南省、陕西省、甘肃省；称经济和信息化厅/局/委员会的有北京市、上海市、浙江省、湖北省、重庆市、四川省、西藏自治区；此外，青海省和宁夏回族自治区的无线电管理机构设在省政府办公厅。

181 《中华人民共和国无线电管理条例》，第18条第1款。

182 《中华人民共和国无线电管理条例》，第18条第2款。

设置、使用审批由省、自治区、直辖市无线电管理机构实施,具体而言,设置、使用有固定台址的无线电台(站),由无线电台(站)所在地的省、自治区、直辖市无线电管理机构实施许可。设置、使用没有固定台址的无线电台,由申请人住所地的省、自治区、直辖市无线电管理机构实施许可[183]。此外,研制、生产、销售和维修大功率无线电发射设备需进行实效发射试验的,应向省、自治区、直辖市无线电管理机构申请办理临时设置、使用无线电台(站)手续[184]。

在无线电发射设备管理方面,销售应当取得型号核准的无线电发射设备,应当向省、自治区、直辖市无线电管理机构办理销售备案[185]。

在无线电监测和干扰查处方面,省、自治区、直辖市无线电管理机构负责本行政区域内的无线电监测和干扰查处,无线电管理机构应当定期对无线电频率的使用情况和在用的无线电台(站)进行检查和检测,保障无线电台(站)的正常使用,维护正常的无线电波秩序。省、自治区、直辖市无线电监测站作为无线电管理技术机构,在省、自治区、直辖市无线电管理机构领导下,对无线电信号实施监测,查找无线电干扰源和未经许可设置、使用的无线电台(站)[186]。

省、自治区、直辖市无线电管理机构一般都明确其无线电管理的内设机构,并向社会公开无线电管理的权力和责任清单。以安徽省和四川省为例,其无线电管理机构及其权力责任情况如表3-1所示。

---

183 《中华人民共和国无线电管理条例》,第30条。
184 《中华人民共和国无线电管理条例》,第50条。
185 《中华人民共和国无线电管理条例》,第48条。
186 《中华人民共和国无线电管理条例》,第56至57条。

表 3-1　安徽省、四川省无线电管理机构及其权力责任情况

省份	省级无线电管理机构名称	内设机构名称	职责	权责清单
安徽省[187]	工业和信息化厅	无线电管理处	拟定全省无线电频率规划，按规定权限负责无线电频率指配和电台识别码（含呼号）核发等工作；依法监督管理无线电台（站）；负责无线电监测、检测和干扰查处，维护空中电波秩序；协调处理军地无线电管理事宜；负责无线电管理行政执法、监督和法治宣传，依法组织实施无线电管制；指导各市无线电管理机构和技术机构业务工作；承办省无线电管理委员会具体工作	行政许可：使用卫星地球站审批，无线电台（站）设置、使用审批，无线电台（站）终止使用审批，无线电台（站）许可事项变更审批，电台呼号指配审批，无线电频率使用许可注销，无线电频率招标、拍卖，无线电频率使用许可延续，无线电频率使用权转让，无线电频率使用许可审批，科学实验等活动使用的无线电发射设备临时进口核准，体育比赛使用的无线电发射设备临时进口核准； 行政处罚：无线电违法行为处罚； 行政征收：无线电频率占用费征收； 行政强制：对非法的无线电发射活动，暂扣无线电发射设备、查封无线电台（站）、必要时可以采取技术性阻断措施； 行政规划：无线电频率使用专项规划、无线电台（站）址专项规划； 其他权力：无线电发射设备销售备案

187　安徽省工业和信息化厅官网。

续表

省份	省级无线电管理机构名称	内设机构名称	职责	权责清单
四川省[188]	经济和信息化厅	无线电监督检查处（省无线电办公室）	负责无线电管理发展规划；依法查处无线电违法行为；组织实施无线电管制；负责组织重要时期、重点区域、重大活动的无线电安全保障；管理无线电发射设备市场；负责协调处理军地及省际间无线电行政执法事宜；负责收缴无线电频率资源占用费，负责各市（州）无线电派出机构的监督检查指导	
		无线电频率台站管理处	负责无线电频谱规划；负责指配无线电频率和台站呼号；审批无线电台（站）建设规划，核发电台执照，实施年检验证；负责无线电台（站）的日常管理；负责无线电设备型号核准及进口审批；负责协调处理军地及省际间无线电频率管理相关事宜；负责各市（州）无线电派出机构的频率台站管理指导，指导无线电管理相关协（学）会工作	

188　四川省经济和信息化厅官网。

《中华人民共和国无线电管理条例》第10条第2款规定，省、自治区无线电管理机构根据工作需要可以在本行政区域内设立派出机构；派出机构在省、自治区无线电管理机构的授权范围内履行职责。一些省、自治区无线电管理机构在省会城市及地市一级设立派出机构，并通过规范性文件明确无线电管理派出机构的职责。

四、军地无线电管理机构之间的关系

根据《中华人民共和国无线电管理条例》，我国无线电管理工作在国务院、中央军事委员会的统一领导下分工管理、分级负责[189]。

国家无线电管理机构负责全国无线电管理工作，依据职责拟订无线电管理的方针、政策，统一管理无线电频率和无线电台（站），负责无线电监测、干扰查处和涉外无线电管理等工作，协调处理无线电管理相关事宜[190]。国家无线电管理机构在制定无线电频率划分规定时，应当征求军队有关单位的意见，充分考虑国家安全和经济社会、科学技术发展以及频谱资源有效利用的需要[191]。

中国人民解放军电磁频谱管理机构负责军事系统的无线电管理工作，参与拟订国家有关无线电管理的方针、政策[192]。

军地建立无线电管理协调机制，共同划分无线电频率，协商处理涉及军事系统与非军事系统间的无线电管理事宜。无线电管理重大问题报国务院、中央军事委员会决定[193]。

---

189 《中华人民共和国无线电管理条例》，第4条。
190 《中华人民共和国无线电管理条例》，第8条。
191 《中华人民共和国无线电管理条例》，第13条。
192 《中华人民共和国无线电管理条例》，第9条。
193 《中华人民共和国无线电管理条例》，第11条。

第四章
无线电通信资源法

本章概要： 无线电通信资源包括无线电频谱资源和卫星轨道资源。无线电管理机构通过频段划分将某一具体频段划分给无线电业务使用，通过无线电频率使用规划就无线电频率使用和业务操作预先作出统筹安排，通过频率指配对某一无线电台在规定条件下使用无线电频率作出许可，并依据国际规则和国内法对卫星轨道资源进行分配和使用管理。

关键术语： 频段划分；频率规划；频率指配；卫星轨道资源管理

第一节 无线电通信资源相关概念

无线电波是不用人工波导而在空间传播的、频率规定在3000GHz以下的电磁波[194]，是远距离实时发送和接收信息的主要载体之一。无线电频谱资源具有有限性、非耗竭性、排他性、易受污染性和共享性的特征，必须对其进行规划使用，才能充分发挥资源效用、避免有害干扰。

在国际层面，作为联合国负责信息通信技术事务的专门机构，国际电信

---

194 《无线电规则》（2024年版），第1卷条款，第1.5款。

联盟发挥着重要作用。其 194 个成员国缔结了《国际电信联盟组织法》《国际电信联盟公约》《无线电规则》等国际条约，建立了在全球范围内划分、使用和管理无线电频谱资源的国际规则。此外，国际电信联盟还通过了一系列被无线电通信行业所认可和遵守的国际标准。

无线电频谱资源虽然由全人类共享，但对于一个国家来说却是国家所有的战略资源和经济发展资源，其开发利用关系到国家主权和安全，也关系到国民经济和社会发展，各国在其国内指定主管部门，通过划分、规划、分配、指配等手段，管理无线电频谱资源。

卫星围绕某指定参照系运动的轨迹称为卫星轨道，是在自然力（主要是重力）的作用下，卫星或其他空间物体的质量中心所描绘的相对于某指定参照系的轨迹[195]。卫星在外层空间执行探索、开发和利用外空和地球以外天体的特定任务，其所占用的轨道是位于外层空间的、无形的无线电台站址资源，具有稀缺性。卫星轨道资源是电信资源的一种[196]。空间无线电通信业务依赖无线电频谱和卫星轨道资源的可持续供给，相关资源的使用应遵守国际电信联盟条约规则和我国法律法规。

一、频段划分

频段划分是指频率划分表中关于某一具体频段可供一种或多种地面或空间无线电通信业务或射电天文业务在规定条件下使用的记载[197]。

在国际层面，频段划分主要是根据各频段电波的传播特性、各种业务的要求、无线电技术的发展水平和各国的具体情况，由国际上具有行政权力的大会讨论确定。目前，国际频段划分在国际电信联盟世界无线电通信大会上完成，划分结果体现在《无线电规则》第 1 卷条款第 5 条第Ⅵ节 – 频率划分

---

195 《无线电规则》（2024 年版），第 1 卷条款，第 1.184 款。

196 《中华人民共和国电信条例》第 26 条第 2 款规定："电信资源，是指无线电频率、卫星轨道位置、电信网码号等用于实现电信功能且有限的资源。"

197 《无线电规则》（2024 年版），第 1 卷条款，第 1.16 款。

表当中。为了划分频段，国际电信联盟定义了 42 种无线电通信业务，如固定业务、卫星固定业务、移动业务、卫星移动业务等。国际电信联盟还将世界各国家和地区分为 3 个区域：1 区包括欧洲、非洲和部分亚洲国家，2 区包括南美洲、北美洲，3 区包括大部分亚洲国家和大洋洲，我国处于 3 区[198]。《无线电规则》的频率划分表将 8.3kHz 至 3000GHz 范围内的频谱，针对不同区域划分为 400 多个频段，并将这些频段指定给各种无线电业务在规定条件下使用。在同一频段内若有频率共用的情况，则区分主要业务、次要业务、附加划分和替代划分 4 种类型，其使用规则是：次要业务的电台不应对业经指配或将来可能指配频率的主要业务电台产生有害干扰；对来自业经指配或将来可能指配频率的主要业务电台的有害干扰不能要求保护；但是，可要求保护不受来自将来可能指配频率的同一业务或其他次要业务电台的有害干扰[199]。国际频段划分、频率安排以及科学规划世界 3 个无线电频谱管理区域的频率使用，对于合理使用频谱资源、协调与其他国家之间的频率使用矛盾、科学处理干扰申诉等起到了至关重要的作用。

在国内层面，一国无线电管理机构在遵循国际无线电频率划分的基础上，根据国内无线电业务应用状况和无线电技术发展水平，负责在本国对无线电频段进行划分，对各种无线电业务在指定条件下使用某频段作出具体规定，以法规形式出台本国的频率划分规定。早在 1965 年 7 月，当时的中共中央无线电管理委员会就颁发了《无线电频率使用管理规定》，制定了"无线电频率划分表[200]"；1972 年，我国恢复了在国际电信联盟的合法席位后，参照国际电信联盟《无线电规则》，按照国际频率划分对我国的频率使用情况进行了清理和调整；1982 年，当时的全国无线电管理委员会根据国务院、中央军事委员会颁布的《无线电管理规则》，制定并颁布了《无线电频率划分规定》（试

---

198 《无线电规则》(2024 年版)，第 1 卷条款，第 5.2 款。

199 《无线电规则》(2024 年版)，第 1 卷条款，第 5.28 至 5.31 款。

200 陈如明，李海清，谢远生，黄颖：《加强规划、促进发展——中国无线电频率划分规定全面修订新进展》，《中国无线电管理》2001 年第 11 期。

行），对无线电管理术语和 42 项无线电业务进行了定义，对我国的无线电频率划分和使用进行了规定，还规定了干扰发生时各项无线电业务的优先地位和处理原则，是各类无线电业务和设备使用频率的基本依据，这对我国合理、有效利用无线电频谱资源，规范无线电台（站）和无线电设备的使用发挥了重要作用。随着国内频率需求、技术发展和国际上频率划分情况的变化，我国的《无线电频率划分规定》也经历了多次修订和完善。目前适用的是根据 2016 年修订的《中华人民共和国无线电管理条例》和 2019 年世界无线电通信大会修订的 2020 年版《无线电规则》，于 2023 年 5 月 23 日以工业和信息化部令第 62 号公布的《中华人民共和国无线电频率划分规定》。

《无线电规则》中的频率划分表和《中华人民共和国无线电频率划分规定》均具有法律效力，是频率规划、频率分配和频率指配的依据，是无线电频谱资源管理的基础。频率使用原则上应严格遵守《中华人民共和国无线电频率划分规定》，未经批准不得使用不符合《中华人民共和国无线电频率划分规定》的频率。国际和国内无线电频率划分通常根据技术和事业发展的需要进行修改、调整。

二、频率规划

在国际上，无线电频率规划有的与后文的"频率分配"的概念密切相关，有的以 ITU-R 建议书方式发布，后者如 ITU-R 发布的题为《实施〈无线电规则〉中国际移动通信频段地面部分的频率安排》的 ITU-R M.1036 号建议书。

我国国内频率规划是对频率的未来配置作出长远的发展计划，是根据《中华人民共和国无线电频率划分规定》，就某一频段内的某项业务的频率在地域或时间上的使用预先作出的统筹安排，以实现频谱资源的有效利用和避免有害干扰。频段划分是频率使用规划的前提，频率使用规划是频率分配和频率指配的依据。

三、频率分配

在国际层面，（射频或无线电频道的）分配是指经有权的大会批准，在一份议定的频率分配规划中，关于一个指定的频道可供一个或数个主管部门在规定条件下，在一个或数个经指明的国家或地理区域内用于地面或空间无线电通信业务的记载[201]。国际层面的频率分配以"规划"的形式体现出来。频率分配是在频段划分的基础上进行的，是频率指配和使用的前提。国际上的频率分配主要通过召开世界或区域性无线电通信大会、通过有关决议或制定某项规则来进行分配，通常附有相关程序和各项技术特性，目前典型的分配规划包括《无线电规则》第2卷附录30、附录30A、附录30B关于特定频段内的卫星固定业务、卫星广播业务的分配规划以及附录25至附录27所规定的4000kHz和27500kHz频率间的水上移动业务专用频段内工作的海岸无线电话电台的条款及其频率分配规划、关于3025kHz和18030kHz频率间划分给航空移动（OR）业务专用频段的条款和相关频率分配规划以及航空移动（R）业务的频率分配规划等。

我国的频率分配是指将无线电频率或频道规定由一个或多个部门，在指定的区域内供地面或空间无线电通信业务在指定条件下使用的过程。在频段划分的基础上，频率使用部门提出申请，国家或地方无线电管理机构根据本地区的电磁环境特点及频率使用状况，从划分的频段中为该部门分配具体的频率使用范围[202]。在国家层面，频率分配通常由国家无线电管理机构统一负责，而军队系统频率分配则由全军电磁频谱管理委员会负责。国内的频率分配也包括向行业部门（如广电、铁路、公安、气象等）整块分配频率。典型的频率分配如根据工业和信息化部无函〔2013〕517号、518号和519号文向3家电信运营商分配频率资源。

---

201 《无线电规则》（2024年版），第1卷条款，第1.17款。
202 张继宏，杜佳，杨莉：《频谱资源全流程管理初探》，《中国无线电》2020年第11期。

四、频率指配

（射频或无线电频道的）指配是由某一主管部门对给某一无线电台在规定条件下使用某一射频或无线电频道的许可[203]。指配本质上是国内无线电管理事项。在我国，无线电管理机构根据审批权限批准某个单位或个人的某一无线电系统或设备在规定的条件下使用某一个或一组无线电频率。根据《中华人民共和国无线电管理条例》，频率指配是采用颁发无线电频率使用许可的方式实现的，是一种行政许可行为。但若国内某项频率指配属于以下情况之一的，则应遵守《无线电规则》规定的协调、通知和登记的程序，这些情况包括：①如果该指配的使用能对另一个主管部门的任何业务产生有害干扰；②如果该指配是用于国际无线电通信；③如果该指配须服从没有其自己通知程序的某一世界性的或区域性的频率分配或指配规划；④如果该指配须服从《无线电规则》第9条的协调程序或涉及这种情况；⑤如果希望取得对该指配的国际认可；⑥如果按照《无线电规则》第8.4款是一个不相符指配并且主管部门希望能予以登记以供参考[204]。

下面针对我国主要频率管理制度——频段划分、频率规划、频率指配进行具体研究和介绍。

第二节　无线电频谱的频段划分

无线电频谱的频段划分指的是将无线电频谱分割为若干频段，再将每一频段规定给一种或多种地面或空间无线电通信业务或射电天文业务在规定的条件下使用的活动。

203　《无线电规则》（2024年版），第1卷条款，第1.18款。
204　《无线电规则》（2024年版），第1卷条款，第11.2至11.8款。

第四章　无线电通信资源法

一、国际无线电频谱的频段划分

国际层面的无线电频谱的频段划分由国际电信联盟每 3～4 年召开一次的世界无线电通信大会通过修改《无线电规则》第 1 卷条款第 5 条的频率划分表来实现。

为了将无线电频谱的频段划分给相应的无线电业务，首先需要对各种无线电业务进行定义。《无线电规则》第 1 卷条款第 1.19 至 1.60 共界定了 42 种无线电业务，这些业务可大致分为地面业务和空间业务两类。除非另有说明，无线电通信业务均指地面无线电通信，如固定业务、移动业务、港口操作业务等。所谓无线电通信业务，涉及供各种特定电信用途的无线电波的传输、发射和/或接收[205]。在这 42 种无线电业务中，空间业务均可单独识别，如卫星移动业务、卫星陆地移动业务、卫星广播业务、卫星无线电导航业务等。射电天文是一类特殊的无线电业务，这种业务不进行无线电波发射，只接收来自宇宙的辐射，因此属于无线电业务，但并不被视为无线电通信业务[206]。只是在解决有害干扰时，射电天文业务应被作为无线电通信业务来处理[207]。

《无线电规则》第 1 卷的重要内容之一是第 5 条第Ⅳ节的频率划分表，其将 8.3kHz 至 3000GHz 的无线电频谱在世界 3 个区域内划分给了 42 种无线电业务，如图 4-1 所示。

---

205 《无线电规则》（2024 年版），第 1 卷条款，第 1.19 款。

206 Harvey Liszt：《射电天文、频谱管理和 2019 年世界无线电通信大会》，《国际电信联盟新闻杂志》2019 年第 5 期。

207 《无线电规则》（2024 年版），第 1 卷条款，第 4.6 款。

110-255kHz

划分给以下业务		
1区	2区	3区
110-112 固定 水上移动 无线电导航 5.64	110-130 固定 水上移动 水上无线电导航 5.60 无线电定位业务	110-112 固定 水上移动 无线电导航 5.60 5.64
112-115 无线电导航业务 5.60		112-117.6 无线电导航 5.60
115-117.6 无线电导航 5.60 固定 水上移动		固定 水上移动
5.64 5.66	5.61 5.64	5.64 5.65

5.64 固定业务电台在划分给该业务的90kHz与160kHz（在1区为148.5kHz）之间频段内和水上移动业务电台在划分给该业务的110kHz与160kHz（在1区为148.5kHz）之间频段内，只准使用A1A或F1B、A2C、A3C、F1C或F3C类发射。水上移动业务电台在110kHz与160kHz（1区为148.5kHz）之间频段内亦可例外地准予使用J2B或J7B类发射。

5.65 不同业务种类：在孟加拉国，112—117.6kHz频段和126—129kHz频段划分给作为主要业务的固定业务和水上移动业务（见第5.33款）。（WRC-2000）

5.66 不同业务种类：在德国，115—117.6kHz频段，划分给作为主要业务的固定业务和水上移动业务（见第5.33款），并划分给作为次要业务的无线电导航业务（见第5.32款）。

图4-1　频率划分表节选

在《无线电规则》的频率划分表中，每栏各与一个区域相对应。如果一项划分占了表中的全部宽度，则称为世界划分；如果一项划分只占三栏中的一栏或两栏，则称为区域性划分。[208]

---

[208] 《无线电规则》（2024年版），第1卷条款，第5.46款。

在频率划分表中，每一栏内的同一频段可能同时被划分给两种以上无线电通信业务。为了表明各种业务在相关频段的使用地位，《无线电规则》将业务分为主要业务和次要业务，其使用条件由频率划分表的脚注中标明的附加划分和替代划分来补充说明。

在《无线电规则》的中文版本中，主要业务和次要业务的表示方法为：业务名称用黑体加粗体字排印（例如：**固定**业务）的是"主要"业务[209]；业务名称用标准宋体字排印（例如：移动业务）的是"次要"业务[210]；附加说明则用标准宋体字并加括号排印 [例如：移动业务（航空移动业务除外）][211]。

对于主要业务和次要业务的地位及其相互关系，《无线电规则》规定，次要业务的电台不应对业经指配或将来可能指配频率的主要业务电台产生有害干扰；对来自业经指配或将来可能指配频率的主要业务电台的有害干扰不能要求保护；但是，可要求保护不受来自将来可能指配频率的同一业务或其他次要业务电台的有害干扰[212]。此外，某一频段如经频率划分表中的脚注标明"以次要使用条件"划分给某个比区域小的地区或某个国家内的某种业务，此即为次要业务，其使用条件应当符合次要业务的有关规定[213]。某一频段如经频率划分表中的脚注标明"以主要使用条件"划分给某个比区域小的地区或某个国家内的某种业务，此即为限于该地区内或该国家内的主要业务[214]。

"附加划分"是指某一频段如经频率划分表的脚注标明"亦划分"给比区域小的地区或某个国家内的某种业务，此即为"附加"划分，亦即为频率划分表所标明的该地区或该国家内的一种或多种业务以外所增加的划分[215]。附加划分的地位是：如脚注对有关业务只限其在特定地区或国家内运用而不包

209　《无线电规则》(2024年版)，第1卷条款，第5.25款。
210　《无线电规则》(2024年版)，第1卷条款，第5.26款。
211　《无线电规则》(2024年版)，第1卷条款，第5.27款。
212　《无线电规则》(2024年版)，第1卷条款，第5.29至5.31款。
213　《无线电规则》(2024年版)，第1卷条款，第5.32款。
214　《无线电规则》(2024年版)，第1卷条款，第5.33款。
215　《无线电规则》(2024年版)，第1卷条款，第5.35款。

含任何限制，则此种业务或这些业务的电台应同频率划分表中所标明的其他主要业务或各种业务的电台享有同等运用权[216]。如果除限于在某一地区或国家内运用外，对附加划分还施以其他限制，则这些限制应在频率划分表的脚注中加以标明[217]。

"替代划分"是指某一频段如经频率划分表的脚注标明"划分"给比区域小的地区或某个国家内的一种或多种业务，即为"替代"划分，亦即在该地区或该国家内，此项划分替代频率划分表中所标明的划分[218]。替代划分的地位是：如脚注对有关业务的电台只限其在某一特定地区或国家内运用而无其他任何限制，则此种业务的电台应同频率划分表所标明的给其他地区或国家的一种或几种业务划分了频段的主要业务的电台享有同等运用权[219]。如果除限于在某一国家或地区内使用外，对作了替代划分业务的电台还施以其他限制，则该限制应在脚注中加以标明[220]。

当某一无线电通信业务或者某一业务中的电台的操作具有国际影响时，应当按照频率划分表的规定来进行频率指配和使用。如果不按照频率划分表来指配和使用频率，必须确保不会对依照《国际电信联盟组织法》《国际电信联盟公约》和《无线电规则》规定工作的国际无线电通信业务的电台产生有害干扰，也不得对这种电台的干扰提出保护要求[221]。

二、国内无线电频谱的频段划分

我国国内无线电频谱的频段划分由工业和信息化部根据《中华人民共和国无线电管理条例》、国际电信联盟召开的世界无线电通信大会修订的《无线

---

216 《无线电规则》（2024年版），第1卷条款，第5.36款。
217 《无线电规则》（2024年版），第1卷条款，第5.37款。
218 《无线电规则》（2024年版），第1卷条款，第5.39款。
219 《无线电规则》（2024年版），第1卷条款，第5.40款。
220 《无线电规则》（2024年版），第1卷条款，第5.41款。
221 《无线电规则》（2024年版），第1卷条款，第4.4款。

第四章 无线电通信资源法

电规则》和我国无线电业务发展的实际情况,以出台《中华人民共和国无线电频率划分规定》这一部门规章的形式体现。国内无线电频谱的频段划分应以科学、合理、有效利用无线电频谱资源为出发点,统筹兼顾近期需求与长远发展,统筹考虑技术先进性、超前性与技术成熟性、经济性,同时保持与国际电信联盟制修订的《无线电规则》相衔接,并充分征求军队、国务院部门、有关行业协会和公众的意见。目前适用的《中华人民共和国无线电频率划分规定》是根据2019年世界无线电通信大会(WRC-19)修订后的《无线电规则》(2020年版),于2023年出台的。国内无线电频谱的频段划分是依法管理无线电频谱资源的重要依据,对促进无线电频谱资源高效利用、规范无线电台(站)和无线电设备管理以及维护电波秩序发挥着重要作用。

《中华人民共和国无线电频率划分规定》在《无线电规则》界定的42种无线电业务基础上,界定了43种业务,增设一项"航空固定业务"[222]。

我国无线电频率划分表的频谱范围是0至3000GHz。无线电频率划分表共分两栏,分别是"中华人民共和国无线电频率划分"和"国际电信联盟3区无线电频率划分"。"中华人民共和国无线电频率划分"又分为"中国内地""中国香港""中国澳门"三栏。"国际电信联盟3区无线电频率划分"是指国际电信联盟制修订的《无线电规则》频率划分表中的国际电信联盟3区的频率划分,如表4-1所示。

表4-1 中华人民共和国无线电频率划分表节选(GHz)

中华人民共和国无线电频率划分			国际电信联盟3区 无线电频率划分
中国内地	中国香港	中国澳门	
10.68—10.7 卫星地球探测 (无源) 射电天文 空间研究(无源) 5.340 5.483	10.68—10.7 禁止任何形式的 电波发射	10.68—10.7 卫星地球探测(无源) 射电天文 空间研究(无源)	10.68—10.7 卫星地球探测(无源) 射电天文 空间研究(无源) 5.340 5.483

---

222 《中华人民共和国无线电频率划分规定》,第1.3.4款。

续表

中华人民共和国无线电频率划分			国际电信联盟3区无线电频率划分
中国内地	中国香港	中国澳门	
10.7—10.95 固定 卫星固定 （空对地）5.441 移动 （航空移动除外） [无线电定位]	10.7—11.7 固定 卫星固定 （空对地）	10.7—11.7 固定 卫星固定 （空对地） 移动 （航空移动除外）	10.7—10.95 固定 卫星固定（空对地） 5.441 移动（航空移动除外）
10.95—11.2 固定 卫星固定（空对地） 5.484A 5.484B 移动 （航空移动除外） [无线电定位]			10.95—11.2 固定 卫星固定业务（空对地）5.484A 5.484B 移动（航空移动除外）
11.2—11.45 固定 卫星固定（空对地） 5.441 移动业务 （航空移动除外） [无线电定位]			11.2—11.45 固定 卫星固定（空对地） 5.441 移动（航空移动除外）
11.45—11.7 固定 卫星固定（空对地） 5.484A 5.484B 移动业务 （航空移动除外） [无线电定位]			11.45—11.7 固定 卫星固定（空对地） 5.484A 5.484B 移动（航空移动除外）

《中华人民共和国无线电频率划分规定》也定义和区分了主要业务、次要业务、附加划分和替代划分。当一个频段在世界范围或区域范围内被标明划分给多种业务时，这些业务按下列顺序排列：业务名称用宋体6号字并且两边不加任何符号排印（例如：**固定业务**）；这些业务称为"主要业务"。业务名称用GB2312楷体6号字，且加"[]"排印（例如：[无线电定位]），这

些业务称为"次要业务"[223]。某一频段如经频率划分表中的脚注标明"以次要使用条件"划分给某个比区域小的地区或某个国家内的某种业务，此即为次要业务[224]。某一频段如经频率划分表中脚注标明"以主要使用条件"划分给某个比区域小的地区或某个国家内的某种业务，此即为限于该地区内或该国家内的主要业务[225]。

在主要业务与次要业务的关系上，次要业务电台不得对业经指配或将来可能指配频率的主要业务电台产生有害干扰；不得对来自业经指配或将来可能指配频率的主要业务电台的有害干扰提出保护要求；可要求保护不受来自将来可能指配频率的同一业务或其他次要业务电台的有害干扰[226]。

某一频段如经频率划分表的脚注标明"也划分给"比区域小的地区或某个国家内的某种业务，此即为"附加"划分，亦即为频率划分表所标明的该地区或该国家内的一种或多种业务以外所增加的划分[227]。某一频段如在频率划分表中的脚注标明"划分"给某个比区域小的地区或某个国家内的一种或多种业务，此即为"替代"划分，亦即在该地区或该国家内，此项划分替代频率划分表中所标明的划分[228]。

在《中华人民共和国无线电频率划分规定》的适用方面，该文件规定，除非另经国家无线电管理机构批准，无线电管理机构和频率使用者须按《中华人民共和国无线电频率划分规定》划分的业务频段分配、指配和使用频率[229]。除另有明确规定者外，多种业务共用同一频段，相同标识的业务使用频率具有同等地位；遇有干扰时，一般应本着后用让先用、无规划的让有规

---

[223]《中华人民共和国无线电频率划分规定》，第 3.2.1 款（1）。
[224]《中华人民共和国无线电频率划分规定》，第 3.2.1 款（4）。
[225]《中华人民共和国无线电频率划分规定》，第 3.2.1 款（5）。
[226]《中华人民共和国无线电频率划分规定》，第 3.2.1 款（3）。
[227]《中华人民共和国无线电频率划分规定》，第 3.2.2 款（1）。
[228]《中华人民共和国无线电频率划分规定》，第 3.2.3 款（1）。
[229]《中华人民共和国无线电频率划分规定》，第 3.3.1 款。

划的原则处理；当发现主要业务频率遭受到次要业务频率的有害干扰时，次要业务的有关主管或使用部门应积极采取有效措施，尽快消除干扰[230]。当涉及有关国际频率问题时，除双边另有协议外，按我国在国际电信联盟文件上签署的意见处理[231]。如某种业务指配使用的频率与国际电信联盟《无线电规则》中频率划分表不符，当遇有国际干扰时，应按我国签署的相关国际会议文件或相关协议处理[232]。在《中华人民共和国无线电频率划分规定》中，凡是标明某一种业务或某一种业务的电台在不对另一种业务或另一种业务的电台产生有害干扰的条件下，可以使用某一频段，那么，这也同时意味着该种业务或该种业务的电台不得要求另一种业务或另一种业务的电台不对其产生有害干扰[233]。在《中华人民共和国无线电频率划分规定》中，凡是标明某一种业务或某一种业务的电台在不得对另一种业务或另一种业务的电台提出保护要求的条件下，可以使用某一频段，那么，这也同时意味着该种业务或该种业务的电台不得对另一种业务或另一种业务的电台产生有害干扰[234]。

第三节　无线电频率使用规划

一、无线电频率使用规划的定义和法律性质

无线电频率使用规划是对频率的未来配置作出长远的发展计划，是根据《中华人民共和国无线电频率划分规定》，就某一频段内的某项业务的频率在地域或时间上的使用预先作出统筹安排，以实现频谱资源的有效利用和避免

230　《中华人民共和国无线电频率划分规定》，第 3.3.2 款。
231　《中华人民共和国无线电频率划分规定》，第 3.3.3 款。
232　《中华人民共和国无线电频率划分规定》，第 3.3.4 款。
233　《中华人民共和国无线电频率划分规定》，第 3.3.5 款。
234　《中华人民共和国无线电频率划分规定》，第 3.3.6 款。

有害干扰。

无线电频率使用规划是无线电频段划分和无线电频率分配、指配之间的一项频谱管理手段，从法律性质上来讲是一种行政规划行为。为了实现科学管理、保护资源、保障安全、促进发展的无线电管理方针，确保合理、有效、经济地使用和公平地获取频谱资源和避免有害干扰，无线电管理机构可依法行使行政权力，制定、实施、修订或废止无线电频率使用规划。

二、无线电频率使用规划的对象

《中华人民共和国无线电管理条例》第3条规定，无线电频谱资源属于国家所有；国家对无线电频谱资源实行统一规划、合理开发、有偿使用的原则。无线电频率使用规划的对象是无线电频谱资源。

《中华人民共和国无线电管理条例》虽未明确划分无线电频谱资源的具体类型，但从现有规定来看，无线电频谱资源大致可分为军用频谱和非军用频谱两类，非军用频谱进一步细分为一般用途频谱和商用频谱。这种分类主要依据《中华人民共和国无线电管理条例》中的第8、9、11、13、17条，这些条款不仅明确了军地无线电管理机构的职责划分，还提及了"地面公众移动通信使用频率等商用无线电频率"的市场化指配方式。

三、无线电频率使用规划的主体

国家无线电管理机构负责全国无线电管理工作，依据职责拟订无线电管理的方针、政策，统一管理无线电频率[235]，因此，全国非军事系统的无线电频率使用规划由国家无线电管理机构作出。

在我国，中国人民解放军电磁频谱管理机构负责军事系统的无线电管理工作[236]，因此，军事系统的无线电频率使用规划由军队电磁频谱管理机构作出。

根据《中华人民共和国无线电管理条例》第10条，省、自治区、直辖

---

235 《中华人民共和国无线电管理条例》，第8条。
236 《中华人民共和国无线电管理条例》，第9条。

市无线电管理机构的职责主要是对无线电频率使用和无线电台（站）的设置、使用实施行政许可，并行使无线电管理的行政执法等职权，似乎并不涉及频率使用规划的职责。但实践中，地方无线电管理机构可在国家无线电管理机构制定的无线电频率使用规划的范围内制定地方无线电频率使用规划。

国务院有关部门的无线电管理机构在国家无线电管理机构的业务指导下，负责本系统（行业）的无线电管理工作，管理国家无线电管理机构分配给本系统（行业）使用的航空、水上无线电专用频率[237]。若此专用无线电频率需要制定使用规划，在不违反国家相关管理制度的情况下，国务院有关部门无线电管理机构可以制定相关系统（行业）的频率使用规划。

四、无线电频率使用规划的考量因素和主要内容

制定无线电频率使用规划应遵循《中华人民共和国无线电管理条例》和《中华人民共和国无线电频率划分规定》，同时还要统筹兼顾国际和国内实际情况，与国际电信联盟规划保持一定的契合，更要综合考虑我国各种无线电业务的现状和发展趋势，满足短期和长期的用频需求等，以促进各项无线电业务共同发展。此外，制定频率使用规划还应支持无线电频谱资源新技术的开发和运用，尤其是我国自主知识产权的技术，以增强我国综合实力，同时确保用频安全，考虑与现有业务和系统之间的电磁兼容问题，避免和减少无线电干扰。

一部无线电频率使用规划一般包括适用范围、管理方式、技术指标（频段、功率、带宽等）、操作要求等内容。

五、无线电管理机构制定的主要无线电频率使用规划

我国的无线电频率使用规划由国家无线电管理机构、地方无线电管理机构等负责制定，以规范性文件的形式发布。根据无线电管理权限，国务院部

---

[237]《中华人民共和国无线电管理条例》，第12条。

门在国家无线电管理机构分配给其使用的频段范围内，可以制定本部门/行业的无线电频率使用规划。我国无线电管理机构制定过多部无线电频率使用规划。

（一）国家无线电管理机构制定的主要频率使用规划

1. IMT 频率规划

近年来，随着通信技术的发展，我国无线电管理机构紧密结合通信产业的发展趋势，制定并持续更新频率使用规划。以国际移动通信（IMT）为例，我国 IMT 规划历程如下。

（1）3G（IMT-2000）频率规划

2002年，我国发布了 3G（IMT-2000）频率规划——《关于第三代公众移动通信系统频率规划问题的通知》（信部无〔2002〕479号）。该通知依据国际电信联盟有关第三代公众移动通信系统（IMT-2000）的频率划分和技术标准，结合我国无线电频率划分规定和无线电频谱使用的实际情况，为第三代公众移动通信系统划分了主要工作频段、补充工作频率和卫星移动通信系统工作频段。当时已规划给公众移动通信系统的频段，同时规划为第三代公众移动通信系统 FDD（频分双工）方式的扩展频段，上、下行频率使用方式不变。

《关于第三代公众移动通信系统频率规划问题的通知》明确指出，对于已分配给第三代公众移动通信系统相关频段内既设的无线电台站，其处理应遵循保障移动通信业务发展需求与妥善处理现用设备并重的原则。具体处理方案需参照信息产业部发布的《关于调整 1-30GHz 数字微波接力通信系统容量系列及射频波道配置的通知》（信部无〔2000〕705号）和《关于清理 1885-2025MHz 及 2110-2200MHz 频段有关问题的通知》（信部无〔2001〕522号）的相关要求和精神进行。

（2）TD-LTE 试验用频规划

2010年，《工业和信息化部关于 2.6 吉赫兹（GHz）频段时分双工方式国际移动通信系统频率规划问题的通知》（工信部无〔2010〕428号）发布，率先将 2570MHz 至 2620MHz 规划为 TDD（时分双工）方式的 IMT 系统工作频段，为 TD-LTE 试验及规模试验开展提供依据。该通知针对该频段内现有无线电台站的情况，规定自发文之日起，各省、自治区、直辖市无线电管理机构在 2500MHz 至 2690MHz 频段内停止指配频率和审批新设无线电台站，现有无线电台站所使用的频率到期后不再延期。对于 2500MHz 至 2690MHz 内其他频段的后续频率规划，视 IMT 技术（TDD、FDD）发展及市场情况确定。

（3）IMT(3G 和 4G）频率规划

2012 年，为满足 IMT(包括 3G 和 4G）的频率需求，促进 IMT 产业的应用和发展，工业和信息化部发布了《工业和信息化部关于国际移动通信系统（IMT）频率规划事宜的通知》（工信部无〔2012〕436 号）。该通知将《关于第三代公众移动通信系统频率规划问题的通知》中规划的频率统一调整为 IMT 系统工作频率，对应的 TDD 和 FDD 方式不变。

（4）5G 频率规划

2017 年，工业和信息化部发布了《工业和信息化部关于第五代移动通信系统使用 3300-3600MHz 和 4800-5000MHz 频段相关事宜的通知》（工信部无〔2017〕276 号）。该通知将 3300MHz 至 3600MHz 和 4800MHz 至 5000MHz 频段规划为 5G 系统的工作频段，其中，3300MHz 至 3400MHz 频段原则上限室内使用；要求 5G 系统使用上述工作频段，不得对同频段或邻频段内依法开展的射电天文业务及其他无线电业务产生有害干扰；同时规定自发文之日起，不再受理和审批 3400MHz 至 4200MHz 和 4800MHz 至 5000MHz 频段内的地面固定业务频率、3400MHz 至 3700MHz 频段内的空间无线电台业务频率和 3400MHz 至 3600MHz 频段内的空间无线电台测控频率的新申请的频率使用许可。

2.《遥感和空间科学卫星无线电频率资源使用规划（2019—2025 年）》

遥感和空间科学卫星是国家民用空间基础设施建设的重点领域之一。随着我国经济社会的发展，遥感和空间科学卫星应用领域不断拓展，对卫星无线电频率和轨道资源需求日益增长。为适应遥感和空间科学卫星的发展需要，合理规划和有效利用卫星无线电频率和轨道资源,根据《中华人民共和国无线电管理条例》《中华人民共和国无线电频率划分规定》等文件,结合我国航天事业发展实际需求,工业和信息化部、国家国防科技工业局于2019年3月29日联合印发了《遥感和空间科学卫星无线电频率资源使用规划(2019—2025年)》(工信部联无〔2019〕77号),对"十三五"和"十四五"期间遥感和空间科学卫星无线电频率资源的使用提出了明确的要求。

该文件结合我国遥感和空间科学卫星的发展现状,明确了对我国陆地观测卫星、海洋观测卫星、大气观测卫星及空间科学卫星无线电频率和轨道资源使用的重点支持。文件围绕遥感和空间科学卫星频率资源的规划使用,频率使用方案设计和电磁兼容分析,卫星网络的申报、协调与登记、维护等方面,提出了相应的政策措施和使用要求,重点对遥感和空间科学卫星的探测、数传和测控频率进行了分类规划,细化了不同的任务特性对不同频率的使用要求。

该文件是我国卫星应用领域首部频率资源使用规划,有助于指导相关单位合理申报、使用卫星频率和轨道资源,促进卫星频率和轨道资源的科学有效利用,推动"十三五"和"十四五"期间遥感和空间科学卫星产业的发展。

3. 24GHz频段短距离车载雷达设备使用频率规划

为提高我国车辆的道路行车安全,满足汽车电子设备对无线电频谱资源的需求,根据《中华人民共和国无线电频率划分规定》及无线电频谱资源使用情况,工业和信息化部于2012年发布了《工业和信息化部关于发布24GHz频段短距离车载雷达设备使用频率的通知》(工信部无〔2012〕548号),将24.25GHz至26.65GHz频段规划用于24GHz短距离车载雷达设备的使用,对24GHz短距离车载雷达设备的射频要求进行了规定。同时根据规定要求在我国北京密云天文台、新疆乌鲁木齐南山天文台、上海佘山天文台、青海德令哈天文台等射电天文台址周围5千米范围内,禁止使用24GHz短距离车载雷达设备,并要求24GHz短距离车载雷达设备在投入使用前须取得工业和信息化部核发的型号核准证。

4. 车联网（智能网联汽车）直连通信使用 5905MHz 至 5925MHz 频段规划

为促进智能网联汽车在我国的应用和发展，满足车联网等智能交通系统使用无线电频率的需要，工业和信息化部于 2018 年发布了《车联网（智能网联汽车）直连通信使用 5905MHz–5925MHz 频段管理规定（暂行）》（工信部无〔2018〕203 号），将 5905MHz 至 5925MHz 频段规划作为基于 LTE–V2X 技术的车联网（智能网联汽车）直连通信的工作频段，并对相关应用和设备办理频率使用许可、无线电台（站）执照和设备型号核准要求进行了规定。对于相关频段内的现有应用，该文件指出，自 2022 年 1 月 1 日起，原则上不再受理和审批 5905MHz 至 5925MHz 频段内卫星地球站（测控站除外）新的设置、使用许可申请；偏远地区确有需要的，由省、自治区、直辖市无线电管理机构报国家无线电管理机构同意后方可设置、使用。

5. 宽带数字集群专网系统的频率规划

为满足政务、公共安全、社会管理、应急通信等对宽带数字集群专网系统的需求，工业和信息化部于 2015 年发布了《工业和信息化部关于 1447–1467 兆赫兹（MHz）频段宽带数字集群专网系统频率使用事宜的通知》，将 1447MHz 至 1467MHz 频段规划用于宽带数字集群专网系统。该通知对宽带数字集群专网系统的工作方式、无线电通信设备的主要技术指标进行了规定，并要求各省级无线电管理机构应结合当地实际需求和应用特点，提出本地区频率使用规划和分配建议，报国家无线电管理机构批准。

6. 5150MHz 至 5350MHz 频段无线接入系统频率使用规划

为满足移动宽带通信的发展需求，2012 年，工业和信息化部印发了《工业和信息化部关于发布 5150–5350 兆赫兹（MHz）频段无线接入系统频率使用相关事宜的通知》（工信部无函〔2012〕620 号），将 5150MHz 至 5350MHz 频段规划用于无线接入系统。

7. 800MHz 频段数字集群通信系统频率使用规划调整

我国 800MHz 频段数字集群系统频率使用和管理，最初主要依据信息产业部于 2007 年发布的《800MHz 数字集群通信频率台（站）管理规定》（信部无〔2007〕173 号）。该文件明确了数字集群通信系统使用频段、可用技术体制和射频技术指标、国家与地方无线电管理机构频率使用许可权限等内容。但随着技术的发展，该文件中涉及的相关技术体制的通信设备陆续停产，基于相关技术体制的系统逐步退出市场，导致 800MHz 频段可选技术体制减少，不利于产业的健康发展和市场竞争。为此，2019 年 11 月，工业和信息化部印发了《工业和信息化部关于调整 800MHz 频段数字集群通信系统频率使用规划的通知》（工信部无〔2019〕237 号），根据数字集群通信用户需求、产业和技术发展趋势，结合我国数字集群通信系统使用特点，在保留原有 TETRA（陆地集群无线电）技术体制的基础上，明确 PDT（专用数字集群通信系统）技术体制可用于 800MHz 频段，具体内容包括：明确了 800MHz 频段新增用于 PDT 技术体制，不再规划用于 iDEN、GoTa、GT800 技术体制；明确了国家和地方无线电管理机构频率使用许可权限；明确了对频率使用许可、组网模式和频率使用率的要求；明确了设备管理模式，手持台、车载台参照地面公众移动通信终端管理，无须取得无线电台执照；明确了 iDEN、GoTa、GT800 技术体制的数字集群通信系统的过渡政策；发布了相关技术体制的射频指标要求。

8. 雷达无线电频率使用规划

2025 年 1 月 24 日，工业和信息化部印发《雷达无线电管理规定（试行）》（工信部无〔2025〕22 号），对航空雷达，气象雷达，水上交通雷达，陆地交通雷达，水文、地质、海洋等防灾减灾雷达，微小目标探测雷达等雷达的无线频率作出了使用规划，并就雷达无线电频率的频率使用许可主体、常设雷达系统频率使用的年时间占用度和干扰处理原则等作出了规定。

9. 对讲机无线电频率使用规划

为满足经济社会发展对对讲机的使用需求，促进对讲机产业高质量发展，工业和信息化部无线电管理局（国家无线电办公室）于 2025 年 2 月印发了《国家无线电办公室关于 150MHz 和 400MHz 频段对讲机频率使用管理和设备技术要求有关事宜的通知》(国无办〔2025〕1号),规划专用对讲机频率供相关部门使用,规划共用对讲机、公众对讲机频率供个人、家庭、团体、部分商业用户或无需干扰保护的单位使用,规划水上对讲机频率供交通运输、渔业、海洋系统(行业)等部门使用,并就各类对讲机的频率使用许可模式以及技术体制、发射功率、频率容限、杂散发射等技术要求做出了规定。

(二)地方无线电管理机构制定的频率使用规划

地方无线电频率使用规划应依据国家无线电管理机构制定的频率使用规划来制定。

以上海市制定的无线电频率使用规划为例。据报道,在2009年工业和信息化部无线电管理局发布了《工业和信息化部关于150MHz、400MHz频段专用对讲机频率规划和使用管理有关事宜的通知》(工信部无〔2009〕666号)及其附件《150MHz、400MHz频段数字对讲机设备无线射频技术指标》之后,上海市无线电管理局根据国家相关频率使用规划,在对全市无线电台(站)数据库进行分析和开展行业需求调研以及对该市150MHz、400MHz频段进行无线电监测和测试数据分析的基础上,结合未来中长期专用对讲机应用需求增长的预期,制定了上海市专用对讲机中长期频率分配、指配与使用的规划,明确了过渡期内频率指配与使用的方案[238]。

新规划划定150MHz、400MHz频段专用对讲机频率的使用范围为137MHz至167MHz、403MHz至423.5MHz;新规划的150MHz、400MHz专用对讲机信道间隔由25kHz调整为12.5kHz,每信道可安排一或两个时隙;其中150MHz频段双频组网收发频率间隔为5.7MHz,400MHz频段双频组网收发频率间隔为10MHz。在新规划中,原150MHz频段的上海市公用对讲机频率保持不变,新增416MHz至419MHz频段部分频率用作上海市公用对讲机频率;频率申请和台站设置的程序保持不变。原410MHz、

---

238 周洪、陆唯群:《专用数字对讲机技术与频率规划》,《上海信息化》2012年第5期。

411MHz 和 414MHz 频段的上海市公用对讲机频率由于国家规定的调整，不再作为上海市公用对讲机频率，要在 2015 年 12 月 31 日前完成原使用用户的频率清退工作。新规划在 150MHz、400MHz 频段各规划了一定数量的应急通信频率。

针对规划所引起的频率指配调整，上海市新规划要求，现有的合法设台单位，所用频率不符合上海市专用对讲机频率规划方案的，在频率到期后由市无线电管理局重新进行频率指配，分期分批完成频率规划调整工作。为避免过渡期内设台单位进行现有设备更换而造成损失，设台单位可向上海市无线电管理局提供现有设备购置日期、电台执照、频率占用费缴纳证明等必要信息，申请暂缓进行频率规划调整，但不得晚于 2015 年年底完成本次频率规划调整过渡工作。上海市积极推进用户单位逐步开始使用数字对讲机。从 2012 年 1 月 1 日起，新设置使用的 150MHz、400MHz 专用对讲机频率的无线电台（站），将从新规划中指配频率，各设台单位应购置使用数字对讲机。如仍要求使用模拟对讲机，其频率及台站使用期限可到 2015 年 12 月 31 日。超过此期限要求的，上海市无线电管理局将收回频率并不再审批核发电台执照。

第四节　无线电频率指配

一、无线电频率指配的定义和方式

（一）频率指配的定义

（射频或无线电频道的）指配是由某一主管部门对某一无线电台在规定条件下使用某一射频或无线电频道的许可[239]。在我国，无线电频率指配是由无

239　《无线电规则》（2024 年版），第 1 卷条款，第 1.18 款。

线电管理机构根据审批权限向无线电频率使用者颁发频率使用许可，批准该使用者的某一无线电系统或设备在规定的条件下使用某一个或一组无线电频率的方式来实现的。

《中华人民共和国无线电管理条例》第6条规定，任何单位或者个人不得擅自使用无线电频率，这是有效开发、利用无线电频谱资源，维护空中电波秩序的需要。根据《中华人民共和国无线电管理条例》第14条，除法定豁免频率使用许可的情形外，使用无线电频率应当取得许可。

（二）频率指配方式

频率指配方式是指在频率使用人提出使用申请，特别是在若干使用人针对同一频率提出使用需求的时候，如何确定将频率指配给特定的对象并向其实施频率使用许可的过程。根据频谱资源的稀缺性以及使用人使用频率的性质和目的，各国在频率指配方面采取了多种模式，如先到先得模式、抽签模式、评选模式、行政审批模式、招标模式、拍卖模式、许可豁免模式等。

1. 先到先得模式

先到先得模式是按申请人提交频率使用申请的先后顺序，把频率使用权授予首位申请人。在频谱资源相对充裕的情况下，这种模式效率较高且程序简单。但若申请人的需求超出待分配的频谱资源时，该模式在公平性和对申请人能力的审查方面存在明显不足。

2. 抽签模式

抽签模式是通过随机方式挑选频谱的使用者，其优点是分配迅速且透明，缺点是完全凭运气决定频谱授权方式，频谱的使用效率没有保障，这可能出现一些希望中签后转卖频谱的申请者，影响频谱的公平分配。

3. 评选模式

评选模式是通过公开举行比较性听证会，对各申请人提交的频率使用计划进行比较评估，以选择最优方案。这种模式公平性较高，但程序较为复杂，行政机关需要花费大量时间对各申请人的资格、经营状况、资本组成进行审查。

4. 行政审批模式

行政审批模式是由行政机关对申请人的频率使用申请进行审查，审查内容包括申请者的技术能力、财务状况以及频谱使用计划等，其结果完全由行政机关决定。这种模式是目前使用最为广泛的频率指配模式，程序较为简单。

5. 招标模式

招标模式是在评选模式的基础上衍生出来的一种频率指配模式，是由政府部门对申请人的经济实力、技术水平、网络运营经验、服务状况等多方面因素进行综合评估后，确定获得频率使用许可证的最佳对象，并收取相应的费用。招标模式与评选模式都需要申请人提交申请书和相关资质资料以供政府部门评估，不同点在于，招标模式中的申请人还需对频率使用许可证报出相应的价格。但是，出价只是众多评选因素中的一项，政府部门还要综合评定投标人能否有效开发和利用无线电频率，能否更好地利用无线电频率提供公众服务，使国有资产增值[240]。招标模式有助于无线电广播和蜂窝电话业务等对公众利益有很大影响力的业务获得许可证，其原因是竞标人出价的高低并不能起决定作用，政府部门确定中标人的标准往往是服务质量、定价、技术、竞争力等综合实力[241]。例如，新西兰从1994年起通过招标模式指配了部分频率，印度在1996—1998年通过招标模式发放了第二代移动通信的频率使用许可证，我国信息产业部对3.5GHz频段地面固定无线接入系统频率使用权分配时也采用了招标模式[242]。

6. 拍卖模式

拍卖模式是一种基于市场的分配模式，过程客观透明，其决定性因素是申请人对频率的出价，即出价的高低决定了频谱使用权的归属。

采用拍卖模式分配频谱资源以经济学理论为依据。频谱资源是一种公共

240　祁锋：《我国无线电频率资源分配方式变革初探》，《中国无线电管理》2003年第5期。
241　史雅宁，宋琦军：《市场机制下的频率资源分配研究》，《中国无线电》2006年第6期。
242　薛永刚，胡之源：《提高频率资源使用效益的经济分析》，《中国无线电》2006年第10期。

资源，具有竞争性和排他性。随着无线电技术的发展，频谱资源作为生产要素所带来的经济效益日益显著，特别是公众移动通信的发展，使得频谱资源的经济价值迅速提升，竞争加剧。早在1959年，诺贝尔经济学奖得主罗纳德·科斯（Ronald Coase）就提出，频谱应被看作一种生产要素，其价值应由市场来决定，通过市场机制将频率以最有效的方式指配给最有价值的用户。科斯的理论成为频谱资源拍卖的理论基础。发达国家率先改变了传统的先到先得模式，采用拍卖等市场化模式分配3G、4G所用频谱资源。

全球频谱资源拍卖模式的实践表明，所有的拍卖模式和市场化配置都是在遵守国际频谱划分的基础上进行的，限定频段、限定用途，甚至是限定服务质量和时限（如公众移动通信中通过拍卖模式取得频率使用权须符合通信的覆盖区域和覆盖率、普遍服务义务等）的前提下，选择和决定用户的一种资源分配模式，而不是对整个频谱资源按照经济效益进行重新分配，因此，频谱资源的市场化是在规定资源用途的前提下的使用权分配。频谱资源拍卖使得频谱资源分配模式更为合理、有效、公平，同时还增加了公共财政收入。然而，并不是所有的频谱都适合通过拍卖模式进行分配，根据用途，频谱可分为市场化和非市场化两类。直接产生经济价值的频谱属于市场化部分，如广播、电视和公共移动通信所用频谱，可通过拍卖模式进行分配；用于气象、科研、社会活动和备战备灾等涉及国家利益和公共服务的，不直接产生经济价值的频谱属于非市场部分，不宜通过拍卖模式来进行分配。

7. 许可豁免模式

一些国家规定了豁免频率使用许可的情形。《中华人民共和国无线电管理条例》第14条也规定了无须取得频率使用许可即可使用的频率。

（三）我国频率指配方式

根据《中华人民共和国无线电管理条例》，我国进行无线电频率指配可采用以下方式：直接指配、许可豁免、招标和拍卖。

直接指配适用于大多数频率的指配。

许可豁免适用于特定频率。根据《中华人民共和国无线电管理条例》第14条，使用以下3类频率，无须取得频率使用许可：①业余无线电台、公众对讲机、制式无线电台使用的频率；②国际安全与遇险系统，用于航空、水上移动业务和无线电导航业务的国际固定频率；③国家无线电管理机构规定的微功率短距离无线电发射设备使用的频率。

招标和拍卖适用于特定频率。根据《中华人民共和国无线电管理条例》第17条，地面公众移动通信使用频率等商用无线电频率的使用许可，可以依照有关法律、行政法规的规定采取招标和拍卖的方式。但我国目前还没有实施过频谱资源拍卖，主要原因在于目前可拍卖的频谱集中在广播、电视和公共移动通信领域，而我国这些领域是以国有经济为主体的，其收益也属于国家所有，如果这些企业出资竞拍频谱，并不能增加公共财政收入[243]。如果通过拍卖方式分配频谱资源，应培育新的市场主体，为非公有制企业创造机会。

二、无线电频率使用许可的适用范围和条件

我国无线电频率使用许可和管理方面的法律依据主要是《中华人民共和国无线电管理条例》《无线电频率使用许可管理办法》[244]和《无线电频率使用率要求及核查管理暂行规定》[245]。

根据《中华人民共和国无线电管理条例》第14条，一般来说，使用无线电频率应当取得许可。

《中华人民共和国无线电管理条例》第15条规定了取得无线电频率使用许可，应当符合下列条件：

243　沈建峰，徐一丁：《无线电频谱资源公共属性及其应用》，《中国无线电》2014年第8期。
244　《无线电频率使用许可管理办法》于2017年7月3日由工业和信息化部令第40号公布，自2017年9月1日起施行。
245　《无线电频率使用率要求及核查管理暂行规定》（工信部无〔2017〕322号）于2017年12月15日由工业和信息化部印发。

① 所申请的无线电频率符合无线电频率划分和使用规定，有明确具体的用途；

② 使用无线电频率的技术方案可行；

③ 有相应的专业技术人员；

④ 对依法使用的其他无线电频率不会产生有害干扰。

《无线电频率使用许可管理办法》第5条补充规定，取得无线电频率使用许可还应当符合法律、行政法规规定的其他条件。使用卫星无线电频率，还应当符合空间无线电业务管理的相关规定。

为证明满足上述条件，根据《无线电频率使用许可管理办法》第6条，在申请办理无线电频率使用许可时，申请人应当向无线电管理机构提交的申请材料包括：

① 使用无线电频率的书面申请及申请人身份证明材料；

② 申请人基本情况，包括开展相关无线电业务的专业技术人员、技能和管理措施等；

③ 拟开展的无线电业务的情况说明，包括功能、用途、通信范围（距离）、服务对象和预测规模以及建设计划等；

④ 技术可行性研究报告，包括拟采用的通信技术体制和标准、系统配置情况、拟使用系统（设备）的频率特性、频率选用（组网）方案和使用率、主要使用区域的电波传播环境、干扰保护和控制措施，以及运行维护措施等；

⑤ 依法使用无线电频率的承诺书；

⑥ 法律、行政法规规定的其他材料。

无线电频率拟用于开展射电天文业务的，还应当提供具体的使用地点和有害干扰保护要求；用于开展空间无线电业务的，还应当提供拟使用的空间无线电台、卫星轨道位置、卫星覆盖范围、实际传输链路设计方案和计算等信息，以及关于可用的相关卫星无线电频率和完成国内协调并开展必要国际协调的证明材料。

无线电频率拟用于开展的无线电业务，依法需要取得有关部门批准的，还应当提供相应的批准文件。

三、无线电频率使用许可的实施主体

（一）概述

根据《中华人民共和国无线电管理条例》第 18 条、《无线电频率使用许可管理办法》第 7 条，以及其他相关部门规章和部门规范性文件，我国无线电频率使用许可由以下主体实施：

无线电频率使用许可由国家无线电管理机构实施。

国家无线电管理机构确定范围内的无线电频率使用许可，由省、自治区、直辖市无线电管理机构实施。

国家无线电管理机构分配给交通运输、渔业、海洋系统（行业）使用的水上无线电专用频率，由所在地省、自治区、直辖市无线电管理机构分别会同相关主管部门实施许可。

国家无线电管理机构分配给民用航空系统使用的航空无线电专用频率，由国务院民用航空主管部门实施许可。

（二）国家无线电管理机构实施的频率使用许可

根据工业和信息化部公布的本部门行政许可事项，目前我国国家无线电管理机构实施的频率使用许可有两项：卫星无线电频率使用许可、卫星通信网无线电频率使用许可。

1. 卫星无线电频率使用许可

卫星所用的无线电频率分为国际电信联盟规划频段和非规划频段的频率。《中华人民共和国无线电管理条例》第 22 条规定，国际电信联盟依照国际规则规划给我国使用的卫星无线电频率，由国家无线电管理机构统一分配给使用单位；申请使用国际电信联盟非规划的卫星无线电频率，应当通过国家无线电管理机构统一提出申请；国家无线电管理机构应当及时组织有关单位进行必要的国内协调，并依照国际规则开展国际申报、协调、登记工作。

申请使用卫星无线电频率在中华人民共和国境内开展业务的，无论是使用国际电信联盟规划频段还是非规划频段，在履行相关国际程序的同时，应向国家无线电管理机构申请取得频率使用许可。

根据《中华人民共和国行政许可法》《工业和信息化部行政许可实施办法》以及《中华人民共和国无线电管理条例》《无线电频率使用许可管理办法》《无线电频率使用率要求及核查管理暂行规定》和国家无线电管理机构发布的相关规范性文件，办理卫星无线电频率使用许可，应提交下列材料：

① 使用卫星无线电频率的书面申请，包括拟使用的空间无线电台名称、卫星轨道位置、卫星覆盖范围等相关材料；

② 申请人基本情况说明及证照材料等，包括开展空间无线电业务的专业技术人员、技能、必要设施、资金和管理措施等；

③ 拟开展空间无线电业务情况说明，包括拟使用的空间无线电台、卫星轨道位置、功能、用途、卫星覆盖范围、服务对象和预测规模以及建设计划等；

④ 使用卫星无线电频率的技术可行性研究报告，包括卫星无线电频率使用可行性分析报告、国内国际协调开展完成情况、拟采用的通信技术体制和标准、系统配置情况、拟使用系统（设备）的技术特性、频率使用方案和预期的频率使用率、实际传输链路设计方案和计算、与相关系统间的干扰分析等；

⑤ 申请表及依法使用卫星无线电频率的承诺书；

⑥ 法律、行政法规规定的其他材料。

申请使用卫星业余业务无线电频率的，还应当提交由国际业余无线电联盟出具的频率协调确认函件。

申请使用卫星无线电频率用于电信业务经营的，还应当提交取得的相关电信业务经营许可证编号。

2. 卫星通信网无线电频率使用许可

卫星通信网是指利用卫星空间电台进行通信的地球站组成的通信网[246]。组建卫星通信网使用无线电频率的，应当向国家无线电管理机构申请办理卫星通信网无线电频率使用许可。

组建卫星通信网申请使用卫星无线电频率，应当提交下列材料：

① 有合法可用的卫星无线电频率资源的相关材料；

② 组建卫星通信网使用无线电频率的书面申请，包括拟使用的频率、空间无线电台、卫星轨道位置和卫星覆盖范围、使用地域、频率使用率预估；

③ 申请人基本情况说明及证照材料，包括专业技术人员及技能、管理措施等；

④ 拟开展无线电业务的情况说明，包括网络用途、服务对象以及建设计划等相关材料；

⑤ 组建卫星通信网的技术可行性研究报告，包括网络拟使用的频率方案、覆盖区域、网络规模、网内主站和端站的典型特性参数、传输链路设计、干扰保护和控制、运行维护等措施；

⑥ 申请表及依法使用卫星通信网无线电频率的承诺书；

⑦ 法律、行政法规规定的其他材料。

组建卫星通信网申请使用无线电频率涉及电信业务经营的，还应当提交相应的电信业务经营许可证复印件。

《建立卫星通信网和设置使用地球站管理规定》针对获准建立卫星通信网的单位还规定了以下一系列运营卫星通信网的要求。

① 获准建立卫星通信网的，应当自批准之日起一年内将该卫星通信网投入使用[247]。

---

246 《建立卫星通信网和设置使用地球站管理规定》，第2条第2款。《建立卫星通信网和设置使用地球站管理规定》于2009年3月1日由工业和信息化部令第7号公布，自2009年4月10日起施行。

247 《建立卫星通信网和设置使用地球站管理规定》，第11条。

② 未经批准，不得改变卫星通信网使用的卫星、频率、极化、传输带宽或者通信覆盖范围[248]。

③ 获准建立卫星通信网的单位与卫星转发器经营者签署的转发器租赁协议，以及涉及租赁卫星、频率、极化、带宽和有效期变更的补充修改协议，应当自签署之日起 30 日内向工业和信息化部备案[249]。

④ 获准建立卫星通信网的单位设置网内地球站，应当办理地球站设置审批手续并领取无线电台执照；由用户设置网内地球站的，获准建立卫星通信网的单位应当协助用户办理地球站设置审批手续。获准建立卫星通信网的单位不得向未办理地球站设置审批手续的用户提供卫星信道，但是可以不办理审批手续的单收地球站除外[250]。

⑤ 获准建立卫星通信网的单位应当在每年 1 月 31 日前向工业和信息化部书面报送上年度卫星通信网建设和运行的材料，包括以下几项：

- 开通业务的城市或地区、业务种类；
- 卫星频率资源使用情况，包括空间电台的名称和轨道经度、实际使用带宽、上下行频率范围和极化；
- 网内用户名单、双向和发射地球站数量、单收地球站数量；
- 已领取无线电台执照的地球站数量；
- 工业和信息化部要求报送的其他材料。

上述材料应当同时送地球站所在地的省、自治区、直辖市无线电管理机构备案[251]。

（三）省、自治区、直辖市无线电管理机构实施的频率使用许可

根据《中华人民共和国无线电管理条例》第 18 条，国家无线电管理机构

---

[248]《建立卫星通信网和设置使用地球站管理规定》，第 12 条第 2 款。
[249]《建立卫星通信网和设置使用地球站管理规定》，第 13 条。
[250]《建立卫星通信网和设置使用地球站管理规定》，第 14 条。
[251]《建立卫星通信网和设置使用地球站管理规定》，第 15 条。

确定范围内的无线电频率使用许可,由省、自治区、直辖市无线电管理机构实施。如果国家无线电管理机构负责实施卫星无线电频率使用许可和卫星通信网无线电频率使用许可,那么省、自治区、直辖市无线电管理机构可对大部分地面无线电通信业务的频率使用实施频率使用许可。

实践中,有些省、自治区、直辖市无线电管理机构还会授权其派出机构,针对 150MHz、400MHz 频段专用对讲机频率等无线电频率实施无线电频率使用许可[252]。

(四)水上无线电专用频率的频率使用许可

根据《中华人民共和国无线电管理条例》第 18 条第 2 款,国家无线电管理机构分配给交通运输、渔业、海洋系统(行业)使用的水上无线电专用频率,由所在地省、自治区、直辖市无线电管理机构分别会同相关主管部门实施许可。

(五)航空无线电专用频率的频率使用许可

根据《中华人民共和国无线电管理条例》第 18 条第 2 款,国家无线电管理机构分配给民用航空系统使用的航空无线电专用频率,由国务院民用航空主管部门实施许可。

(六)铁路无线电专用频率的频率使用许可

铁路行业无线电频率可分为涉及铁路运营安全的无线电频率和铁路运输企业使用的其他无线电频率。根据《中华人民共和国无线电管理条例》第 16 条和《铁路无线电管理办法》第 6 至 7 条,国家无线电管理机构在法定职权范围内,委托国家铁路局对申请使用专门用于铁路运营指挥调度、列车运行控制等涉及铁路运营安全的无线电频率实施许可;国家无线电管理机构和省、自治区、直辖市无线电管理机构依据审批权限对铁路运输企业使用除上述涉

---

[252] 《(四川)省内无线电管理派出机构权责清单》。

及铁路运营安全的无线电频率以外的其他无线电频率实施许可。

四、无线电频率使用许可证

无线电频率使用许可证是频率使用人合法使用无线电频率的证明。根据《中华人民共和国无线电管理条例》第16条第2款以及《无线电频率使用许可管理办法》第12条,无线电频率使用许可证由正文、特别规定事项、许可证使用须知、无线电频率使用许可人的权利义务等内容组成。无线电频率使用许可证正文应当载明无线电频率使用人、使用频率、使用地域、业务用途、使用期限、使用率要求、许可证编号、发证机关及签发时间等事项。无线电频率使用许可证的具体内容由国家无线电管理机构制定并公布,其样式也由国家无线电管理机构统一规定。

根据《无线电频率使用许可管理办法》第12条第4款,与无线电频率使用许可证具有同等效力的还有无线电频率使用批准文件,这是针对临时使用无线电频率、试验使用无线电频率和国家无线电管理机构确定的其他情形而颁发的。

无线电频率使用许可的期限不得超过10年,无线电频率使用期限届满后需要继续使用的,应当向作出许可决定的无线电管理机构提出延续申请[253]。临时使用无线电频率的,无线电频率使用许可的期限不得超过12个月。

五、无线电频率使用权的转让

《中华人民共和国无线电管理条例》第20条允许使用者转让无线电频率使用权,但受让人须符合取得无线电频率使用许可的相应条件,应提交双方的转让协议,并由无线电管理机构批准。

允许无线电频率使用权转让有利于实现无线电频谱资源的效用最大化,让有实际使用需求的人来使用资源。为此,需要建立无线电频谱交易的二级

---

[253]《中华人民共和国无线电管理条例》,第19条;《无线电频率使用许可管理办法》,第11条。

市场，制定具体转让规则。转让无线电频率使用权时，是全部转让还是部分转让，是排他性转让（无线电频率使用许可中规定的所有权利义务都从转让方转给受让方，且转让方不再享有任何权利和承担任何义务）还是共用转让（由转让人和受让人同时享有无线电频率使用许可上规定的权利并承担相应义务，相当于无线电频率的共用），具体转让规则有待加以明确。

六、无线电频率使用率要求与核查

（一）无线电频率使用率要求的法律依据

设定频率使用率要求是为了实现无线电管理的重要目标——有效开发、利用无线电频谱资源[254]。《中华人民共和国无线电管理条例》第15条规定，取得无线电频率使用许可的条件之一是所申请的无线电频率有明确具体的用途。根据《中华人民共和国无线电管理条例》第16条，频率使用率要求是频率使用许可证上的一项重要内容。《中华人民共和国无线电管理条例》第26条规定，除因不可抗力外，取得无线电频率使用许可后超过2年不使用或者使用率达不到许可证规定要求的，作出许可决定的无线电管理机构有权撤销无线电频率使用许可，收回无线电频率。

为了更好地实施《中华人民共和国无线电管理条例》关于频率使用率要求的规定，加强对无线电频率使用的事中事后监管，工业和信息化部制定了《无线电频率使用率要求及核查管理暂行规定》，明确各类无线电业务的频率使用率要求及核查方法。《无线电频率使用率要求及核查管理暂行规定》不仅适用于无线电频率使用的事中事后监管，也适用于国家无线电管理机构和省、自治区、直辖市无线电管理机构作出无线电频率使用许可时。在作出许可时，应当按照《无线电频率使用率要求及核查管理暂行规定》提出频率使用率要求，并体现在无线电频率使用许可证上[255]。

---

254 《中华人民共和国无线电管理条例》，第1条。
255 《无线电频率使用率要求及核查管理暂行规定》，第2条。

频率使用率核查的结果也可用于频谱资源管理全过程，作为频谱释放、迁移、退出、开发、重置、预置、补偿、储备等决策的基本依据，有助于提高频谱资源的合理、合法、高效利用[256]。

（二）无线电频率使用率的评价指标

根据《无线电频率使用率要求及核查管理暂行规定》第3条，无线电频率使用率采用频段占用度、年时间占用度、区域覆盖率以及用户承载率（用户规模）等指标进行评价。

频段占用度是指实际使用频率范围与行政许可批准的使用频率范围之比。

年时间占用度是指一年中实际使用频率的天数（或小时）与全年天数（或小时）之比。根据实际使用情况，可采用日、月时间占用度，或结合用户和无线电业务实际使用情况进行评价。

区域覆盖率是指取得许可的频率开展无线电业务的实际使用地域（以平方千米为单位）与行政许可批准的频率使用地域的面积之比。

用户承载率是指取得许可的频率开展无线电业务实际承载的用户数量与经专家评估论证应能承载的用户数量之比。

（三）各类无线电业务的频率使用率要求

1. 不作频率使用率要求的无线电频率使用许可

根据《无线电频率使用率要求及核查管理暂行规定》第4条，针对下列情况，无线电频率使用许可不作频率使用率要求：

标准频率和时间信号业务、安全业务、特别业务、射电天文业务、卫星地球探测业务、空间研究业务、空间操作业务和卫星间业务使用的频率；应急、抢险救灾使用的频率；备用频率、试验频率（不含商用试验）、临时使用频率。

---

256 康国钦：《频谱使用审查评估研究》，《中国无线电》2018年第6期。

2. 地面业务频率使用率通用要求

根据《无线电频率使用率要求及核查管理暂行规定》第 7 至 11 条，地面业务频率使用率应满足以下 5 点要求。

① 陆地移动业务的频率使用率采用频段占用度、区域覆盖率、用户承载率和年时间占用度 4 个指标进行评价。

- 公众移动通信业务：频段占用度不低于 80%，区域覆盖率不低于 60%，用户承载率不低于 60%。
- 组网运行的专用移动通信业务：频段占用度不低于 70%，区域覆盖率不低于 50%，用户承载率不低于 50%，年时间占用度不低于 60%。
- 对讲或单频点工作的移动通信业务：用户承载率不低于 60%，年时间占用度不低于 50%。
- 采用短波频段进行通信的陆地移动业务：年时间占用度不低于 60%。

② 水上移动业务的频率使用率采用年时间占用度和频段占用度两个指标进行评价。

- 采用短波频段进行通信的水上移动业务：年时间占用度不低于 60%。
- 其余水上移动业务：年时间占用度不低于 60%，频段占用度不低于 80%。

③ 固定业务的频率使用率采用年时间占用度和频段占用度两个指标进行评价。

- 采用短波频段进行通信的固定业务：年时间占用度不低于 60%。
- 其余固定业务：年时间占用度不低于 60%，频段占用度不低于 80%。

④ 无线电测定业务（包括无线电定位业务、无线电导航业务等）的频率使用率采用年时间占用度和频段占用度两个指标进行评价。年时间占用度不低于 60%，频段占用度不低于 80%。

⑤ 气象辅助业务的频率使用率采用年时间占用度和频段占用度两个指标进行评价。年时间占用度不低于 60%，频段占用度不低于 80%。

3. 空间业务频率使用率通用要求

根据《无线电频率使用率要求及核查管理暂行规定》第 12 至 15 条，空间业务频率使用率应满足如下要求。

空间无线电台开展卫星固定业务的频率使用率采用年时间占用度和频段占用度两个指标进行评价。年时间占用度不低于60%，频段占用度不低于50%。

空间无线电台开展卫星移动业务的频率使用率采用频段占用度、区域覆盖率和用户承载率3个指标进行评价。频段占用度不低于80%，区域覆盖率不低于60%，用户承载率不低于60%。

空间无线电台开展卫星广播业务及其馈线链路的频率使用率采用年时间占用度和频段占用度两个指标进行评价。年时间占用度不低于70%，频段占用度不低于60%。

卫星通信网的频率使用率采用频段占用度、区域覆盖率和用户承载率3个指标进行评价。频段占用度不低于70%，区域覆盖率不低于60%，用户承载率不低于50%。

七、违反无线电频率使用相关规定的法律责任

违反无线电频率使用相关规定，应承担如下法律责任。

违反《中华人民共和国无线电管理条例》规定，未经许可擅自使用无线电频率的，由无线电管理机构责令改正，没收从事违法活动的设备和违法所得，可以并处5万元以下的罚款；拒不改正的，并处5万元以上20万元以下的罚款[257]。

违反《中华人民共和国无线电管理条例》规定，擅自转让无线电频率的，由无线电管理机构责令改正，没收违法所得；拒不改正的，并处违法所得1倍以上3倍以下的罚款；没有违法所得或者违法所得不足10万元的，处1万元以上10万元以下的罚款；造成严重后果的，吊销无线电频率使用许可证[258]。

未按照国家有关规定缴纳无线电频率占用费的，由无线电管理机构责令

---

257 《中华人民共和国无线电管理条例》，第70条。
258 《中华人民共和国无线电管理条例》，第71条。

限期缴纳；逾期不缴纳的，自滞纳之日起按日加收 0.05% 的滞纳金[259]。

无线电频率使用许可的申请人隐瞒有关情况或者提供虚假材料申请无线电频率使用许可的，无线电管理机构不予受理或者不予许可，并给予警告，申请人在一年内不得再次申请该许可。以欺骗、贿赂等不正当手段取得无线电频率使用许可的，无线电管理机构给予警告，并视情节轻重处 5000 元以上 3 万元以下的罚款，申请人在 3 年内不得再次申请该许可[260]。无线电频率使用人以欺骗、贿赂等不正当手段取得无线电频率使用许可的，应当予以撤销[261]。

无线电频率使用人违反无线电频率使用许可证的要求使用频率，或者拒不接受、配合无线电管理机构依法实施的监督管理的，无线电管理机构应当责令改正，给予警告，可以并处 5000 元以上 3 万元以下的罚款[262]。

伪造、涂改、冒用无线电频率使用许可证的，无线电管理机构应当责令改正，给予警告或者处 3 万元以下的罚款[263]。

无线电频率使用人在无线电频率使用许可的期限内，降低其申请取得无线电频率使用许可时所应当符合的条件的，无线电管理机构应当责令改正；拒不改正的，处 3 万元以下的罚款并将上述情况向社会公告[264]。

除因不可抗力外，取得无线电频率使用许可后超过 2 年不使用或者使用率达不到无线电频率许可证规定要求的，由无线电管理机构责令改正，或撤销无线电频率使用许可，收回无线电频率[265]。

---

259 《中华人民共和国无线电管理条例》，第 74 条。
260 《无线电频率使用许可管理办法》，第 27 条。
261 《无线电频率使用许可管理办法》，第 25 条第 2 款。
262 《无线电频率使用许可管理办法》，第 29 条。
263 《无线电频率使用许可管理办法》，第 30 条。
264 《无线电频率使用许可管理办法》，第 31 条。
265 《无线电频率使用率要求及核查管理暂行规定》，第 5 条第 2 款。

第五节　卫星轨道资源管理

在国际无线电通信管理中，作为人类的共同继承财产的卫星轨道资源主要由国际电信联盟进行管理。国际电信联盟将"改进对地静止卫星轨道及其他卫星轨道的利用"作为其工作内容之一[266]，并将卫星轨道作为空间业务中无线电通信系统的必要组成部分、作为使用无线电频率时必须同时配套的一种资源来处理。国际电信联盟关于卫星轨道资源的管理规定主要体现在以下几个方面。

《国际电信联盟组织法》第78款规定，国际电信联盟无线电通信部门的职能是通过下列方式实现本组织法第1条中所述的国际电信联盟关于无线电通信方面的宗旨：根据《国际电信联盟组织法》第44条的规定，确保所有无线电通信业务，包括使用对地静止卫星轨道或其他轨道的业务，合理、公平、有效和经济地使用无线电频谱。

《国际电信联盟组织法》第196款规定，在使用无线电业务的频段时，各成员国应铭记，无线电频率和任何相关的轨道均为有限的自然资源，必须依照《无线电规则》的规定合理、有效、经济和公平地使用。

《国际电信联盟公约》第151款规定，无线电通信研究组的研究内容包括地面和空间无线电通信的无线电频谱和对地静止卫星轨道及其他卫星轨道的使用。

《无线电规则》第9条规定，无须进行协调的卫星网络或系统的频率指配在通知给无线电通信局之前，应先提前公布该网络或系统的一般说明。在需要进行协调的情形下，也需要提供相关卫星网络/系统特性的信息，其具体内容应符合《无线电规则》第2卷附录4的要求，其中有关于轨道的信息，

266　《国际电信联盟组织法》，第12条。

包括轨道平面数、对于以地球为参照物的每个轨道平面的倾角、轨道平面中的卫星数、周期、远地点和近地点高度等信息。

《无线电规则》附录30、附录30A和附录30B针对特定区域、特定频段和特定卫星业务（卫星固定和卫星广播）进行了分配规划，包括特定的轨道分配规划。

此外，国际电信联盟无线电通信部门还在2010年通过了《对地静止卫星轨道的环保问题》(ITU-R S.1003-2)建议书，就对地静止卫星轨道内的卫星处置轨道给出了指导意见。

卫星轨道资源的国内管理主要体现在中华人民共和国无线电管理机构对空间电台的有关管理规定中。《中华人民共和国无线电管理条例》第22条规定，国际电信联盟依照国际规则规划给我国使用的卫星无线电频率，由国家无线电管理机构统一分配给使用单位；申请使用国际电信联盟非规划的卫星无线电频率，应当通过国家无线电管理机构统一提出申请。国家无线电管理机构应当及时组织有关单位进行必要的国内协调，并依照国际规则开展国际申报、协调、登记工作。《中华人民共和国无线电管理条例》第23条规定，组建卫星通信网需要使用卫星无线电频率的，除应当符合该条例取得频率使用许可的一般性条件外，还应当提供拟使用的空间无线电台、卫星轨道位置和卫星覆盖范围等信息，以及完成国内协调并开展必要国际协调的证明材料等。

第五章
无线电台（站）管理法

本章概要： 在我国，设置、使用无线电台（站）一般应当向无线电管理机构申请取得无线电台执照。我国无线电台（站）实行属地化管理，除了6类主要的无线电电台（站）由国家无线电管理机构实施行政许可，其他无线电台（站）由省、自治区、直辖市无线电管理机构实施行政许可，在船舶、航空器、铁路机车上设置、使用制式无线电台由国务院有关部门的无线电管理机构颁发无线电台执照。无线电台（站）执照的持照人应依法操作无线电台。

关键术语： 地面无线电台；空间电台；地球站；业余无线电台；无线电台执照

第一节 无线电台（站）的定义、分类及管理的必要性

一、无线电台（站）的定义和分类

电台（站）是指为在某地开展无线电通信业务或射电天文业务所必需的一

台或多台发信机或收信机，或者发信机与收信机的组合（包括附属设备）[267]。《无线电规则》第1卷对各种无线电台与系统进行了界定，《中华人民共和国无线电频率划分规定》第1章"无线电管理的术语与定义"第1.4节也进行了类似的规定。

《无线电规则》第1卷第1章"术语和技术特性"的第Ⅳ节规定了59种无线电台和系统，其中有52种承载不同业务、应用于不同行业、门类繁多的无线电台（站）。按照其使用方式的不同，无线电台（站）可分为手持式、车（船、机）载式、固定式、转发式；按照其通信方式的不同，无线电台（站）可分为单工、半双工和全双工模式；按照其实现功能的不同，无线电台（站）可分为通信类、雷达类、导航类、射电天文类；按照其工作方式的不同，无线电台（站）可分为单发、单收、收发一体；按照其使用频段的不同，无线电台（站）可分为长波电台、中波电台、短波电台（高频电台）、超短波电台、微波电台；按照其业务范围的不同，无线电台（站）可分为10大类，即固定业务电台、陆地移动业务电台、航空业务电台、水上业务电台、广播业务电台、气象业务电台、空间业务电台、业余无线电台、标准频率和时间信号电台、射电天文电台[268]。

无线电业务大致分为无线电通信业务和射电天文业务两类，无线电业务涉及的电台类型如下。

无线电通信业务大致可分为地面无线电业务和空间无线电业务，其中使用的无线电台（站）包括以下几种。

① 地面无线电业务中使用的地面无线电台（站）。其中地面无线电业务是指除空间无线电业务、射电天文以外的无线电业务，主要包括固定业务、移动业务、广播业务、无线电测定业务、气象辅助业务、标准频率和时间信

---

267 《无线电规则》（2024年版），第1卷条款，第1.61款。
268 李伟，戴慧玲，杨淼：《ITU无线电台站解读和种类划分研究》，《中国无线电》2015年第3期。

第五章　无线电台（站）管理法

号业务、业余业务、安全业务、特别业务等[269]。

地面无线电台（站）是指为开展地面无线电业务在某一地点或者地域设置、使用的一个或者多个发信机、收信机，或者发信机与收信机的组合[270]。在《无线电规则》和《中华人民共和国无线电频率划分规定》中，除非另有说明，任何电台均指地面电台[271]。

② 空间无线电业务中使用的地球站和空间无线电台。空间无线电通信业务主要包括卫星固定业务、卫星间业务、空间操作业务、卫星移动业务、卫星广播业务、卫星无线电测定业务、卫星地球探测业务、卫星标准频率和时间信号业务、空间研究业务、卫星业余业务等[272]。

地球站是指位于地球表面或地球大气层主要部分以内的电台，并拟用于与一个或多个空间电台通信；或者通过一个或多个反射卫星或空间其他物体与一个或多个同类地球站进行通信[273]。

空间无线电台是指位于地球大气层主要部分以外的物体上，或者位于准备超越或已经超越地球大气层主要部分的物体上的电台[274]。

269　《地面无线电台（站）管理规定》，第2条第3款。《地面无线电台（站）管理规定》于2022年12月30日由工业和信息化部令第60号公布，自2023年2月1日起施行。

270　《地面无线电台（站）管理规定》，第2条第2款。

271　《无线电规则》(2024年版)，第1卷条款，第1.62款；《中华人民共和国无线电频率划分规定》(2023年版)，第1.4.2款。

272　《无线电规则》(2024年版)，第1卷条款，第1.21、1.22、1.23、1.25、1.27、1.29、1.35至1.37、1.39、1.41、1.43、1.45、1.47、1.49、1.51、1.52、1.54、1.55、1.57款；《中华人民共和国无线电频率划分规定》(2023年版)，第1.3.3、1.3.5、1.3.6、1.3.8、1.3.10、1.3.12、1.3.18至1.3.20、1.3.22、1.3.24、1.3.26、1.3.28、1.3.30、1.3.32、1.3.34、1.3.35、1.3.37、1.3.38、1.3.40款。

273　《无线电规则》(2024年版)，第1卷条款，第1.63款；《中华人民共和国无线电频率划分规定》(2023年版)，第1.4.3款。

274　《无线电规则》(2024年版)，第1卷条款，第1.64款；《中华人民共和国无线电频率划分规定》(2023年版)，第1.4.4款。

而无线电业务当中的射电天文业务所使用的电台称为射电天文电台[275]。以上无线电台分类如表5-1所示。

表5-1 无线电台分类

业务分类	业务细分		电台分类
无线电业务	无线电通信业务	地面无线电业务	地面无线电台（站）
		空间无线电业务	地球站
			空间无线电台
	射电天文业务	射电天文业务	射电天文电台

二、无线电台（站）管理的必要性

各国应对其境内设立或者经其批准而设立的无线电台（站）进行管理，这既是履行国际条约义务的要求，也是保护电台操作者权益、维护空中电波秩序的要求。

对无线电台颁发执照和进行管理的国际义务，体现在《国际电信联盟组织法》第197款，其规定了所有电台不得对无线电业务或通信造成有害干扰。所有电台，无论其用途如何，在建立和使用时均不得对其他成员国、经认可的运营机构、其他正式授权开办无线电业务并按照《无线电规则》的规定操作的运营机构的无线电业务或通信造成有害干扰。为此，《国际电信联盟组织法》第37至38款规定了成员国在规范和管理无线电台方面的义务——除根据《国际电信联盟组织法》第48条规定免除义务的业务之外，各成员国在其所建立或运营的、从事国际业务的或能够对其他国家无线电业务造成有害干扰的所有电信局和电台内，均有义务遵守《国际电信联盟组织法》《国际电信联盟公约》和行政规则的规定。各成员国还有义务采取必要的步骤，责令所有经其批准而建立和运营电信并从事国际业务的运营机构或运营能够对其他国家无线电业务造成有害干扰的电台的运营机构遵守《国际电信联盟组织法》

---

275 《无线电规则》（2024年版），第1卷条款，第1.97款；《中华人民共和国无线电频率划分规定》（2023年版），第1.4.39款。

《国际电信联盟公约》和行政规则的规定。

国家的义务包括两个方面：一方面是确保其自身建立或运营的、从事国际业务或能够对其他国家造成有害干扰的电信局和电台遵守国际电信联盟法规，但有免除这一义务的情形，即《国际电信联盟组织法》第48条规定的各成员国对于军用无线电设施的完全的自由权；另一方面是确保经其批准而建立和运营的、从事国际业务的运营机构或运营能够对其他国家造成有害干扰的电台的运营机构遵守国际电信联盟法规。

为了确保国家履行此种义务，《无线电规则》第1卷第18.1款规定，私人或任何企业，如果没有电台所属国政府或代表该政府按照本规则条款以某种适当的形式颁发的执照，不得设立或操作发射电台。据此，为本国所属的私人或企业电台颁发执照，是《无线电规则》为主管部门设定的国际义务。

对无线电台颁发执照和进行管理也是保护电台操作者权益的要求。无线电台执照是无线电台（站）操作者合法设置、使用无线电台的法定凭证，无线电台执照的持照者依法开展的各类无线电发射和接收活动受到法律保护。为此，主管部门应当依据《中华人民共和国行政许可法》《中华人民共和国无线电管理条例》和相关规定，核发无线电台执照和对无线电台（站）进行管理。

第二节 无线电台（站）的设置、使用许可

在我国，除法定豁免无线电台执照的情形外，设置、使用无线电台（站）应当向无线电管理机构申请取得无线电台执照。《中华人民共和国无线电管理条例》对无线电台（站）的设置、使用许可的条件、程序等事项进行了规定，其他相关规章和规范性文件对无线电台（站）的设置、使用许可进行了细化和补充规定。

一、设置、使用无线电台（站）行政许可的豁免情形

《中华人民共和国无线电管理条例》第 27 条规定，设置、使用无线电台（站）应当向无线电管理机构申请取得无线电台执照，但设置、使用以下 3 类无线电台（站）无须取得无线电台执照：地面公众移动通信终端、单收无线电台（站）、国家无线电管理机构规定的微功率短距离无线电台（站）。

二、设置、使用无线电台（站）的条件

（一）一般性条件

《中华人民共和国无线电管理条例》第 28 条规定，除该条例第 29 条规定的业余无线电台外，设置、使用无线电台（站），应当符合下列 5 个条件：

① 有可用的无线电频率；

② 所使用的无线电发射设备依法取得无线电发射设备型号核准证且符合国家规定的产品质量要求；

③ 有熟悉无线电管理规定、具备相关业务技能的人员；

④ 有明确具体的用途，且技术方案可行；

⑤ 有能够保证无线电台（站）正常使用的电磁环境，拟设置的无线电台（站）对依法使用的其他无线电台（站）不会产生有害干扰。

（二）地面无线电台（站）设置、使用许可的申请材料

设置、使用地面无线电台（站），除必须符合《中华人民共和国无线电管理条例》第 28 条规定的 5 项一般性条件外，还应根据《地面无线电台（站）管理规定》第 6 至 7 条规定，提交下列申请材料：

① 申请书以及申请人的营业执照、身份证等证件材料（复印件），申请人为单位的，还应当提交经办人的证件材料以及单位的授权委托书；

② 无线电频率使用许可证或者其他批准文件；

③ 所使用的无线电发射设备依法取得无线电发射设备型号核准且符合国家规定的产品质量要求的证明材料；

④ 熟悉无线电管理规定、具备相关业务技能人员的情况说明材料；

⑤ 设置、使用地面无线电台（站）的具体用途和技术方案；

⑥ 无线电台（站）电磁环境测试报告。

需要使用无线电台识别码的，应当同时提交识别码使用申请。

申请取得无线电台执照，依法不需要取得无线电频率使用许可的，无须提交无线电频率使用许可证或者其他批准文件。

申请取得下列 4 种无线电台执照，可以不提交无线电台（站）电磁环境测试报告：

① 广播电视地面无线电台（站）等只具有发射功能的无线电台（站），但地面航空无线电导航台（站）除外；

② 地面移动通信基站；

③ 无固定台址的地面无线电台（站）；

④ 承诺不提出免受有害干扰保护要求的地面无线电台（站）。

（三）空间电台设置、使用许可的条件和申请材料

《中华人民共和国无线电管理条例》《无线电台执照管理规定》[276]和《设置卫星网络空间电台管理规定》[277]规定了设置、使用空间无线电台的条件。申请设置、使用空间无线电台许可的，应当符合下列条件：

① 有可利用的卫星无线电频率和卫星轨道资源；

② 所使用的无线电发射设备依法取得无线电发射设备型号核准证且符合国家规定的产品质量要求；

---

276 《无线电台执照管理规定》于 2009 年 3 月 5 日由工业和信息化部令第 6 号公布，自 2009 年 4 月 10 日起施行。

277 《设置卫星网络空间电台管理规定》（信部无〔1999〕835 号）于 1999 年 9 月 13 日由信息产业部发布，自发布之日起施行。

③ 有熟悉无线电管理规定、具备相关业务技能的人员；

④ 有明确具体的用途，且技术方案可行；

⑤ 有能够保证无线电台（站）正常使用的电磁环境，拟设置的无线电台（站）对依法使用的其他无线电台（站）不会产生有害干扰。

申请空间无线电台设置、使用许可，应当向工业和信息化部提交如下材料[278]：

① 设置、使用空间无线电台的书面申请，包括空间无线电台的名称、轨道位置、发射和接收特性参数等相关材料；

② 申请人基本情况说明及证照材料，包括开展空间无线电业务的专业技术人员、技能、必要设施、资金和管理措施等；

③ 有合法可用的卫星无线电频率和轨道资源相关材料；

④ 拟设置、使用空间无线电台的情况说明，包括项目背景和批复情况、卫星制造信息、所用卫星网络资料名称等，对于开展特定空间无线电业务的空间无线电台，还应提供相关部门批准文件等材料；

⑤ 设置、使用空间无线电台的技术可行性研究报告，包括空间无线电台的发射、测控、入轨、在轨测试、离轨等相关计划说明，干扰规避、消除等保护措施、控制手段，运行维护和实际传输链路设计方案，以及拟设置使用空间无线电台的射频性能符合无线电管理有关规定且取得无线电发射设备型号核准证或自测报告等材料；

⑥ 申请表及依法设置、使用空间无线电台的承诺书；

⑦ 法律、行政法规规定的其他材料。

申请设置、使用卫星业余空间无线电台的，还应当提交证明符合国家有关设置、使用业余无线电台各项管理规定的相关材料；申请设置、使用空间无线电台的，还应当按照卫星地球站相关管理规定同时提交设置、使用卫星测控站的申请材料。

---

278 《空间无线电台设置、使用许可办事指南》。

（四）卫星地球站设置、使用许可的条件和申请材料

申请设置、使用卫星地球站许可的，应当符合下列条件[279]：

① 有可用的无线电频率（相关卫星或卫星通信网的无线电频率已获得批准，且卫星地球站技术参数与相应无线电频率使用许可一致）；

② 所使用的无线电发射设备依法取得无线电发射设备型号核准证且符合国家规定的产品质量要求；

③ 有熟悉无线电管理规定、具备相关业务技能的人员；

④ 有明确具体的用途，且技术方案可行（包含拟设置的地球站满足所使用卫星无线电频率或者所属卫星通信网的技术要求、技术特性符合国家标准和无线电管理有关规定要求）；

⑤ 有能够保证无线电台（站）正常使用的电磁环境，拟设置的无线电台（站）对依法使用的其他无线电台（站）不会产生有害干扰；

⑥ 设置、使用涉及国际协调的地球站，还应按照国际规则及我国无线电管理有关规定履行国际协调程序，开展必要的国际协调；设置、使用与卫星业余业务空间无线电台通信的地球站，按照业余无线电台管理有关规定办理。

申请设置、使用卫星地球站，应当向无线电管理机构提交下列材料：

① 设置、使用地球站的书面申请，包括地球站拟使用的卫星无线电频率、对应的空间无线电台信息等；

② 申请人基本情况说明及证照材料，包括专业技术人员及技能、管理措施等；

③ 所使用卫星无线电频率的无线电频率使用许可证或者批准文件，或者卫星通信网建网单位出具的入网凭证；

④ 设置、使用地球站的技术可行性研究报告，包括地球站的用途、名称、站址、服务区域、发射和接收特性参数、设备型号、型号核准证代码等；

⑤ 用于确认"有能够保证地球站正常使用的电磁环境"的电磁环境评估

279　工业和信息化部政务服务平台，《卫星地球站设置、使用许可办事指南》。

报告；

⑥ 申请表及依法设置、使用卫星地球站的承诺书；

⑦ 法律、行政法规规定的其他材料。

涉及国际协调的地球站，还应提交完成所需国际协调的材料，但经协调无法完成的，可以提交不向相关国家提出免受干扰保护要求、承担消除拟建地球站对相关国家产生实际有害干扰责任的承诺书；设置、使用与卫星业余业务空间无线电台通信的地球站，还应当提交证明符合国家有关设置、使用业余无线电台各项管理规定的相关材料。

（五）业余无线电台的设台条件和申请材料

1. 业余无线电台的设台条件

业余无线电台是指为开展业余业务（含卫星业余业务）使用的一个或者多个发信机、收信机，或者发信机与收信机的组合（包括附属设备）[280]。

《业余无线电台管理办法》第3条规定，业余无线电台只能用于相互通信、技术研究和自我训练，并在业余业务频率范围内收发信号，不得用于谋取商业利益。为突发事件应急处置的需要，业余无线电台可以与非业余无线电台通信，但通信内容应当限于与突发事件应急处置直接相关的紧急事务。未经批准，业余无线电台不得以任何方式进行广播或者发射通播性质的信号。

对于设置、使用业余无线电台的条件，《中华人民共和国无线电管理条例》第29条和《业余无线电台管理办法》第7条规定，申请设置、使用业余无线电台的，应当具备以下条件：

① 熟悉无线电管理规定；

② 具有相应的操作技术能力，通过相应的操作技术能力验证；

③ 使用的无线电发射设备依法取得型号核准（型号核准证载明的频率范围包含业余业务频段）；或者使用的自制、改装、拼装等未取得型号核准的无

---

280 《业余无线电台管理办法》，第2条。

线电发射设备符合国家标准和国家无线电管理规定,且无线电发射频率范围仅限于业余业务频段。

未成年人可以设置、使用工作在 30-3000MHz 频段且最大发射功率不大于 25 瓦的业余无线电台[281]。

设置业余中继台,其台址布局应当符合资源共享、集约的要求。省、自治区、直辖市无线电管理机构应当制定本行政区域业余中继台设置、使用规划,明确设台地点、使用频率、技术参数等设置、使用和运行维护要求,并向社会公布。业余中继台服务区域超出本行政区域的,应当与相关省、自治区、直辖市无线电管理机构做好协调[282]。

2. 设置业余无线电台的申请材料

个人设置、使用业余无线电台,应当向无线电管理机构提交申请表;身份证明复印件;使用依法取得型号核准的无线电发射设备的,提交含有型号核准代码、出厂序列号等信息的无线电发射设备照片;使用自制、改装、拼装等未取得型号核准的无线电发射设备的,提交该设备符合规定条件的说明材料。申请人为未成年人的,还应当提交其监护人身份证明复印件,以及申请人与监护人关系的说明材料。单位设置、使用业余无线电台的,还应当提交单位营业执照等复印件,以及业余无线电台技术负责人为本单位工作人员的说明材料[283]。

三、无线电台(站)行政许可的实施机关

(一)由国家无线电管理机构实施的无线电台(站)设置、使用许可

《中华人民共和国无线电管理条例》第 30 条规定,以下 6 类的无线电台(站)的设置、使用,由国家无线电管理机构实施许可:空间无线电台、卫星

---

281 《业余无线电台管理办法》,第 8 条。
282 《业余无线电台管理办法》,第 9 条。
283 《业余无线电台管理办法》,第 11 至 12 条。

测控（导航）站、卫星关口站、卫星国际专线地球站、15 瓦以上的短波无线电台（站）以及涉及国家主权、安全的其他重要无线电台（站）。

（二）由省、自治区、直辖市无线电管理机构实施的无线电台（站）设置、使用许可

除前文 6 类无线电台（站）以外，其他有固定台址的无线电台（站）的设置、使用，由无线电台（站）所在地的省、自治区、直辖市无线电管理机构实施许可。

设置、使用没有固定台址的无线电台，由申请人住所地的省、自治区、直辖市无线电管理机构实施许可。

在无线电台（站）实施属地化管理后，一些地方无线电管理机构创新管理模式，优化管理机制，对无线电台（站）进行分级审核和监管。例如，浙江省根据无线电台（站）特点和浙江省无线电台（站）使用实际，综合考虑台站是否关系到公共安全、是否对经济社会发展起重要作用、是否事关人民需求等因素，对无线电台（站）实行分级管理，建立了 4 级台站的分级目录，并在具体审批和监管环节采取差异化的标准和要求，提高了台站管理的精细化水平[284]。

（三）制式无线电台和非制式无线电台的设置、使用许可

制式无线电台是指为确保船舶、航空器的安全，在制造完成时必须安装在其上的无线电通信设备；也指按照统一规格装配在铁路机车（含动车组列车）上的无线电通信设备[285]。

《中华人民共和国无线电管理条例》第 36 条规定，船舶、航空器、铁路机车（含动车组列车）设置、使用制式无线电台应当符合国家有关规定，由

---

284 马骏，沈建潮，卢军：《浙江省无线电台站分级管理研究》，《中国无线电》2022 年第 1 期。
285 《中华人民共和国无线电频率划分规定》（2023 年版），第 1.4.65 款。

国务院有关部门的无线电管理机构颁发无线电台执照；需要使用无线电识别码的，同时核发无线电台识别码。国务院有关部门应当将制式无线电台执照及无线电台识别码的核发情况定期通报国家无线电管理机构。

《中华人民共和国无线电管理条例》第 36 条规定，船舶、航空器、铁路机车设置、使用非制式无线电台的管理办法，由国家无线电管理机构会同国务院有关部门制定。

2016 年《中华人民共和国无线电管理条例》修订后，工业和信息化部和交通运输部联合发布了《铁路无线电管理办法》，其中第 17 条规定，国家铁路局对在铁路机车（含动车组列车）上设置、使用的制式无线电台（站）实施许可；国家无线电管理机构在法定职权范围内，委托国家铁路局对在铁路机车上设置、使用的非制式无线电台（站）实施许可；国家无线电管理机构和省、自治区、直辖市无线电管理机构依据审批权限对铁路运输企业设置、使用的其他无线电台（站）实施许可。铁路机车制式无线电台指固定设置在铁路机车（含动车组列车、自轮运转特种设备等）上，使用专门用于铁路运营指挥调度、列车运行控制等涉及铁路运营安全无线电频率的无线电台[286]。

在 2016 年《中华人民共和国无线电管理条例》修订前制定的其他行业无线电管理规范中关于制式电台和非制式电台的管理规定，应采用国家无线电管理机构联合国务院部门无线电管理机构共同制定部门规章的形式，根据《中华人民共和国无线电管理条例》进行修订。

（四）临时设置、使用无线电台（站）的要求

《中华人民共和国无线电管理条例》第 37 条规定，遇有危及国家安全、公共安全、生命财产安全的紧急情况或者为了保障重大社会活动的特殊需要，可以不经批准临时设置、使用无线电台（站），但是应当及时向无线电台（站）

---

[286] 《铁路机车制式无线电台执照核发管理办法》，第 2 条。《铁路机车制式无线电台执照核发管理办法》于 2020 年 11 月 30 日由国家铁路局发布，自 2021 年 1 月 1 日起施行。

所在地无线电管理机构报告，并在紧急情况消除或者重大社会活动结束后及时关闭。

（五）无线电台（站）设置、使用许可的实施程序

在无线电台（站）设置、使用许可的实施程序方面，《中华人民共和国无线电管理条例》第 31 条规定，无线电管理机构应当自受理申请之日起 30 个工作日内审查完毕，依照该条例第 28 条、第 29 条规定的条件，作出许可或者不予许可的决定。予以许可的，颁发无线电台执照，需要使用无线电台识别码的，同时核发无线电台识别码；不予许可的，书面通知申请人并说明理由。无线电台（站）需要变更、增加无线电台识别码的，由无线电管理机构核发。

四、无线电台（站）的选址

《中华人民共和国无线电管理条例》第 35 条规定，建设固定台址的无线电台（站）的选址，应当符合城乡规划的要求，避开影响其功能发挥的建筑物、设施等。地方人民政府制定、修改城乡规划，安排可能影响大型无线电台（站）功能发挥的建设项目的，应当考虑其功能发挥的需要，并征求所在地无线电管理机构和军队电磁频谱管理机构的意见。

设置大型无线电台（站）、地面公众移动通信基站，其台址布局规划应当符合资源共享和电磁环境保护的要求。

第三节　无线电台执照和电台识别码

一、无线电台执照的定义和类型

根据《中华人民共和国无线电管理条例》第 27 条，除地面公众移动通信

终端、单收无线电台（站）、国家无线电管理机构规定的微功率短距离无线电台（站）这3类无线电台外，其他设置、使用无线电台（站）的，均应当向无线电管理机构申请取得无线电台执照。无线电台执照是合法设置、使用无线电台（站）的法定凭证[287]，也是行政许可的结果和外在表现。

《无线电台执照管理规定》第3条规定无线电台执照分为《中华人民共和国无线电台执照》《中华人民共和国船舶电台执照》和《中华人民共和国航空器电台执照》。其中，对地面业务无线电台（站）、空间无线电台、卫星地球站、业余无线电台均颁发《中华人民共和国无线电台执照》，并在中华人民共和国无线电台执照后面以"（地面无线电业务）[288]""（空间无线电台）""（卫星地球站）[289]""（业余无线电台）"来标明业务类型。

二、无线电台执照和电台识别码的许可权限

根据《中华人民共和国无线电管理条例》第8、10、12、30、36条，无线电台执照的颁发主体如下：

① 设置、使用空间无线电台、卫星测控（导航）站、卫星关口站、卫星国际专线地球站、15瓦以上的短波无线电台（站）以及涉及国家主权、安全的其他重要无线电台（站），由国家无线电管理机构实施许可并颁发电台执照；

② 设置、使用有固定台址的无线电台（站），由无线电台（站）所在地的省、

---

287 《无线电台执照管理规定》，第2条。

288 2018年，工业和信息化部办公厅印发了《关于启用新版〈中华人民共和国无线电台执照（地面无线电业务）〉的通知》（工信厅无〔2018〕99号），发布了新版地面业务无线电台执照样式及颁发指南，新版地面业务无线电台执照自2019年7月1日起启用。

289 2021年8月27日，工业和信息化部办公厅发布了《工业和信息化部办公厅关于启用新版无线电频率使用申请表、无线电台（站）设置使用申请表以及无线电台执照的通知》（工信厅无函〔2021〕210号），自2022年7月5日起施行，其附件6、附件7分别规定了《中华人民共和国无线电台执照（空间无线电台）》和《中华人民共和国无线电台执照（卫星地球站）》的样式。

自治区、直辖市无线电管理机构实施许可并颁发电台执照；

③ 设置、使用没有固定台址的无线电台，由申请人住所地的省、自治区、直辖市无线电管理机构实施许可并颁发电台执照；

④ 船舶、航空器、铁路机车（含动车组列车）设置、使用制式无线电台，由国务院有关部门的无线电管理机构颁发无线电台执照；

⑤ 船舶、航空器、铁路机车（含动车组列车）设置、使用非制式无线电台的管理办法，由国家无线电管理机构会同国务院有关部门制定。

根据《中华人民共和国无线电管理条例》第 31 条的规定，对于设置、使用无线电台的申请，予以许可的，颁发无线电台执照，需要使用无线电台识别码的，同时核发无线电台识别码。目前在工业和信息化部网站上，无线电台识别码核发和无线电台（站）设置、使用许可是两项独立的行政许可事项。在无线电台识别码管理方面，《中华人民共和国无线电管理条例》第 34 条规定，国家无线电管理机构向国际电信联盟统一申请无线电台识别码序列，并对无线电台识别码进行编制和分配。

三、无线电台执照的主要内容和样式

《中华人民共和国无线电管理条例》第 32 条第 1 款规定，无线电台执照应当载明无线电台（站）的台址、使用频率、发射功率、有效期、使用要求等事项。

《地面无线电台（站）管理规定》第 10 条第 1 款规定，无线电台执照应当载明无线电台（站）的设置、使用人，台址或使用区域，使用频率，发射功率，占用带宽，无线电发射设备型号核准证代码，有效期，使用要求，执照编号，发证机关及签发时间等事项。同时核发无线电台识别码的，还应当在无线电台执照上载明无线电台识别码。

空间无线电台执照的内容包括执照编号、有效期、空间无线电台名称或星座名称、用途、台（站）设置使用人、统一社会信用代码、业务类别 [包括通信卫星（T）、导航卫星（D）、遥感卫星（Y）、广播卫星（G）、空间科

学卫星（K）、业余卫星（A）几类]、轨道信息、对应频率使用许可编号、发射/接收参数（如频率范围、极化方式、占用带宽、最大等效全向辐射功率）等。

卫星地球站执照的内容包括执照编号、有效期、卫星地球站类型[包括卫星测控（导航）站、卫星关口站、卫星国际专线地球站、涉及国家主权安全的其他重要无线电台（站）、卫星通信网主站、卫星通信网远端站（固定）、动中通地球站、静中通地球站、卫星移动通信终端地球站、其他形式地球站]、卫星地球站用途（包括通信地球站、导航地球站、遥感地球站、广播地球站、其他用途地球站）、台（站）设置使用人、统一社会信用代码或居民身份证、站址/使用区域、地理坐标、对应空间无线电台或星座名称、对应无线电频率使用许可编号、无线电发射设备型号或型号核准代码、天线增益、天线尺寸、天线距地高度、发射/接收参数（包括频率范围、极化方式、占用带宽、发射功率）等。

《业余无线电台管理办法》第19条规定，业余无线电台执照应当载明电台设置、使用人、操作技术能力类别、编号、电台呼号、台址/设置区域、使用频率、发射功率，执照编号、颁发日期、有效期、发证机关，以及特别规定事项等；业余中继台、业余信标台执照还应当载明工作模式等事项。业余无线电台执照可以采用纸质或者电子形式，两者具有同等法律效力。

船舶无线电台执照一般包括以下内容：①船舶名称：中文船名、英文船名，并与船舶登记系统或船名核定通知一致；②呼号：为字母B开头的4位英文字母或字母B开头的4位英文字母后加一位数字；③MMSI：水上移动标识码，412、413、414开头的9位数字；④公众通信类别：一般默认为CP；⑤隶属单位：为船舶登记中船舶所有人（海上平台为所属单位）；⑥发信机：目前仅登记中高频设备的功率、发射类型、频率范围；⑦其他设备：目前登记紧急示位标型号（EPIRB）、中高频DSC设备型号（MF/HF）、甚高频DSC设备型号及通信设备型号（VHF）、航行电传接收机型号（NAVTEX）、救生筏双向甚高频（2-WAYVHF）、卫星船站型号（SES）；

⑧有效期;⑨核发日期;⑩核发单位[290]。

民用航空器无线电台执照的内容包括航空器的国籍和注册标记,呼号或识别号,航空器类型,航空器拥有者,设备(如发信机、营救发信机)的型号、功率、发射类别、频带或指配频率,其他设备,执照有效期限,颁发日期等。

各类无线电台执照的样式由国家无线电管理机构统一规定[291]。

四、无线电台执照的有效期

《中华人民共和国无线电管理条例》第 33 条规定,无线电台(站)使用的无线电频率需要取得无线电频率使用许可的,其无线电台执照有效期不得超过无线电频率使用许可证规定的期限。根据《中华人民共和国无线电管理条例》第 19 条,无线电频率使用许可的期限不得超过 10 年,所以,无线电台执照的有效期最长不超过 10 年。

根据《中华人民共和国无线电管理条例》第 33 条和《地面无线电台(站)管理规定》第 11 条规定,不需要取得无线电频率使用许可的,其无线电台执照有效期不得超过 5 年。

根据《业余无线电台管理办法》第 20 条,业余无线电台执照的有效期不超过 5 年。

五、无线电台执照的延续、变更、注销

《中华人民共和国无线电管理条例》第 33 条规定,无线电台执照有效期届满后需要继续使用无线电台(站)的,应当在期限届满 30 个工作日前向作出许可决定的无线电管理机构申请更换无线电台执照。

根据《中华人民共和国无线电管理条例》第 38 条,无线电台(站)应当按照无线电台执照规定的许可事项和条件设置、使用;变更许可事项的,应

---

[290] "连云港海事"公众号,无线电业务办理指南——船舶电台执照。
[291] 《中华人民共和国无线电管理条例》,第 32 条。

当向作出许可决定的无线电管理机构办理变更手续。无线电台（站）终止使用的，应当及时向作出许可决定的无线电管理机构办理注销手续，交回无线电台执照，拆除无线电台（站）及天线等附属设备。

六、制式无线电台执照和非制式无线电台执照的管理规定

根据《中华人民共和国无线电管理条例》第36条，船舶、航空器、铁路机车设置、使用制式无线电台应当符合国家有关规定，由国务院有关部门的无线电管理机构颁发无线电台执照；需要使用无线电台识别码的，同时核发无线电台识别码。国务院有关部门应当将制式无线电台执照及无线电台识别码的核发情况定期通报国家无线电管理机构。

国家铁路局印发的《铁路机车制式无线电台执照核发管理办法》第4条规定，机车制式电台执照有效期一般不超过5年。在申请铁路机车（含动车组列车，下同）制式电台执照时，除提交国家铁路局行政许可申请书、企业法人营业执照复印件、机车制式电台设置使用申请表、机车制式电台发射设备型号核准证复印件以外，还应提交机车制式电台用途及技术方案、产品质量检验检测报告复印件以及机车制式电台专业维护人员情况表[292]。

船舶、航空器、铁路机车设置、使用非制式无线电台的管理办法，由国家无线电管理机构会同国务院有关部门制定。目前，《铁路无线电管理办法》第17条规定，国家无线电管理机构在法定职权范围内，委托国家铁路局对在铁路机车上设置、使用的非制式无线电台（站）实施许可。

七、无线电台执照使用规范

根据《中华人民共和国无线电管理条例》第41条，使用无线电台（站）的单位或者个人不得故意收发无线电台执照许可事项之外的无线电信号，不得传播、公布或者利用无意接收的信息。

---

292 《铁路机车制式无线电台执照核发管理办法》，第7条。

根据《无线电台执照管理规定》和相关部门规章、规范性文件，无线电台执照持照者的义务包括：

① 妥善保管、遗失上报；

② 变更无线电台执照核定内容时应申请重新核发；

③ 无线电台执照有效期届满后办理延续手续，或者停用或撤销无线电台（站）；

④ 接受监督检查、执照核验等。

《中华人民共和国无线电管理条例》、相关部门规章和规范性文件规定了无线电管理机构对无线电台执照进行核验、检查的职责要求。

八、其他法律法规中的无线电台执照管理规定

（一）《中华人民共和国民用航空法》

《中华人民共和国民用航空法》第90条规定，从事飞行的民用航空器装有无线电设备，应当携带无线电台执照。

（二）《民用机场管理条例》

《民用机场管理条例》第54条规定，设置、使用地面民用航空无线电台（站），应当经民用航空管理部门审核后，按照国家无线电管理有关规定办理审批手续，领取无线电台执照。

（三）《广播电视管理条例》

《广播电视管理条例》第19条规定，设立广播电视发射台、转播台、微波站、卫星上行站，应当按照国家有关规定，持国务院广播电视行政部门核发的频率专用指配证明，向国家的或者省、自治区、直辖市的无线电管理机构办理审批手续，领取无线电台执照。

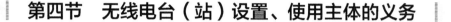

第四节　无线电台（站）设置、使用主体的义务

一、变更和终止使用的手续

《中华人民共和国无线电管理条例》第38条规定，无线电台（站）应当按照无线电台执照规定的许可事项和条件设置、使用；变更许可事项的，应当向作出许可决定的无线电管理机构办理变更手续；无线电台（站）终止使用的，应当及时向作出许可决定的无线电管理机构办理注销手续，交回无线电台执照，拆除无线电台（站）及天线等附属设备。

二、定期维护义务

《中华人民共和国无线电管理条例》第39条规定，使用无线电台（站）的单位或者个人应当对无线电台（站）进行定期维护，保证其性能指标符合国家标准和国家无线电管理的有关规定，避免对其他依法设置、使用的无线电台（站）产生有害干扰。

三、电磁环境保护义务

《中华人民共和国无线电管理条例》第40条规定，使用无线电台（站）的单位或者个人应当遵守国家环境保护的规定，采取必要措施防止无线电波发射产生的电磁辐射污染环境。

四、收发信号方面的义务

《中华人民共和国无线电管理条例》第41条第1款规定，使用无线电台（站）的单位或者个人不得故意收发无线电台执照许可事项之外的无线电信号，不得传播、公布或者利用无意接收的信息。

五、保障无线电台安全运行的义务

《地面无线电台（站）管理规定》第16条第（5）项规定，使用地面无线电台（站）的单位、个人应当保障无线电台（站）安全运行，提高干扰的防护能力，必要时积极配合开展与其他依法设置、使用的无线电台（站）之间的干扰协调。

六、业余无线电台的使用要求

《中华人民共和国无线电管理条例》第41条第2款规定，业余无线电台只能用于相互通信、技术研究和自我训练，并在业余业务或者卫星业余业务专用频率范围内收发信号，但是参与重大自然灾害等突发事件应急处置的除外。

《业余无线电台管理办法》第36至37条规定，使用业余无线电台的单位或者个人应当如实将通信时间、通信频率、通信模式和通信对象等内容记入业余无线电台日志并保留2年以上；使用业余无线电台的单位或者个人应当在每次通信建立以及结束时发送本业余无线电台呼号，在通信过程中不定期（间隔不超过10分钟）发送本业余无线电台呼号。鼓励业余无线电台在通联期间通过技术手段自动发送电台呼号。

《业余无线电台管理办法》第42条规定，依法设置的业余中继台应当向其覆盖区域内的业余无线电台提供平等的服务。

《业余无线电台管理办法》第43条规定，任何单位或者个人不得使用业余无线电台从事下列活动：

① 通过任何形式发布、传播法律、行政法规禁止发布、传播的信息；

② 违反本办法规定用于谋取商业利益等超出业余无线电台使用属性之外的目的；

③ 故意干扰、阻碍其他无线电台（站）通信；

④ 故意收发业余无线电台执照载明事项之外的无线电信号；

⑤ 传播、公布或者利用无意接收的信息；
⑥ 擅自编制、使用业余无线电台呼号；
⑦ 涂改、倒卖、出租或者出借业余无线电台执照；
⑧ 向境外组织或者个人提供涉及国家安全的境内电波参数资料；
⑨ 法律、行政法规禁止的其他活动。

第五节　违反无线电台（站）设置、使用规定的法律责任

一、《中华人民共和国无线电管理条例》规定的法律责任

根据《中华人民共和国无线电管理条例》以及相关法律法规，违反无线电台（站）设置、使用规定，应承担如下行政法律责任。

未经许可擅自设置、使用无线电台（站）的，由无线电管理机构责令改正，没收从事违法活动的设备和违法所得，可以并处5万元以下的罚款；拒不改正的，并处5万元以上20万元以下的罚款；擅自设置、使用无线电台（站）从事诈骗等违法活动，尚不构成犯罪的，并处20万元以上50万元以下的罚款[293]。

不按照无线电台执照规定的许可事项和要求设置、使用无线电台（站）；故意收发无线电台执照许可事项之外的无线电信号，传播、公布或者利用无意接收的信息；擅自编制、使用无线电台识别码的，由无线电管理机构责令改正，没收违法所得，可以并处3万元以下的罚款；造成严重后果的，吊销无线电台执照，并处3万元以上10万元以下的罚款[294]。

---

[293]《中华人民共和国无线电管理条例》，第70条。
[294]《中华人民共和国无线电管理条例》，第72条。

向境外组织或者个人提供涉及国家安全的境内电波参数资料的,由无线电管理机构责令改正;拒不改正的,没收从事违法活动的设备,并处 3 万元以上 10 万元以下的罚款;造成严重后果的,并处 10 万元以上 30 万元以下的罚款[295]。

违反无线电台(站)设置、使用规定,构成违反治安管理行为的,依法给予治安管理处罚;构成犯罪的,依法追究刑事责任[296]。

二、违反业余无线电台(站)设置、使用规定的法律责任

针对业余无线电台,《业余无线电台管理办法》还规定了以下法律责任。

未经批准进行广播或者发射通播性质的信号,超出业余无线电台使用属性之外的目的使用业余无线电台,未按照规定记录或者保留业余无线电台日志,以及其他未按照业余无线电台执照载明事项设置、使用业余无线电台的,由无线电管理机构责令改正,没收违法所得,可以并处 3 万元以下的罚款;造成严重后果的,吊销无线电台执照,并处 3 万元以上 10 万元以下的罚款[297]。

违法使用业余无线电台干扰无线电业务正常进行的,由无线电管理机构责令改正,拒不改正的,没收产生有害干扰的设备,并处 5 万元以上 20 万元以下的罚款,吊销无线电台执照;对船舶、航天器、航空器、铁路机车专用无线电导航、遇险救助和安全通信等涉及人身安全的无线电频率产生有害干扰的,并处 20 万元以上 50 万元以下的罚款[298]。

隐瞒有关情况、提供虚假材料或者虚假承诺申请业余无线电台设置、使用许可,或者以欺骗、贿赂等不正当手段取得业余无线电台执照的,由无线

---

295 《中华人民共和国无线电管理条例》,第 75 条;《业余无线电台管理办法》,第 50 条。
296 《中华人民共和国无线电管理条例》,第 81 条。
297 《业余无线电台管理办法》,第 48 条第 3 项。
298 《中华人民共和国无线电管理条例》,第 73 条;《业余无线电台管理办法》,第 49 条。

电管理机构依照《中华人民共和国行政许可法》第 78、79 条等规定处理[299]，即行政许可申请人隐瞒有关情况或者提供虚假材料申请行政许可的，行政机关不予受理或者不予行政许可，并给予警告；行政许可申请属于直接关系公共安全、人身健康、生命财产安全事项的，申请人在一年内不得再次申请该行政许可；被许可人以欺骗、贿赂等不正当手段取得行政许可的，行政机关应当依法给予行政处罚；取得的行政许可属于直接关系公共安全、人身健康、生命财产安全事项的，申请人在 3 年内不得再次申请该行政许可；构成犯罪的，依法追究刑事责任。

---

[299]《业余无线电台管理办法》，第 51 条。

第六章
无线电发射设备管理法

本章概要： 我国国家无线电管理机构对生产或者进口在国内销售使用的、除微功率短距离无线电发射设备以外的其他无线电发射设备实行型号核准制度，并由省、自治区、直辖市无线电管理机构对上述无线电发射设备的销售进行备案。我国公布了微功率短距离无线电发射设备目录和技术要求，明确了其使用地位和使用要求。我国对无线电发射设备进关实行核准制度。无线电管理机构还对研制、生产、进口、销售、维修无线电发射设备的各个环节进行监督，以维护电波秩序和避免有害干扰。

关键术语： 无线电发射设备型号核准；微功率短距离无线电发射设备；无线电发射设备销售备案

第一节 无线电发射设备的定义

无线电发射设备是指为开展各类无线电业务而发射无线电波的设备[300]，

---

[300] 《无线电发射设备管理规定》，第2条第2款。《无线电发射设备管理规定》于2022年12月22日由工业和信息化部令第57号公布，自2023年7月1日起施行。

包括为开展无线电通信、导航、定位、测向、雷达、遥控、遥测、广播、电视以及微功率短距离等各种发射无线电波的设备，但不包括辐射无线电波的工业、科学和医疗所用设备，以及电气化运输系统、高压电力线等电器装置。

对无线电发射设备进行管理，有助于维护电波秩序，避免有害干扰。

实践中，除无线电发射设备可以辐射无线电波以外，工业、科学和医疗所用设备，以及其他电气设备和装置也可以辐射电波和产生有害干扰，从维护电波秩序、避免有害干扰的角度来看，它们也属于无线电管理的对象。

国际电信联盟《无线电规则》按干扰的来源，将干扰分为由无线电台（含测试电台）产生的干扰，工业、科学和医疗所用设备产生的干扰，除工业、科学和医疗所用设备之外的其他任何种类的电气设备和装置产生的干扰3类。最为常见的是由无线电台产生的干扰，《无线电规则》为此规定了关于电台特性以及发射方面的要求。对于工业、科学和医疗所用设备，《无线电规则》第15条第Ⅲ节规定，各主管部门应该采取一切切实可行和必要的步骤，以保证使工业、科学和医疗所用设备的辐射最小，并保证在指定由这些设备使用的频段之外，这些设备的辐射电平不会对按照《无线电规则》条款运用的无线电通信业务，特别是无线电导航或任何其他安全业务造成有害干扰[301]。对于除工业、科学和医疗所用设备之外的其他任何种类的电气设备和装置，《无线电规则》第15条第Ⅱ节规定，各主管部门应采取一切切实可行和必要的步骤，以保证除工业、科学和医疗所用设备之外的各种电气器械和装置，包括电力及电信分配网络，不对按照《无线电规则》规定运用的无线电通信业务，特别是无线电导航或任何其他安全业务产生有害干扰[302]。

《中华人民共和国无线电管理条例》第59条规定，工业、科学、医疗设备，电气化运输系统、高压电力线和其他电器装置产生的无线电波辐射，应当符合国家标准和国家无线电管理的有关规定；制定辐射无线电波的非无线电设

---

301 《无线电规则》(2024年版)，第1卷条款，第15.13款。
302 《无线电规则》(2024年版)，第1卷条款，第15.12款。

备的国家标准和技术规范，应当征求国家无线电管理机构的意见。《中华人民共和国无线电管理条例》第 60 条还要求，辐射无线电波的非无线电设备对已依法设置、使用的无线电台（站）产生有害干扰的，设备所有者或者使用者应当采取措施予以消除。为了避免有害干扰，《中华人民共和国无线电管理条例》第 61 条规定，经无线电管理机构确定的产生无线电波辐射的工程设施，可能对已依法设置、使用的无线电台（站）造成有害干扰的，其选址定点由地方人民政府城乡规划主管部门和省、自治区、直辖市无线电管理机构协商确定。

第二节 无线电发射设备型号核准

《中华人民共和国无线电管理条例》第 5 章针对生产或者进口在国内销售、使用的非微功率短距离无线电发射设备，规定了型号核准制度。

一、无线电发射设备型号核准的定义和意义

无线电发射设备型号核准是一种在无线电发射设备生产、进口环节，对其频谱参数等技术指标依法进行管理的制度。

根据《中华人民共和国无线电管理条例》和《无线电发射设备管理规定》，为防止和减少无线电干扰，维护空中电波秩序，促进无线电技术应用和产业发展，生产或者进口在国内销售、使用的除微功率短距离无线电发射设备以外的无线电发射设备，应当向国家无线电管理机构申请无线电发射设备型号核准，取得《无线电发射设备型号核准证》和型号核准代码，出厂设备上须标注该代码，没有取得型号核准代码的无线电发射设备不得在我国境内销售和使用。

我国无线电发射设备型号核准的内容主要包括无线电发射设备的工作频率、频段、发射功率、频率容限、占用带宽、带外发射和杂散发射等频谱参数。

无线电发射设备型号核准的目的是加强对无线电发射设备的管理，确保设备在给定的频率和功率下进行授权操作，维护良好的无线电通信秩序。

二、无线电发射设备型号核准的适用范围

（一）生产或者进口在国内销售、使用的除微功率短距离以外的无线电发射设备

《中华人民共和国无线电管理条例》第44条规定，除微功率短距离无线电发射设备外，生产或者进口在国内销售、使用的其他无线电发射设备，应当向国家无线电管理机构申请型号核准。无线电发射设备型号核准目录由国家无线电管理机构公布。

（二）非独立操作使用的无线电发射模块

2014年3月6日，《工业和信息化部关于加强"非独立操作使用的无线电发射模块[303]"型号核准管理的通知》（工信部无〔2014〕1号）发布，规定了对可嵌入非无线电发射设备（如信息技术设备、家用电器设备等）及其外围、辅助设备中的非独立操作使用的无线电发射模块可单独进行无线电发射设备型号核准，并规定了设备标签或说明书中的标示方法。其中要求对于"完整的非独立操作使用的无线电发射模块[304]"需单独进行无线电发射设备

---

[303] "非独立操作使用的无线电发射模块"是指具备无线发射功能，但是不能独立工作，须嵌入其他设备中才能正常发射所需无线电信号的模块。见《工业和信息化部关于加强"非独立操作使用的无线电发射模块"型号核准管理的通知》（工信部无〔2014〕1号），附件1，第1条。

[304] "完整的非独立操作使用的无线电发射模块"是指满足如下条件的非独立操作使用的无线电发射模块：①该模块应具有数据缓冲/调制单元；②该模块射频单元应有完整的屏蔽；③该模块应使用一体化天线；④该模块应有明确的供电要求；⑤该模块符合国家其他有关法律、法规要求。见《工业和信息化部关于加强"非独立操作使用的无线电发射模块"型号核准管理的通知》，附件1，第2条。

型号核准；对于"限制性独立操作使用的无线电发射模块[305]"可以单独进行型号核准，嵌入或使用"限制性独立操作使用的无线电发射模块"的可独立使用的设备须进行型号核准。

（三）业余无线电台无线电发射设备的型号核准

设置、使用业余无线电台的条件之一是：使用的无线电发射设备依法取得型号核准（型号核准证载明的频率范围包含业余业务频段）；或者使用的自制、改装、拼装等未取得型号核准的无线电发射设备符合国家标准和国家无线电管理规定，且无线电发射频率范围仅限于业余业务频段[306]。在申请办理业余无线电台执照时，申请人使用依法取得型号核准的无线电发射设备的，应提交含有型号核准代码、出厂序列号等信息的无线电发射设备照片；使用自制、改装、拼装等未取得型号核准的无线电发射设备的，提交该设备符合国家标准和国家无线电管理规定且无线电发射频率范围仅限于业余业务频段的说明材料[307]。

三、取得无线电发射设备型号核准的条件和申请材料

《中华人民共和国无线电管理条例》第 45 条规定了取得无线电发射设备型号核准的两项条件：申请人有相应的生产能力、技术力量、质量保证体系；无线电发射设备的工作频率、功率等技术指标符合国家标准和国家无线电管理的有关规定。

办理型号核准要提交的申请材料和对测试样品的要求，包括以下几项：

---

305 "限制性独立操作使用的无线电发射模块"是指不满足"完整的非独立操作使用的无线电发射模块"第①项至第④项中任意一项的非独立操作使用的无线电发射模块。见《工业和信息化部关于加强"非独立操作使用的无线电发射模块"型号核准管理的通知》，附件1，第3条。
306 《业余无线电台管理办法》，第 7 条。
307 《业余无线电台管理办法》，第 11 条。

① 无线电发射设备型号核准申请表；

② 无线电发射设备型号核准承诺书；

③ 申请人营业执照或事业单位法人证书复印件，境外申请人提供合法的组织机构证明材料；

④ 具体经办人应提交经申请人签章的经办人委托书和经办人有效身份证明，申请表中经办人与委托的经办人应保持一致；

⑤ 无线电发射设备生产相关的生产能力、技术力量和质量管理体系等材料；

⑥ 设备使用说明书、技术手册、与无线收发功能相关的电路图、电路方框图或原理图、关键射频元器件清单，说明书中应列明型号核准代码的显示方式；

⑦ 采用电子形式显示型号核准代码的，应当提供显示查看型号核准代码的说明和电子标牌样式，并符合《工业和信息化部关于无线电发射设备型号核准代码电子化显示事宜的通知》（工信部无〔2015〕211号）的有关规定；

⑧ 设备的彩色照片一套，包括外观、内部电路板及标牌照片，标牌信息应当包括生产厂商、产品型号、型号核准代码标识的样式等，照片应当标注比例尺；

⑨ 符合无线电发射设备型号核准设备类型及样品要求。

四、无线电发射设备型号核准的实施

（一）型号核准行政许可的实施主体和实施程序

根据《中华人民共和国无线电管理条例》第46条，无线电发射设备型号核准由国家无线电管理机构实施，自受理申请之日起30个工作日内作出核准或者不予核准的决定。予以核准的，颁发无线电发射设备型号核准证；不予核准的，书面通知申请人并说明理由。

国家无线电管理机构应当定期将无线电发射设备型号核准的情况向社会公布。

（二）型号核准测试的相关规定

为实施型号核准的行政许可，需对无线电发射设备进行射频性能测试，判定其是否符合国家无线电管理有关规定和国家标准。在 2017 年 1 月 12 日之前，根据《信息产业部关于加强无线电发射设备管理的通告》（信部无〔1999〕363 号），该项检测是作为行政审批的受理条件，由设备检测的申请人委托有关机构编制型号核准测试报告。

2017 年 1 月 12 日，《国务院关于第三批清理规范国务院部门行政审批中介服务事项的决定》（国发〔2017〕8 号）发布，在无线电发射设备型号核准测试中，不再要求申请人进行无线电发射设备型号核准测试，改由审批部门委托有关机构开展无线电发射设备型号核准测试。

为落实《国务院关于第三批清理规范国务院部门行政审批中介服务事项的决定》，国家无线电管理机构采用政府购买服务的方式，委托符合一定条件和具有一定资质的检测机构开展无线电发射设备型号核准的测试服务。为此，工业和信息化部于 2018 年 9 月 30 日发布了《无线电发射设备型号核准测试及监督检查资金使用管理办法（暂行）》《无线电发射设备型号核准承检机构信用管理办法（暂行）》（中华人民共和国工业和信息化部公告 2018 年第 47 号），规定了型号核准测试服务承检机构通过政府购买服务的方式确定，型号核准所需技术测试服务费用由工业和信息化部通过部门预算资金与承检机构定期结算，承检机构名单及其检测能力范围由工业和信息化部公布，建立了无线电发射设备型号核准承检机构的信用管理机制，并对相关资金管理细则以及事中事后监管措施进行了规定。

（三）无线电发射设备型号核准自检自证

党的二十大报告提出，要深化"放管服"（简政放权、放管结合、优化服务）

改革，"放"即简政放权，降低准入门槛；"管"即公正监管，促进公平竞争；"服"即高效服务，营造便利环境。

2022年9月17日，《国务院办公厅关于深化电子电器行业管理制度改革的意见》（国办发〔2022〕31号）发布，本着全流程优化电子电器行业生产准入和流通管理，加强事前事中事后全链条全领域监管，大幅降低制度性交易成本，激发企业创新动力和发展活力等的指导思想，提出推动电子电器产品准入自检自证。

工业和信息化部于2022年11月29日发布了《工业和信息化部办公厅关于开展无线电发射设备型号核准自检自证试点工作的通知》（工信厅无函〔2022〕314号），决定组织开展无线电发射设备型号核准自检自证试点工作。该通知提出，2022年底前，确定一批条件完备、具有良好质量管理水平和信用的无线电发射设备生产企业开展自检自证试点。试点企业申请办理型号核准时，除网络安全等特殊检测项目外，可以采用本企业检测报告替代第三方检测报告；可以在作出相关承诺的前提下，免于提交本企业或其委托生产企业的生产能力、技术力量、质量保证体系方面的申请材料。

申请自检自证的企业应具备如下条件：

① 在中华人民共和国境内依法注册，能够独立承担民事责任的独立法人机构，有固定的办公场所；

② 具有5年以上的无线电发射设备生产经历；

③ 无线电业务产品生产规模和市场占有率居行业前列，拥有自主品牌，具有自主研发能力，有完善的生产能力、技术力量和质量保证体系；

④ 具有相关无线电设备的质量检测部门或者专职检测人员，具有独立开展型号核准测试的测试场地和测试仪表等设施，检测结果真实、准确、完整和可追溯，并对自检自证报告负主体责任；

⑤ 企业遵纪守法，诚信经营，企业信用等级为AA及以上；

⑥ 近3年未收到无线电管理机构责令整改的通知或受到行政处罚；

⑦ 自检自证的无线电发射设备不涉及网络安全等特殊检测项目。

对于近 3 年在型号核准监督检查抽检中合格率 100%、获得中国合格评定国家认可委员会（CNAS）相关领域认可的、承担国家重大专项任务，以及获得"国家技术创新示范企业""专精特新'小巨人'企业"等工业和信息化领域国家和省部级奖励或称号的企业可以优先考虑纳入自检自证试点企业。

在优化无线电发射设备型号核准制度、允许符合条件的企业对无线电发射设备型号核准自检自证的同时，工业和信息化部也加强了证后监管，要求各地无线电管理机构按照一般不低于 20% 的抽查比例，对试点企业获证设备进行证后监督检查。同时，对试点企业的生产能力、技术力量和质量保证体系进行现场监督检查。试点企业应当保留申请型号核准的检测样品，随时备查，保留时间为两年。对于证后设备监督检查不合格的，或生产能力、技术力量和质量保证体系监督检查不达标的企业，依法取消设备型号核准证和企业自检自证资格。

五、无线电发射设备型号核准代码标示规则

《无线电发射设备管理规定》第 15 条规定，型号核准代码应当在无线电发射设备上标注或者采用电子形式显示。确因设备尺寸过小等原因无法标注或者显示型号核准代码的，应当在设备的独立外包装或者使用说明中标注。

2015 年，工业和信息化部发布了《工业和信息化部关于无线电发射设备型号核准代码电子化显示事宜的通知》[308]，规定了以电子化显示无线电发射设备型号核准代码的无线电发射设备的条件和标示要求。

国家无线电管理机构制定和发布无线电发射设备型号核准证样式和无线电发射设备型号核准代码编码规则。2023 年，《工业和信息化部办公厅关于

---

[308] 《工业和信息化部关于无线电发射设备型号核准代码电子化显示事宜的通知》于 2015 年 6 月 26 日由工业和信息化部发布，自发布之日起执行。

修订发布无线电发射设备型号核准证书样式和代码编码规则的通知》[309]（工信厅无〔2023〕47号）发布。无线电发射设备型号核准代码编码规则是：无线电发射设备型号核准代码共12位字符，由年份代码、设备代码、属地代码、企业代码、自主代码5部分组成，具体如图6-1所示。

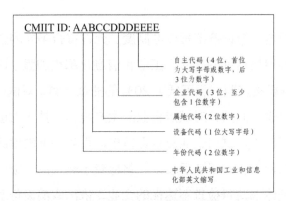

图6-1　无线电发射设备型号核准代码编码规则

年份代码为企业提交无线电发射设备型号核准申请时的年份，由公元纪年的后两位数字表示。

设备代码的类型有如下几类：公众网移动通信设备（C）、专用无线电通信设备（F）、无线接入设备（J）、广播发射设备（G）、雷达设备（L）、导航设备（D）、卫星通信设备（W）、其他设备（Z）。

属地代码用于标识申请企业注册地信息，由2位数字组成，如北京为11，天津为12，河北为13等，可从《工业和信息化部办公厅关于修订发布无线电发射设备型号核准证书样式和代码编码规则的通知》附件2中查询。

企业代码由3位字符组成，大写字母或数字均可，但至少包含一位数字，字母I、O禁用，企业代码长期有效，中途不得变更，也不因企业名称变化而变更。企业代码在申请人首次提交申请时由系统随机生成。

309　《工业和信息化部办公厅关于修订发布无线电发射设备型号核准证书样式和代码编码规则的通知》（工信厅无〔2023〕47号）于2023年8月21日由工业和信息化部发布，自2023年12月1日起施行。

自主代码由 4 位字符组成，首位为大写字母或数字，字母 I、O 禁用，后 3 位为数字，自主代码由申请企业自主编制生成。同一年度内同一设备类型的自主代码不得重复。

另外，对于"限制性非独立操作使用的无线电发射模块"，其无线电发射设备型号核准代码后加"（M）"标识。

第三节　微功率短距离无线电发射设备管理

一、微功率设备相关管理规定

微功率短距离无线电发射设备（以下简称"微功率设备"）一般是指提供单向或双向通信，且对其他无线电设备仅具有较低干扰可能性的无线电发射设备，具有发射功率小、传输距离短、设备数量多等特点。多数情况下，微功率设备与相关频段内的无线电业务能够共用频率，并遵循不对其他无线电业务产生有害干扰、也不得提出免受有害干扰保护要求的使用原则。

我国对于微功率设备的管理规定，主要体现在无线电管理的部门规章和规范性文件当中。

1998 年，信息产业部发布了《微功率（短距离）无线电设备管理暂行规定》[310]，该文件明确了微功率设备的使用要求，即不得对其他合法的各种无线电台（站）产生有害干扰，如产生有害干扰现象时，应立即停止使用，并在设法消除有害干扰后方可继续使用；使用微功率设备必须避让或忍受其他合法的无线电台（站）的干扰或工业、科学及医疗应用设备的辐射干扰，遇有干扰时不受法律上的保护。该文件在加强对微功率设备的管理，防止微功

310　《微功率（短距离）无线电设备管理暂行规定》（信部〔1998〕178 号）于 1998 年 5 月 19 日由信息产业部发布，自 1999 年 1 月 1 日起施行。

率设备对广播电视、导航、移动通信等无线电业务产生干扰,维护空中电波秩序,确保各种无线电设备正常、有序工作等方面发挥了重要作用。

2005 年 9 月 5 日,信息产业部修订并发布了《微功率(短距离)无线电设备的技术要求》(信部无 2005〔423〕号),对通用微功率设备、通用无线遥控设备、无线传声器和民用无线电计量仪表等 14 类微功率短距离无线电发射设备的技术要求进行了规定,该文件是对《微功率(短距离)无线电设备管理暂行规定》的有效补充。

2016 年修订后的《中华人民共和国无线电管理条例》第 44 条规定,微功率设备无须申请型号核准。

2019 年 11 月 28 日,工业和信息化部发布了《中华人民共和国工业和信息化部公告 2019 年第 52 号》,该公告对微功率设备的生产、进口、销售和使用的各个环节进行了规范,其附件包括《微功率短距离无线电发射设备目录和技术要求》。

二、微功率设备的使用地位

生产或者进口在国内销售、使用、列入并符合《微功率短距离无线电发射设备目录和技术要求》的无线电发射设备,无须取得无线电频率使用许可、无线电台执照、无线电发射设备型号核准,但应当符合产品质量等法律法规、国家标准和国家无线电管理有关规定[311]。

微功率设备的使用不得对其他合法的无线电台(站)产生有害干扰,也不得提出免受有害干扰的保护要求,如对其他合法无线电台(站)产生有害干扰时,应立即停止使用,并在设法消除有害干扰后方可继续使用[312]。

使用微功率设备必须承受其他合法的无线电台(站)的干扰,在《中华人民共和国无线电频率划分规定》规定的工业、科学及医疗(ISM)应用频段内使用微功率设备,还应当承受 ISM 应用设备产生的射频能量的干扰。微

---

311 《中华人民共和国工业和信息化部公告 2019 年第 52 号》,第 1 条。
312 《中华人民共和国工业和信息化部公告 2019 年第 52 号》,第 2 条。

功率设备受到干扰时不受法律保护，但可向当地无线电管理机构报告[313]。

三、微功率设备的使用要求

微功率设备的调整或控制装置应仅限于在技术要求规定的技术指标范围内进行调整或控制。使用微功率设备不得擅自改变使用场景、扩大发射频率范围、加大发射功率（包括额外加装射频功率放大器），不得擅自更改发射天线[314]。

在航空器内和依据法律法规、国家有关规定、标准划设的射电天文台、气象雷达站、卫星地球站（含测控、测距、接收、导航站）等军民用无线电台（站）、机场等的电磁环境保护区域内使用微功率设备，应当遵守电磁环境保护及相关行业主管部门的规定。未经批准，不得在航空和军事管制区使用模型无线电遥控设备[315]。

微功率设备应当在其产品使用说明（含电子显示的说明书）中注明以下内容[316]：

① 符合《微功率短距离无线电发射设备目录和技术要求》的具体条款和使用场景，采用的天线类型和性能，控制、调整及开关等使用方法；

② 不得擅自改变使用场景或使用条件、扩大发射频率范围、加大发射功率（包括额外加装射频功率放大器），不得擅自更改发射天线；

③ 不得对其他合法的无线电台（站）产生有害干扰，也不得提出免受有害干扰保护；

④ 应当承受辐射射频能量的工业、科学及医疗应用设备的干扰或其他合法的无线电台（站）干扰；

⑤ 如对其他合法的无线电台（站）产生有害干扰时，应立即停止使用，

---

313 《中华人民共和国工业和信息化部公告2019年第52号》，第3条。
314 《中华人民共和国工业和信息化部公告2019年第52号》，第4条。
315 《中华人民共和国工业和信息化部公告2019年第52号》，第5条。
316 《中华人民共和国工业和信息化部公告2019年第52号》，第6条。

并采取措施消除干扰后方可继续使用;

⑥ 在航空器内和依据法律法规、国家有关规定、标准划设的射电天文台、气象雷达站、卫星地球站（含测控、测距、接收、导航站）等军民用无线电台（站）、机场等的电磁环境保护区域内使用微功率设备，应当遵守电磁环境保护及相关行业主管部门的规定;

⑦ 禁止在以机场跑道中心点为圆心、半径5000米的区域内使用各类模型遥控器;

⑧ 微功率设备使用时温度和电压的环境条件。

四、微功率设备的市场退出机制

《中华人民共和国工业和信息化部公告2019年第52号》针对之前已经生产、进口的一些不再符合第52号公告的设备，设定了逐步退出市场的机制。

公告规定，自2020年1月1日起，停止生产或者进口不符合本公告但符合《关于发布〈微功率（短距离）无线电设备的技术要求〉的通知》（信部无〔2005〕423号）规定的电子吊秤无线传输专用设备、230MHz频段无线数据传送设备、230MHz频段起重机或传送机械专用无线遥控设备，以及《关于无线汽车防盗报警设备使用频率的通知》（信无函〔2006〕61号）规定的410MHz频段汽车报警器等微功率设备。

自2022年1月1日起，停止生产或者进口不符合本公告但符合《关于发布〈微功率（短距离）无线电设备的技术要求〉的通知》规定的民用计量仪表、模拟式无绳电话机和698-787MHz频段的微功率设备。

符合原规定已合法使用的上述微功率设备可用到报废为止[317]。

在该公告实施前已获得无线电发射设备型号核准证的微功率设备，在型号核准证有效期内可标注型号核准代码。此前发布的微功率设备有关文件，

---

317 《中华人民共和国工业和信息化部公告2019年第52号》，第7条。

凡与该公告不符的，按照该公告执行[318]。

第四节 无线电发射设备进关管理

《中华人民共和国无线电管理条例》第 47 条和第 53 条规定了无线电发射设备进关核准制度，无线电发射设备的进关有以下 4 种情况。

一、申请临时进口不在国内实效发射的无线电发射设备

根据《中华人民共和国无线电管理条例》第 47 条第 1 款，进口依照《中华人民共和国无线电管理条例》第 44 条的规定应当取得型号核准的无线电发射设备，进口货物收货人、携带无线电发射设备入境的人员、寄递无线电发射设备的收件人，应当主动向海关申报，凭无线电发射设备型号核准证办理通关手续。根据工业和信息化部政务服务平台上公布的《未取得型号核准的无线电发射设备进关核准》，申请临时进口的无线电发射设备不在国内实效发射（如为办理《无线电发射设备型号核准证》的），申请人应满足两项条件：申请临时进口的设备具有合法的用途，具有合法、有效的进出口合同或者设备运单。该项审批由工业和信息化部负责[319]。

二、申请临时进口需在国内临时实效发射的无线电发射设备

根据《中华人民共和国无线电管理条例》第 47 条第 2 款，进行体育比赛、科学实验等活动，需要携带、寄递依照《中华人民共和国无线电管理条例》第 44 条的规定应当取得型号核准而未取得型号核准的无线电发射设备临时进关的，应当经无线电管理机构批准，凭批准文件办理通关手续。

根据工业和信息化部政务服务平台上公布的《未取得型号核准的无线电

---

318 《中华人民共和国工业和信息化部公告2019年第52号》，第 10 条。
319 工业和信息化部政务服务平台，《未取得型号核准的无线电发射设备进关核准》。

发射设备进关核准》，申请临时进口的无线电发射设备需要在国内临时实效发射（如技术交流、参展、体育比赛等）的，申请人应满足3项条件：申请临时进口的设备具有合法的用途；具有合法、有效的进出口合同或者设备运单；使用的无线电频率已经工业和信息化部或者省、自治区、直辖市无线电管理机构批准。该项审批由省、自治区、直辖市无线电管理机构负责[320]。

三、享有外交特权和豁免的主体运输无线电发射设备入境

根据《中华人民共和国无线电管理条例》第53条第2款，除使用外交邮袋装运外，外国领导人访华、各国驻华使领馆和享有外交特权与豁免的国际组织驻华代表机构携带、寄递或者以其他方式运输依照《中华人民共和国无线电管理条例》第44条的规定应当取得型号核准而未取得型号核准的无线电发射设备入境的，应当通过外交途径经国家无线电管理机构批准后办理通关手续。这与我国加入的有关外交与领事关系的相关国际公约的规定是一致的，联合国大会于1961年通过的、我国于1975年加入的《维也纳外交关系公约》第27条规定，使馆非经接受国同意，不得装置并使用无线电发报机。联合国大会于1963年通过的、我国于1979年加入的《维也纳领事关系公约》第35条也有类似规定。

四、其他境外组织或者个人运输无线电发射设备入境

根据《中华人民共和国无线电管理条例》第53条第3款，其他境外组织或者个人携带、寄递或者以其他方式运输依照《中华人民共和国无线电管理条例》第44条的规定应当取得型号核准而未取得型号核准的无线电发射设备入境的，应当按照我国有关规定经相关业务主管部门报无线电管理机构批准后，到海关办理无线电发射设备入境手续，但国家无线电管理机构规定不需要批准的除外。

---

320 工业和信息化部政务服务平台，《未取得型号核准的无线电发射设备进关核准》。

第六章 无线电发射设备管理法

第五节 无线电发射设备销售备案

《中华人民共和国无线电管理条例》第48条规定，销售依照《中华人民共和国无线电管理条例》第44条的规定应当取得型号核准的无线电发射设备，应当向省、自治区、直辖市无线电管理机构办理销售备案。不得销售未依照《中华人民共和国无线电管理条例》规定标注型号核准代码的无线电发射设备。《无线电发射设备管理规定》第23条进一步要求，销售备案信息应当真实、有效并及时更新。

一、无线电发射设备销售备案的管理职权

根据《中华人民共和国无线电管理条例》，国家无线电管理机构负责全国的无线电管理工作，包括对无线电发射设备销售进行管理。2018年，工业和信息化部发布了《无线电发射设备销售备案实施办法（暂行）》[321]，该文件对无线电发射设备的销售备案工作进行了规范。

（一）国家无线电管理机构的管理权限

国家无线电管理机构对全国无线电发射设备销售备案工作进行监督指导，建立全国统一的无线电发射设备销售备案信息平台（以下简称信息平台），推进销售备案的网上办理及备案信息的管理、公示、查询等工作[322]。目前，工业和信息化部已经建立了"无线电发射设备销售备案信息平台[323]"，经销商可在该信息平台对其销售的、应当取得型号核准的无线电发射设备进行备案，

---

[321] 《无线电发射设备销售备案实施办法（暂行）》（工信部无〔2018〕285号）于2018年12月26日由工业和信息化部印发，自2019年3月1日起施行。

[322] 《无线电发射设备销售备案实施办法（暂行）》，第3条第1款。

[323] 无线电发射设备销售备案信息平台官网。

公众也可以在该信息平台查询相关备案信息。

2023年8月，国家无线电办公室还发布了《关于建立无线电发射设备销售巡检工作制度的通知》（国无办〔2023〕5号），该通知规定了销售巡检工作的具体内容，对线上、线下销售巡检的内容、方式、频次等进行了明确，指导平台企业切实履行管理职责，督促无线电发射设备销售者按照无线电发射设备型号核准和销售备案等制度要求开展经营活动，促进无线电发射设备市场健康发展[324]。

（二）省、自治区、直辖市无线电管理机构的管理权限

省、自治区、直辖市无线电管理机构负责本行政区域内的无线电发射设备销售备案的实施及监督管理，依法查处违法行为[325]。省、自治区、直辖市无线电管理机构在实施无线电发射设备销售备案管理过程中应当遵循公开、高效、便民的原则[326]。

二、无线电发射设备销售备案的具体要求

（一）备案时间

销售无线电发射设备的，应当在开始销售之日起10个工作日内通过信息平台向其注册地的省、自治区、直辖市无线电管理机构办理销售备案手续，并对备案信息的真实性负责，接受有关部门依法实施的监督管理[327]。

---

324 中华人民共和国工业和信息化部官网，国家无线电办公室发布《关于建立无线电发射设备销售巡检工作制度的通知》。

325 《无线电发射设备销售备案实施办法（暂行）》，第3条第2款。

326 《无线电发射设备销售备案实施办法（暂行）》，第4条。

327 《无线电发射设备销售备案实施办法（暂行）》，第5条。

（二）备案内容和备案程序

备案信息应当包括经营主体信息和销售设备信息[328]。

经营主体信息应包括经营主体名称、统一社会信用代码、联系人及联系方式、实体经营场所地址或网络销售平台名称和网址以及相关证件等。

销售设备信息应包括设备类型、生产厂商名称、设备型号、型号核准代码等。

地方法规规章对其他备案信息有明确规定的，依照地方法规规章执行。

经营主体首次申请备案，省、自治区、直辖市无线电管理机构在收到备案材料后，对材料齐全、符合法定形式的，应当在5个工作日内通过信息平台向其发放备案主体编号和所对应的二维码[329]。

（三）备案变更和注销

经营主体联系人及联系方式、实体经营场所地址或网络销售平台名称和网址等信息发生变更的，应当在变更之日起10个工作日内通过信息平台办理变更手续。增加所销售无线电发射设备型号数量的，应当在新增设备开始销售之日起10个工作日内办理变更手续。终止销售部分型号无线电发射设备的，应当及时办理变更手续[330]。

有下列情形之一的，经营主体应当及时通过信息平台办理备案注销[331]：

① 终止无线电发射设备销售业务的；

② 营业有效期届满的；

③ 营业执照被依法吊销或企业法人已办理注销登记的；

④ 法律、法规、规章规定的其他情形。

---

328 《无线电发射设备销售备案实施办法（暂行）》，第6条。
329 《无线电发射设备销售备案实施办法（暂行）》，第7条。
330 《无线电发射设备销售备案实施办法（暂行）》，第9条。
331 《无线电发射设备销售备案实施办法（暂行）》，第10条。

第六节　无线电发射设备使用及其监管

一、无线电发射设备使用的管理规定

无线电发射设备的使用应当遵守《中华人民共和国无线电管理条例》中关于频率和台（站）管理的一般性规定，包括依法使用以及防止有害干扰等规定。

《中华人民共和国无线电管理条例》第50条还专门规定，研制、生产、销售和维修大功率无线电发射设备，应当采取措施有效抑制电波发射，不得对依法设置、使用的无线电台（站）产生有害干扰。进行实效发射试验的，应当依照《中华人民共和国无线电管理条例》第30条的规定，向省、自治区、直辖市无线电管理机构申请办理临时设置、使用无线电台（站）手续。

二、无线电发射设备使用的监督检查

加强和规范对无线电发射设备的监督检查，有助于从源头上防止和减少有害干扰，维护空中电波秩序，保证各项无线电业务的正常进行。

《中华人民共和国无线电管理条例》第68条规定，省、自治区、直辖市无线电管理机构应当加强对生产、销售无线电发射设备的监督检查，依法查处违法行为。县级以上地方人民政府产品质量监督部门、工商行政管理部门应当配合监督检查，并及时向无线电管理机构通报其在产品质量监督、市场监管执法过程中发现的违法生产、销售无线电发射设备的行为。

2024年，工业和信息化部印发了《无线电发射设备监督检查办法》[332]，该文件对现有无线电发射设备"双随机、一公开"检查、销售巡检、入境监

---

[332]《无线电发射设备监督检查办法》（工信部无〔2024〕95号）于2024年5月20日由工业和信息化部印发，于2024年9月1日起施行。

管以及型号核准申请企业检查等工作规定进行了全面梳理和整合，对监督检查过程中的行政执法行为进行了统一规范。《无线电发射设备监督检查办法》的实施，可实现对无线电发射设备全环节的监督检查，有利于增强企业守法意识和质量意识，规范无线电发射设备的研制、生产、销售、维修等行为，防范非法无线电发射设备入境，提升无线电发射设备使用的合法合规性，从而维护空中电波秩序。

《无线电发射设备监督检查办法》主要从以下几个方面对无线电发射设备监督检查进行了规范。

1. 无线电发射设备监督检查的机构和职责

国家无线电管理机构和省、自治区、直辖市无线电管理机构（以下简称无线电管理机构）对无线电发射设备研制、生产、进口、销售和维修环节实施监督检查[333]。

国家无线电管理机构负责指导省、自治区、直辖市无线电管理机构开展无线电发射设备监督检查工作，并对各地开展的监督检查工作进行督查和考核评价。省、自治区、直辖市无线电管理机构依据职责或根据国家无线电管理机构要求，组织开展本行政区域内的无线电发射设备监督检查工作[334]。

国家无线电监测中心和省、自治区、直辖市无线电监测站作为无线电管理技术机构，依据职责承担无线电发射设备监督检查的技术支撑工作[335]。

无线电管理机构开展无线电发射设备监督检查，可以依据职责和工作需要，联合相关部门共同开展[336]。

2. 无线电发射设备监督检查的原则

无线电发射设备监督检查工作应当遵循依法依规、权责清晰、分类实施、

---

333 《无线电发射设备监督检查办法》，第2条。
334 《无线电发射设备监督检查办法》，第3条第1至2款。
335 《无线电发射设备监督检查办法》，第3条第3款。
336 《无线电发射设备监督检查办法》，第4条。

公平公正的原则[337]。

3. 无线电发射设备监督检查的类型

无线电发射设备监督检查分为日常检查和专项检查[338]。

日常检查以"双随机、一公开"为基本方式[339]。"双随机、一公开"是指在监管过程中随机抽取检查对象，随机选派执法检查人员，抽查情况及查处结果及时向社会公开。"双随机、一公开"是国务院办公厅于2015年7月发布的《国务院办公厅关于推广随机抽查规范事中事后监管的通知》[340]中要求在全国全面推行的一种监管模式，该模式是落实"简政放权、放管结合、优化服务"改革的行政管理要求的重要体现。

对纳入年度检查计划的无线电发射设备研制、生产、进口、销售和维修环节的检查也属于日常检查[341]。

根据相关工作任务部署和要求，针对特定对象、特定事项或特定领域开展的检查属于专项检查[342]。

4. 无线电管理机构对无线电发射设备监督检查的内容和要求

无线电管理机构对无线电发射设备的检查可以分为5类，分别是对研制、生产和维修无线电发射设备的检查，对进口无线电发射设备的检查，对销售无线电发射设备的检查，对无线电发射设备型号核准检测机构的监督检查以及专项检查[343]。

无线电管理机构对研制、生产和维修无线电发射设备的检查包括以下

---

337 《无线电发射设备监督检查办法》，第5条。
338 《无线电发射设备监督检查办法》，第6条。
339 同上。
340 《国务院办公厅关于推广随机抽查规范事中事后监管的通知》（国办发〔2015〕58号）于2015年7月29日由国务院办公厅发布，自2015年7月29日起施行。
341 《无线电发射设备监督检查办法》，第6条。
342 同上。
343 《无线电发射设备监督检查办法》，第7至11条。

内容[344]：

① 研制在国内销售、使用的无线电发射设备使用的无线电频率符合国家无线电频率划分规定及其他无线电管理有关规定的情况；

② 生产在国内销售、使用的无线电发射设备（除微功率短距离无线电发射设备外）取得型号核准的情况，标注型号核准代码的情况，符合型号核准证核定技术指标的情况；

③ 生产在国内销售、使用的无线电发射设备的企业具备相应的生产能力、技术力量、质量保证体系的情况；

④ 生产在国内销售、使用的微功率短距离无线电发射设备符合国家无线电管理有关规定的情况；

⑤ 维修之后的无线电发射设备，符合无线电发射设备型号核准证核定技术指标的情况；

⑥ 研制、生产和维修大功率无线电发射设备的过程中，采取措施有效抑制电波发射，避免对依法设置、使用的无线电台（站）产生有害干扰的情况。

无线电管理机构对进口无线电发射设备的检查包括以下内容[345]：

① 进口在国内销售、使用的无线电发射设备（除微功率短距离无线电发射设备外）取得型号核准的情况，标注型号核准代码的情况，在海关进行申报并办理通关手续的情况；

② 进行体育比赛、科学实验等活动，需要携带、寄递临时进关的，经无线电管理机构批准并凭批准文件办理通关手续的情况。

无线电管理机构对销售无线电发射设备的检查依据无线电发射设备销售巡检工作制度开展，包括以下内容[346]：

① 销售的设备符合国家无线电管理有关规定的情况，销售应当取得型号核准而未取得型号核准的无线电发射设备的情况，违法违规销售"黑广播"

---

344 《无线电发射设备监督检查办法》，第7条。
345 《无线电发射设备监督检查办法》，第8条。
346 《无线电发射设备监督检查办法》，第9条。

"伪基站"、无线电屏蔽器、干扰器、无人驾驶航空器无线电反制设备、无线电考试作弊设备等无线电发射设备的情况；

② 销售伪造、冒用型号核准代码的无线电发射设备的情况；

③ 销售应当取得型号核准的无线电发射设备，向省、自治区、直辖市无线电管理机构办理销售备案的情况，按照规定标注型号核准代码的情况，在实体经营场所或网络销售平台标明备案主体编号或所对应的二维码的情况。

对无线电发射设备型号核准检测机构的监督检查，由国家无线电管理机构和承担型号核准测试任务的省级无线电管理机构组织开展，检查的主要内容是检测机构的检测时限、检测服务品质、检测报告规范性、检测数据准确性等业务能力，以及资金绩效和执行等资金使用情况[347]。

无线电管理机构对涉及上级机关交办、群众举报、干扰投诉、无线电监测发现或者其他部门移送案件线索等涉及无线电发射设备事项应当及时开展专项检查[348]。

5. 无线电管理机构对无线电发射设备监督检查的方式

无线电管理机构应根据检查任务采用现场核查、线上检查或技术检测等方式开展检查工作，在研制、生产、维修、进口环节以现场核查和技术检测方式为主，在销售环节以现场核查和线上检查相结合的方式为主。对检测机构的检查按照政府购买服务有关要求进行[349]。

采取现场核查的，执法检查人员不得少于两人，并应当出示行政执法证件。应当向检查对象告知检查目的、检查内容、检查程序和工作纪律要求。现场核查内容应包括对相关材料的检查。现场核查结束时，检查人员应当如实填写现场核查记录，由检查对象签字或者盖章确认。检查对象拒绝签字或者盖章的，检查人员应当注明原因并签名，必要时邀请相关人员签字

---

347 《无线电发射设备监督检查办法》，第10条。
348 《无线电发射设备监督检查办法》，第11条。
349 《无线电发射设备监督检查办法》，第14条。

见证[350]。

采取线上检查的，检查人员应当全面、客观、完整地记录检查工作情况，应注意留存文字图片、视频影像等记录，包括线上检查过程中通过信息化系统获取的信息、电子数据、文件资料等。相关技术支撑工作可根据实际工作需要，通过政府购买服务方式委托第三方机构开展[351]。

第七节　违反无线电发射设备管理规定的法律责任

一、《中华人民共和国无线电管理条例》中规定的行政法律责任

《中华人民共和国无线电管理条例》第8章规定了违反无线电管理法律法规应承担的责任，无线电设备的研制、生产、进口、销售、维修等活动，除受该章法律责任的一般性规定的约束之外，还受设备管理的专门规定的约束，如表6–1所示。

表6–1 《中华人民共和国无线电管理条例》涉及无线电发射设备管理的法律责任条款

违法行为	行政强制措施和行政处罚	法律依据
研制、生产、销售和维修大功率无线电发射设备，未采取有效措施抑制电波发射的	由无线电管理机构责令改正；拒不改正的，没收从事违法活动的设备，并处3万元以上10万元以下的罚款；造成严重后果的，并处10万元以上30万元以下的罚款	第75条
生产或者进口在国内销售、使用的无线电发射设备未取得型号核准的	由无线电管理机构责令改正，处5万元以上20万元以下的罚款；拒不改正的，没收未取得型号核准的无线电发射设备，并处20万元以上100万元以下的罚款	第76条

---

350 《无线电发射设备监督检查办法》，第15条。

351 《无线电发射设备监督检查办法》，第16条。

续表

违法行为	行政强制措施和行政处罚	法律依据
销售应当取得型号核准的无线电发射设备未向无线电管理机构办理销售备案的	由无线电管理机构责令改正;拒不改正的,处1万元以上3万元以下的罚款	第77条
销售应当取得型号核准而未取得型号核准的无线电发射设备的	由无线电管理机构责令改正,没收违法销售的无线电发射设备和违法所得,可以并处违法销售的设备货值10%以下的罚款;拒不改正的,并处违法销售的设备货值10%以上30%以下的罚款	第78条
维修无线电发射设备改变无线电发射设备型号核准证核定的技术指标的	由无线电管理机构责令改正;拒不改正的,处1万元以上3万元以下的罚款	第79条
生产、销售无线电发射设备违反产品质量管理法律法规的	由产品质量监督部门依法处罚	第80条
进口无线电发射设备,携带、寄递或者以其他方式运输无线电发射设备入境,违反海关监管法律法规的	由海关依法处罚	第80条

二、涉及"伪基站"设备的有关规定

"伪基站"设备是指未取得电信设备进网许可和无线电发射设备型号核准的非法无线电通信设备,具有搜取手机用户信息、强行向不特定用户手机发送短信息等功能,使用过程中会非法占用公众移动通信频率,局部阻断公众移动通信网络信号。2014年3月14日,《最高人民法院 最高人民检察院 公安部 国家安全部关于依法办理非法生产销售使用"伪基站"设备案件的意见》(公通字〔2014〕13号)发布。该文件针对各地非法生产、销售、使用"伪基站"设备的违法犯罪活动,明确了使用"伪基站"设备所侵害的是国家正常电信秩序、市场经济秩序和公民合法权益,并通过司法解释的方式,对非法生产、销售"伪基站"设备的行为,以非法经营罪追究刑事责任。

国家工商行政管理总局、公安部、国家质量监督检验检疫总局于2014年12月23日发布《禁止非法生产销售使用窃听窃照专用器材和"伪基站"设备的规定》，并于 2015 年 1 月 23 日起施行。该规定界定了"伪基站"的定义，明确了公安机关、工商行政管理部门和质量技术监督部门按照职责分工，分别负责对"伪基站"设备进行认定、对生产和销售环节进行查处。

而对于利用"伪基站"扰乱无线电通信管理秩序的行为，应依据《中华人民共和国刑法》和《中华人民共和国无线电管理条例》进行处罚。

第七章
无线电通信秩序法

本章概要： 国内和国际无线电监测通过提供空中无线电波和电磁辐射的测量信息来支持无线电管理，在有效利用无线电频谱资源、查处有害干扰方面作用巨大。《中华人民共和国无线电管理条例》和地方无线电管理立法对我国各级无线电管理机构在无线电监测和干扰查处方面的职权进行了具体规定。我国相关法律法规对军用无线电设施电磁环境、机场电磁环境、贵州省500米口径球面射电望远镜电磁波宁静区等电磁环境保护进行了规定，《云南省电磁环境保护条例》是我国第一部一般性的电磁环境保护地方立法。《中华人民共和国无线电管理条例》等法律法规对违反无线电频率使用、无线电台（站）设置使用、无线电发射设备管理和无线电通信秩序维护规定的行为规定了行政法律责任，《中华人民共和国刑法》第288条规定了扰乱无线电通讯管理秩序罪的定罪量刑，对于惩处严重的无线电违法行为具有重要作用。

关键术语： 无线电监测；有害干扰；电磁环境保护；无线电行政法律责任；扰乱无线电通讯管理秩序罪

第一节　无线电监测与干扰查处

一、无线电监测

（一）无线电监测的概念和目的

无线电监测是采用技术手段和一定的设备对无线电发射的基本参数和频谱特性参数（频率、频率误差、射频电平、发射带宽、调制度）进行测量，对模拟信号进行监听，对数字信号进行频谱特性分析，对频段利用率（占用度）进行测试统计分析，并对非法电台和干扰源测向定位进行查处的活动[352]。

无线电监测通过提供空中无线电波和电磁辐射的测量信息来支持无线电管理，在无线电频率的规划和指配、电磁环境测试、无线电台（站）的设置规划和监督管理、无线电干扰查处、无线电通信安全保障等方面提供强大的技术支持，确保无线电管理法律法规得以实施，有利于无线电通信资源的合理、有效利用和空中电波秩序维护。

（二）无线电监测的内容

在无线电辐射过程中，无线电系统内的发射机向空间辐射载有信息的无线电信号，而作为通信对象的接收机，则从复杂的电磁环境中检测出有用的信息。这种开放式的发射和接收无线电信号的特点是实施无线电监测的基础[353]。

无线电监测的内容包括以下几项。

352　翁木云，吕庆晋，谢绍斌，刘正锋：《频谱管理与监测（第2版）》，电子工业出版社，2017，第157页。

353　同上。

频段利用率（占用度）：在频谱管理记录中没有频率指配的信道上出现用户、已指配的频率未使用或未按照要求使用、现有频段出现过度拥挤的情况时，无线电监测可进行识别和调查。此类监测信息有助于无线电管理机构掌握频率使用情况，更科学地进行频率使用规划和频率指配。

无线电台（站）使用情况监测：监测已核准的无线电台（站）的发射，检查其工作是否符合批准的技术条件和要求，包括无线电台（站）的使用频率、频率偏差，无线电台（站）的信号场强、谐波和其他杂散发射，无线电台（站）所发信号的调制度，无线电台（站）频谱的占用情况，无线电台（站）的操作时间和经营业务是否符合电台执照的要求等，还可以监测不明无线电台的发射行为。

无线电干扰信号监测和分析：测量和识别干扰信号，确定有关参数；进行无线电测向定位，识别干扰电台。

国际监测：国际监测涉及具有跨国影响的无线电信号的监测，既包括监测我国在国际电信联盟登记的频率指配是否受到国外无线电台的干扰，也包括对其他国家申诉的、涉及我国电台对其他国家合法设置使用电台产生干扰的监测，还包括与其他国家的联合监测、消除边界区域的无线电干扰的监测，以及受国际电信联盟或其他国家委托开展的国际监测。

在国内，无线电监测是支持无线电管理工作的重要技术手段，服务于频谱资源合理、有效利用以及电波秩序维护。而在国际层面，国际监测更多的是作为一种识别跨国有害干扰的工具。

（三）无线电监测的法律依据

1. 国内法依据

《中华人民共和国无线电管理条例》和相关规范性文件是开展无线电监测的主要依据。

《中华人民共和国无线电管理条例》第56条规定，无线电管理机构应当定期对无线电频率的使用情况和在用的无线电台（站）进行检查和检测，保障无线电台（站）的正常使用，维护正常的无线电波秩序。国家无线电管理机构，省、自治区、直辖市无线电管理机构以及国务院有关部门无线电管理机构，均有进行无线电监测的职责。

《中华人民共和国无线电管理条例》第8条规定，国家无线电管理机构的职能包含无线电监测。目前，国家无线电管理机构的下设机构——国家无线电监测中心（国家无线电频谱管理中心）是工业和信息化部直属的公益一类事业单位，负责全国无线电监测工作。国家无线电监测中心在北京、上海、哈尔滨、福建、深圳、成都、云南、陕西、乌鲁木齐设立了9个国家级监测站[354]。依据《中华人民共和国无线电管理条例》第57条，国家无线电监测中心作为无线电管理技术机构，在国家无线电管理机构的领导下，对无线电信号实施监测，查找无线电干扰源和未经许可设置、使用的无线电台（站）。其具体职责包括[355]：

① 按照《中华人民共和国无线电管理条例》的规定，作为国家无线电管理技术机构，承担无线电频率和卫星轨道资源、无线电台（站）、无线电发射设备管理及涉外无线电管理相关技术工作，为国家无线电管理提供支撑保障；

② 承担短波、空间业务无线电信号监测及干扰源定位工作，查找未经许可设置、使用的相关无线电台（站）；监测相关无线电台（站）是否按国际规则、我国与其他国家签订的协议、行政许可事项和要求等开展工作；

③ 承担国家无线电管理军民融合发展相关技术工作和电磁频谱领域国防动员相关任务；参与北京地区超短波、微波频段的无线电监测工作；根据需要，承担国家重大任务无线电安全保障工作；

④ 承担国家无线电管理机构相关技术工作信息系统的建设运维工作；

⑤ 开展无线电管理相关政策、技术标准和技术规范、数据应用等的研究工作，提出政策建议；

354　中国无线电管理官网，国家无线电监测中心组织机构。
355　中国无线电管理官网，《中国无线电管理机构职责》。

⑥ 为各省、自治区、直辖市无线电管理工作提供技术指导；

⑦ 承办工业和信息化部交办的其他事项。

《中华人民共和国无线电管理条例》第 10 条规定，省、自治区、直辖市无线电管理机构负责本行政区域无线电监测和干扰查处。各省一般设置本区域内的无线电监测站，根据《中华人民共和国无线电管理条例》第 57 条，省、自治区、直辖市无线电监测站作为无线电管理技术机构，在省、自治区、直辖市无线电管理机构领导下，对无线电信号实施监测，查找无线电干扰源和未经许可设置、使用的无线电台（站）。

《中华人民共和国无线电管理条例》第 12 条规定，国务院有关部门的无线电管理机构负责本系统（行业）的无线电管理工作。《中华人民共和国无线电管理条例》第 58 条规定，国务院有关部门的无线电监测站负责对本系统（行业）的无线电信号实施监测。

由于电波监测数据可能涉及国家安全和敏感信息，《中华人民共和国无线电管理条例》第 55 条规定，境外组织或者个人不得在我国境内进行电波参数测试或者电波监测；任何单位或者个人不得向境外组织或者个人提供涉及国家安全的境内电波参数资料。《中华人民共和国无线电管理条例》第 75 条规定了对境外组织或者个人在我国境内进行电波参数测试或者电波监测、向境外组织或者个人提供涉及国家安全的境内电波参数资料两种违法行为的行政处罚。

为了贯彻落实《中华人民共和国无线电管理条例》，全面提升无线电监测能力水平，维护空中电波秩序，2019 年，《工业和信息化部关于加强无线电监测工作的指导意见》发布。该文件重申了各级无线电管理机构和技术机构开展无线电监测工作的法定职责，明确了无线电管理行政与技术机构的领导管理关系；提出了规范监测工作流程、提升工作规范化水平的要求；强调了健全部门间协调工作机制的重要性；要求加强对监测工作的监督检查；提出完善监测网建设，提升处置突发事件的指挥调度能力；推动完善监测数据库、实现监测数据统一管理和有效共享，利用新技术增强数据分析能力，以监测数据应用，提升管理工作效能等。该文件还提出至2025年，形成较为完善的无线电监测工作制度规范和标准体系，建成设施完善、功能全面、互联互通的无线电监测网络，无线电监测专业人才队伍建设水平进一步提高，更好地支撑无线电管理工作[356]。

2. 国际法依据

国际监测是识别跨国有害干扰的重要工具，应依据国际电信联盟《无线电规则》来开展。

《无线电规则》第1卷条款第16条规定，为了鉴别有害干扰的来源，无线电通信局可以利用的工具包括国际监测系统[357]。建立这些系统的目的是更好地实施《无线电规则》，保证经济、有效地使用无线电频谱并帮助迅速消除有害干扰[358]。国际监测系统由各主管部门根据名为《将国际监测系统扩展到全球范围》的ITU-R第23号决议和名为《国际监测系统》的ITU-R SM.1139建议书向国际电信联盟秘书长提交的资料中指定的监测站构成，这些监测站可由一主管部门运营，或根据相关主管部门的授权由一个公共的或私营的企业，或由两个或多个国家建立的公共监测部门来运营，或由一国际组织运营[359]。在国际监测系统的使用和操作规程方面，ITU-RSM.1139建议书要求，在启用国际监测时，主管部门和无线电通信局应考虑到国际监测系统清单中所列的监测设施，并明确说明启用监测的目的和所要求的监测工作的参数（包括适当的时间表）；应以无线电通信全会（RA）建议的监测站技术标准作为参与国际监测系统的监测站的最佳操作；提交给无线电通信局或其他主管部门的测量结果应表明监测时的估计精度；如果认为监测站提供

---

[356] 邱雨，杜胜兰：《锤炼维护电波秩序的"尖兵利器"——〈工业和信息化部关于加强无线电监测工作的指导意见〉发布》，《中国无线电》2019年第3期。

[357] 《无线电规则》（2024年版），第1卷条款，第16.5款。

[358] 《无线电规则》（2024年版），第1卷条款，第16.1款。

[359] 《无线电规则》（2024年版），第1卷条款，第16.2款。

的监测结果在实现监测目的方面存在疑问或不足，无线电通信局应通知主管部门或相关国际组织提供适当的细节；主管部门应尽一切努力尽快向无线电通信局提交监测结果。ITU-R 第 23 号决议未列入《无线电规则》第 3 卷，ITU-RSM.1139 建议书也未被引证归并到《无线电规则》第 4 卷，所以二者均不是《无线电规则》的组成部分，不是条约意义上的文件，应被视为无线电通信领域的国际标准，作为国际软法发挥作用，ITU-RSM.1139 建议书中关于适用范围的规定，即"本建议书提供了建议各行政部门考虑的有关国际监测系统的准则"，也印证了这一定性。在无线电规则委员会第 62 次会议上，委员们讨论了国际监测系统的适用范围。他们认为，根据《无线电规则》第 16 条，监测数据可用于识别有害干扰，然而，关于国际监测是否可用于检查卫星网络提前公布资料、协调请求和通知中的数据，这一问题被认为十分敏感。根据《维也纳条约法公约》第 31 条，条约应依其用语按其上下文并参照条约之目的及宗旨所具有的通常意义，善意解释之。条约解释的规则之一是体系解释，即根据条约的上下文来解释。《无线电规则》第 4 章阐述的是"干扰"问题，且仅包括两条：第 15 条（干扰）和第 16 条（国际监测），这便在国际监测与有害干扰问题的解决之间建立了关联，也就是说，国际监测应仅用于处理干扰。如果要将国际监测应用于核实国际频率登记总表内频率的实际使用情况，则应由世界无线电通信大会讨论和制定相关规则。

3. 其他相关监测标准

我国于 2019 年出台了《边境（界）地区无线电电磁环境测试要求和测试方法》（GB/T 37288—2019），该标准不仅规定了在我国边境（界）地区对相关地面无线电业务的无线电特性及使用情况开展定量测试的测试方法，还规定了执行具体的边境（界）电磁环境测试任务的工作流程。这对于掌握边境（界）的无线电电磁环境数据、合理规划和使用无线电频率和无线电台（站）、维护国家权益具有积极意义。

二、无线电干扰查处

（一）干扰的定义和类型

1. 干扰的定义

《无线电规则》[360]和《中华人民共和国无线电频率划分规定》均对干扰进行了定义，内容基本一致，但后者的规定体现了我国国内法上的要求。《中华人民共和国无线电频率划分规定》中对干扰的定义是由于一种或多种发射、辐射、感应或其组合所产生的无用能量对无线电通信系统的接收产生的影响，其表现为性能下降、误解或信息丢失，若不存在这种无用能量，则此后果可以避免[361]。

2. 干扰的分类

无线电干扰的分类方法有以下3种。

（1）按干扰的程度分类

根据无线电干扰的程度，可将干扰分为允许干扰、可接受干扰和有害干扰3类，这一分类方法在《无线电规则》以及《中华人民共和国无线电频率划分规定》中均有采用[362]。

允许干扰是指观测到的或预测的干扰，该干扰符合国家或国际上规定的干扰允许值和共用标准[363]。

可接受干扰是指干扰电平虽高于规定的允许干扰标准，但经两个或两个以上主管部门协商同意，且不损害其他主管部门利益的干扰[364]。

有害干扰是指危害无线电导航或其他安全业务的正常运行，或严重地损

---

360 《无线电规则》（2024年版），第1卷条款，第1.166款。
361 《中华人民共和国无线电频率划分规定》，第1.7.1条。
362 《无线电规则》（2024年版），第1卷条款，第1.167至1.169款；《中华人民共和国无线电频率划分规定》，第1.7.2至1.7.4条。
363 《中华人民共和国无线电频率划分规定》，第1.7.2条。
364 《中华人民共和国无线电频率划分规定》，第1.7.3条。

害、阻碍或一再阻断按规定正常开展的无线电通信业务的干扰[365]。

在这3类干扰中,有害干扰是《国际电信联盟组织法》和《无线电规则》中明确禁止的、成员国应避免产生的且出现后有义务加以消除的干扰。对依法使用的其他无线电频率或者依法设置、使用的无线电台(站)不会产生有害干扰也是《中华人民共和国无线电管理条例》规定的、取得无线电频率使用许可以及无线电台(站)执照的前提条件[366],是研制、生产、销售和维修大功率无线电发射设备时应遵守的要求[367]。《中华人民共和国无线电管理条例》规定,辐射无线电波的非无线电设备对已依法设置、使用的无线电台(站)产生有害干扰的,设备所有者或者使用者应当采取措施予以消除[368]。《中华人民共和国无线电管理条例》还规定,任何无线电发射设备和辐射无线电波的非无线电设备对船舶、航天器、航空器、铁路机车专用的无线电导航、遇险救助和安全通信等涉及人身安全的无线电频率产生有害干扰的,应当立即消除有害干扰[369]。

(2)按干扰的来源分类

根据无线电干扰的来源,《无线电规则》将干扰分为由无线电台(含测试电台)产生的干扰,工业、科学和医疗所用设备产生的干扰,除工业、科学和医疗所用设备之外的其他任何种类的电气设备和装置产生的干扰3类。在我国国内法上,根据无线电干扰的来源,可将干扰分为由无线电台(含测试电台)产生的干扰及由辐射无线电波的非无线电设备产生的干扰,而辐射无线电波的非无线电设备包括工业、科学和医疗设备、电气化运输系统、高压电力线和其他电器装置等[370]。

---

365 《中华人民共和国无线电频率划分规定》,第1.7.4条。
366 《中华人民共和国无线电管理条例》,第15、28、39条。
367 《中华人民共和国无线电管理条例》,第50条。
368 《中华人民共和国无线电管理条例》,第60条。
369 《中华人民共和国无线电管理条例》,第64条。
370 《中华人民共和国无线电管理条例》,第59至60条。

(3) 按干扰所产生的危害程度和紧急程度分类

我国《无线电干扰投诉和查处工作实施细则》[371]规定，根据无线电干扰所产生的危害程度和紧急程度，无线电干扰分为3个等级：第一级为危及国家安全、公共安全、生命财产安全以及影响重大活动正常用频的无线电干扰，第二级为严重影响党政机关、民用航空、广播电视和水上业务部门等重要用户依法开展无线电业务的无线电干扰，第三级为其他无线电干扰[372]。

（二）有害干扰的处理依据和程序

1. 处理依据和处理原则

《中华人民共和国无线电管理条例》第65条第1款规定，依法设置、使用的无线电台（站）受到有害干扰的，可以向无线电管理机构投诉。受理投诉的无线电管理机构应当及时处理，并将处理情况告知投诉人。

根据《中华人民共和国无线电管理条例》第8条和第10条，国家无线电管理机构和省、自治区、直辖市无线电管理机构均有受理有害干扰投诉的职权，应在各自权限范围内处理有害干扰投诉。

《中华人民共和国无线电管理条例》第65条第2款规定，处理无线电频率相互有害干扰，应当遵循频带外让频带内、次要业务让主要业务、后用让先用、无规划让有规划的原则。

《中华人民共和国无线电管理条例》第66条规定，无线电管理机构可以要求产生有害干扰的无线电台（站）采取维修无线电发射设备、校准发射频率或者降低功率等措施消除有害干扰；无法消除有害干扰的，可以责令产生有害干扰的无线电台（站）暂停发射。

《中华人民共和国无线电管理条例》第73条规定了针对有害干扰的行政处罚，即"违反本条例规定，使用无线电发射设备、辐射无线电波的非无线

---

[371] 《无线电干扰投诉和查处工作实施细则》（工信部无〔2018〕192号）于2018年10月8日由工业和信息化部印发，于2018年10月8日起施行。

[372] 《无线电干扰投诉和查处工作实施细则》，第3条。

电设备干扰无线电业务正常进行的,由无线电管理机构责令改正,拒不改正的,没收产生有害干扰的设备,并处 5 万元以上 20 万元以下的罚款,吊销无线电台执照;对船舶、航天器、航空器、铁路机车专用无线电导航、遇险救助和安全通信等涉及人身安全的无线电频率产生有害干扰的,并处 20 万元以上 50 万元以下的罚款"。此外,根据《中华人民共和国无线电管理条例》第 81 条,如果有害干扰构成违反治安管理行为的,依法给予治安管理处罚;构成犯罪的,依法追究刑事责任。《中华人民共和国治安管理处罚法》第 28 条规定,违反国家规定,故意干扰无线电业务正常进行的,或者对正常运行的无线电台(站)产生有害干扰,经有关主管部门指出后,拒不采取有效措施消除的,处 5 日以上 10 日以下拘留;情节严重的,处 10 日以上 15 日以下拘留。《中华人民共和国刑法》第 288 条规定了扰乱无线电通讯管理秩序的刑事处罚,即违反国家规定,擅自设置、使用无线电台(站),或者擅自使用无线电频率,干扰无线电通讯秩序,情节严重的,处 3 年以下有期徒刑、拘役或者管制,并处或者单处罚金;情节特别严重的,处 3 年以上 7 年以下有期徒刑,并处罚金。以上两部法律中涉及无线电管理的条款均能涵盖严重的有害干扰行为。

2. 国家无线电管理机构对有害干扰的查处

为了更好地处理有害干扰投诉,工业和信息化部于 2017 年出台了《无线电干扰投诉和查处工作暂行办法》[373],于 2018 年出台了《无线电干扰投诉和查处工作实施细则》,对干扰投诉和查处工作的规则进行细化规定。其中由国家无线电管理机构负责受理并组织开展的无线电干扰投诉和查处工作适用《无线电干扰投诉和查处工作暂行办法》,而省、自治区、直辖市无线电管理机构负责受理并组织开展的无线电干扰投诉和查处工作相关规定,由各地无线电管理机构结合实际另行制定[374]。此外,2025 年 2 月,国家无线电办公室印发了《卫星无线电有害干扰快速受理处置工作机制》,建立卫星无线电

---

[373]《无线电干扰投诉和查处工作暂行办法》(工信部无〔2017〕170 号)于 2017 年 7 月 14 日由工业和信息化部印发,于 2017 年 9 月 1 日起施行。

[374]《无线电干扰投诉和查处工作暂行办法》,第 2 条。

有害干扰快速受理平台，对卫星无线电有害干扰的受理、处置等程序进行了优化调整。

根据《无线电干扰投诉和查处工作暂行办法》，国家无线电管理机构负责受理我国境内短波、卫星业务的干扰投诉，境外无线电主管部门向我国提出的干扰投诉，还可代表国家向境外无线电主管部门提出干扰投诉。国家无线电管理机构组织国家无线电监测中心，相关省、自治区、直辖市无线电管理机构和其他有关单位开展无线电干扰的查找和处置[375]。境内合法使用短波、卫星业务的单位或个人，受到无线电有害干扰时，均可向国家无线电管理机构提出干扰投诉；而境外用户受到可能来自我国的无线电干扰时，可由境外相关无线电主管部门向我国无线电管理机构提出干扰投诉[376]。

无线电有害干扰的投诉人应当是合法的无线电频率的使用者和无线电台的操作者，其合法性体现在：①要求干扰保护的频率和台站应具备无线电管理机构颁发的在有效期内的频率使用许可或无线电台执照[377]；②受干扰的频率和台站如涉及射电天文台、气象雷达站、卫星测控（导航）站、机场等需要电磁环境特殊保护的项目，投诉人还应提交在工程选址前征求并采纳无线电管理机构意见的电磁兼容分析和论证报告[378]；③对于向境外无线电主管部门提出干扰投诉的，投诉人应就受干扰频率和台站履行必要的国际协调或国际登记工作，但国际电信联盟《无线电规则》规定的违规发射干扰投诉除外[379]。此外，投诉人还应当在提出干扰投诉前进行自查，排除由自身设备故障、

---

375 《无线电干扰投诉和查处工作暂行办法》，第3条。

376 《无线电干扰投诉和查处工作暂行办法》，第4条。

377 《无线电干扰投诉和查处工作暂行办法》，第5条。

378 《中华人民共和国无线电管理条例》，第62条规定："建设射电天文台、气象雷达站、卫星测控（导航）站、机场等需要电磁环境特殊保护的项目，项目建设单位应当在确定工程选址前对其选址进行电磁兼容分析和论证，并征求无线电管理机构的意见；未进行电磁兼容分析和论证，或者未征求、采纳无线电管理机构意见的，不得向无线电管理机构提出排除有害干扰的要求。"又见《无线电干扰投诉和查处工作暂行办法》，第5条。

379 《无线电干扰投诉和查处工作暂行办法》，第5条。

用户误操作等造成的干扰。有条件的用户，还可将疑似的干扰源位置、频谱图等相关信息与无线电干扰投诉单一并提交国家无线电管理机构，并在具体干扰查找过程中为无线电管理机构提供必要的协助[380]。

接到干扰投诉后，国家无线电管理机构应当通过以下手段查处有害干扰。

① 及时审查：符合投诉要求的，及时向相关单位下达无线电干扰排查任务；不符合投诉要求的，应告知投诉人具体原因；投诉资料不全的，应一次性告知投诉人予以补全[381]。

② 组织开展监测定位：组织国家无线电监测中心开展监测定位，并将国家无线电监测中心提供的初步定位结果转交干扰所在省、自治区、直辖市无线电管理机构进行后续干扰查处工作[382]。

③ 省级无线电管理机构按照相关法律法规依法查处：对于干扰源在境内的，由干扰所在省、自治区、直辖市无线电管理机构按照《中华人民共和国无线电管理条例》和地方无线电管理有关法规依法查处，在规定期限内填写无线电干扰投诉排查任务回执单报国家无线电管理机构[383]。干扰源可能涉及多个省、自治区、直辖市的，由国家无线电管理机构牵头，组织相关省、自治区、直辖市无线电管理机构开展联合查处[384]。

④ 对于境外的无线电干扰的投诉：对于干扰源在境外的，投诉人应按照国际电信联盟《无线电规则》对不同干扰类型的投诉要求，填写违章报告或有害干扰报告，由国家无线电管理机构组织开展对外干扰投诉工作[385]。

为便于有害干扰投诉，2023年3月20日，工业和信息化部依托"12381

---

380 《无线电干扰投诉和查处工作暂行办法》，第7条。
381 《无线电干扰投诉和查处工作暂行办法》，第8条。
382 《无线电干扰投诉和查处工作暂行办法》，第9条。
383 《无线电干扰投诉和查处工作暂行办法》，第10条。
384 《无线电干扰投诉和查处工作暂行办法》，第12条。
385 《无线电干扰投诉和查处工作暂行办法》，第11条。

工信部公共服务电话平台"开通无线电干扰投诉受理热线，设立了工业和信息化部无线电干扰投诉受理中心，成为无线电领域政民互动、回应社会关切的重要窗口。据统计，该中心受理无线电干扰投诉包括运营商基站信号受到干扰、民航频率受到干扰及"黑广播"等情况；也受理群众举报，包括涉及GPS 干扰器、信号干扰器、屏蔽器、放大器、非法对讲机、智能电表及监控网桥等问题；中心还受理了其他非无线电干扰投诉。针对以上无线电干扰投诉事项，受理中心详细记录有关情况，并转交给相关的省、自治区、直辖市无线电管理机构，由相关机构依据《无线电干扰投诉和查处工作暂行办法》《无线电干扰投诉和查处工作实施细则》要求，开展无线电监测定位、干扰源查找和处置工作。

3. 省、自治区、直辖市无线电管理机构对有害干扰的查处

一些省、自治区、直辖市无线电管理机构已经出台了关于无线电干扰投诉和查处的工作办法。以广东省为例，广东省工业和信息化厅于 2023 年 9 月 6 日印发了《广东省工业和信息化厅无线电干扰投诉和查处工作办法》（粤工信规字〔2023〕4 号），其相关内容如下。

（1）处理无线电干扰投诉和查处干扰的机构

在广东省，查处无线电干扰的机构为广东省工业和信息化厅及其委托实施无线电管理行政职权的组织（以下称无线电管理机构）[386]。

（2）无线电干扰投诉和查处的范围

无线电管理机构受理和查处的无线电干扰为"无线电有害干扰"，即严重地损害、阻碍或一再阻断按规定正常开展的无线电通信业务的干扰[387]。

在广东省，无线电管理机构不予受理的情况包括：

① 不属于无线电管理机构职权范围内的；

② 涉及电磁辐射影响环境的投诉；

---

386 《广东省工业和信息化厅无线电干扰投诉和查处工作办法》，第 2 条。
387 《广东省工业和信息化厅无线电干扰投诉和查处工作办法》，第 4 条。

③ 由国家无线电管理机构负责受理的短波、卫星等业务的干扰投诉；

④ 按有关规定不予受理的其他情况。

（3）投诉人投诉渠道和要求

在广东省内发现无线电干扰的单位（个人），有权向无线电管理机构投诉。提出投诉的单位（个人）（简称投诉人）原则上向受到无线电干扰所在市无线电管理机构进行投诉，如可能涉及跨市的无线电干扰情况，也可向广东省工业和信息化厅进行投诉[388]。

投诉人进行无线电干扰投诉时，应通过邮寄函件、传真等线下方式或12345 热线、登录网上办事大厅或地级市以上无线电管理机构公众网站等线上方式实名投诉，同时如实、完整地填写、提交《无线电干扰投诉单》，如果投诉人为合法设台用频的单位或个人，还应当提供无线电管理机构颁发的在有效期内的频率使用许可或无线电台执照的复印件或扫描件。对于突发影响国家安全、公共安全、生命财产安全等重大无线电干扰，确实来不及提出书面干扰投诉的，可先通过电话等方式向无线电管理机构口头提出干扰投诉，并在 2 个工作日内以邮寄函件、传真、网络等方式补发正式函件[389]。

我国香港特别行政区、澳门特别行政区无线电主管部门提出无线电干扰投诉的，按照《内地与香港地面移动、固定及广播（声音及电视）业务频率协调协议书》《内地与澳门地面移动、固定及广播（声音及电视）业务频率协调协议书》要求办理[390]。

受干扰的频率和台站如果涉及射电天文台、气象雷达站、机场等需要电磁环境特殊保护的项目，投诉人还应该提交在工程选址前征求并采纳无线电管理机构意见的电磁兼容分析和论证报告[391]。

投诉人应当提供客观真实的投诉材料及证据，并对其材料内容的真实性

---

388 《广东省工业和信息化厅无线电干扰投诉和查处工作办法》，第 5 条。
389 《广东省工业和信息化厅无线电干扰投诉和查处工作办法》，第 8 条。
390 《广东省工业和信息化厅无线电干扰投诉和查处工作办法》，第 9 条。
391 《广东省工业和信息化厅无线电干扰投诉和查处工作办法》，第 10 条。

负责[392]。

投诉人应当在干扰投诉前进行自查，排除由自身设备故障、用户误操作等造成的干扰。有条件的投诉人，还可将疑似的干扰源位置、频谱图等相关信息与相关材料一并提交[393]。

（4）无线电管理机构处理无线电干扰投诉的方式

由受干扰台（站）所在市无线电管理机构组织查找干扰源并反馈处理结果。干扰源在本市内的，由干扰源所在市无线电管理机构组织查处；涉及跨市间无线电干扰事宜，由广东省工业和信息化厅组织相关市无线电管理机构开展联合查处；涉及境外或跨省间无线电干扰事宜，由广东省工业和信息化厅报国家无线电管理机构办理[394]。国家无线电管理机构下达或转广东省处理的无线电干扰查处任务，由广东省工业和信息化厅组织地级以上市无线电管理机构按要求执行，由国家无线电管理机构将处理结果反馈投诉人[395]。

当无线电干扰为非法无线电台（站）产生时，由无线电管理机构责令设台单位采取停止发射等技术措施消除有害干扰，并根据《中华人民共和国无线电管理条例》《广东省无线电管理条例》对其违法行为进行行政处罚[396]。

当无线电干扰为合法无线电台（站）因非技术故障原因产生时，需要协调台站或频率的，遵循频带外让频带内、次要业务让主要业务、后用让先用、无规划让有规划的干扰协调的一般性原则处理[397]。

当无线电干扰为合法无线电台（站）因技术故障原因产生时，由无线电管理机构责令设台单位采取维修无线电发射设备、校准发射频率、降低发射功率、暂停发射等技术措施消除有害干扰，并根据《中华人民共和国无线电

---

392 《广东省工业和信息化厅无线电干扰投诉和查处工作办法》，第11条。
393 《广东省工业和信息化厅无线电干扰投诉和查处工作办法》，第12条。
394 《广东省工业和信息化厅无线电干扰投诉和查处工作办法》，第19条。
395 《广东省工业和信息化厅无线电干扰投诉和查处工作办法》，第17条。
396 《广东省工业和信息化厅无线电干扰投诉和查处工作办法》，第24条。
397 《广东省工业和信息化厅无线电干扰投诉和查处工作办法》，第25条。

管理条例》《广东省无线电管理条例》相关规定进行处理[398]。

（5）对影响国家安全、公共安全、生命财产安全等重大无线电干扰投诉的处理

对突发影响国家安全、公共安全、生命财产安全等重大无线电干扰的投诉，无线电管理机构应按照相关突发事件应急预案处理[399]。

无线电管理机构接到危及国家安全、公共安全、生命财产安全以及影响重大活动正常用频的无线电干扰排查任务时，应立即启动干扰监测；接到严重影响党政机关、民用航空、广播电视和水上业务部门等重要用户依法开展无线电业务的无线电干扰排查任务时，应在接到任务当日启动干扰监测；接到其他无线电干扰排查任务时，应在接到任务后24小时内启动干扰监测[400]。

重大保障活动中的无线电干扰查处，按保障要求和保障方案办理[401]。

第二节　无线电电磁环境保护

电磁环境是指存在于给定场所的所有电磁现象的总和[402]，由自然电磁环境和人为电磁环境组成[403]。自然界自发的各种电磁辐射，如静电、雷电、地磁场、宇宙射线、太阳黑子活动等，形成了自然电磁环境。人为电磁环境由各种军用、民用电子设备，如通信、导航、广播、电视、民航、交通、卫星等用频设备，以及辐射无线电波的工业、科学和医疗设备的使用而产生。无线电电磁环境是指存在于给定场所的所有无线电电磁现象的总和[404]。随着无

398　《广东省工业和信息化厅无线电干扰投诉和查处工作办法》，第25条。
399　《广东省工业和信息化厅无线电干扰投诉和查处工作办法》，第15条。
400　《广东省工业和信息化厅无线电干扰投诉和查处工作办法》，第18条。
401　《广东省工业和信息化厅无线电干扰投诉和查处工作办法》，第20条。
402　《电磁环境控制限值》（GB 8702—2014），第3.1款。
403　北斗卫星导航系统官网，《导航系统的电磁环境》。
404　《云南省无线电电磁环境保护条例》，第2条。

线电技术的进步，无线电应用已遍及国防、经济、科技、社会等各个领域，各行业对无线电频谱的需求日益增加，电磁环境日益复杂。

传统的无线电管理制度，从无线电频率的规划、划分、分配、指配和使用，无线电台（站）的设置、使用，无线电发射设备型号核准以及无线电干扰查处等几大主要环节入手，已建立起一整套的监管制度，但我国尚未建立系统和全面的电磁环境管理规范[405]。国家层面的电磁环境管理规范散见于部分法律和行政法规中，地方立法中有个别地方性法规和地方政府规章对电磁环境保护进行了规定。

一、法律中的电磁环境保护

《中华人民共和国军事设施保护法》[406]《中华人民共和国民用航空法》[407]两部法律中均有关于电磁环境保护的规定，其出发点是保护军用无线电固定设施或军事禁区、军事管理区内无线电固定设施及机场等需要特殊保护的电磁环境。

《中华人民共和国军事设施保护法》第33条规定：

"在军用无线电固定设施电磁环境保护范围内，禁止建造、设置影响军用无线电固定设施使用效能的设备和电磁障碍物体，不得从事影响军用无线电固定设施电磁环境的活动。

"军用无线电固定设施电磁环境的保护措施，由军地无线电管理机构按照国家无线电管理相关规定和标准共同确定。

"军事禁区、军事管理区内无线电固定设施电磁环境的保护，适用前两款

405　祁锋：《〈云南省无线电电磁环境保护条例〉解读》，《中国无线电》2008年第6期。

406　《中华人民共和国军事设施保护法》于1990年2月23日由第七届全国人民代表大会常务委员会第十二次会议通过，于2021年6月10日由第十三届全国人民代表大会常务委员会第二十九次会议修订。

407　《中华人民共和国民用航空法》于1995年10月30日由第八届全国人民代表大会常务委员会第十六次会议通过，最新版本于2021年4月29日由第十三届全国人民代表大会常务委员会第二十八次会议修正。

规定。

"军用无线电固定设施电磁环境保护涉及军事系统与非军事系统间的无线电管理事宜的,按照国家无线电管理的有关规定执行。"

《中华人民共和国军事设施保护法》第59条和第63条规定了违反该法应承担的行政法律责任和刑事法律责任,分别是:第一,针对违反该法第33条规定,在军用无线电固定设施电磁环境保护范围内建造、设置影响军用无线电固定设施使用效能的设备和电磁障碍物体,或者从事影响军用无线电固定设施电磁环境的活动的,由自然资源、生态环境等主管部门以及无线电管理机构给予警告,责令限期改正;逾期不改正的,查封干扰设备或者强制拆除障碍物;第二,破坏军用无线电固定设施电磁环境,干扰军用无线电通讯,情节严重构成犯罪的,依法追究刑事责任。与此相关的,《中华人民共和国刑法》第369条规定,破坏武器装备、军事设施、军事通信的,处3年以下有期徒刑、拘役或者管制;破坏重要武器装备、军事设施、军事通信的,处3年以上10年以下有期徒刑;情节特别严重的,处10年以上有期徒刑、无期徒刑或者死刑。过失犯此罪,造成严重后果的,处3年以下有期徒刑或者拘役;造成特别严重后果的,处3年以上7年以下有期徒刑。战时犯前两款罪的,从重处罚。

《中华人民共和国民用航空法》第58条规定,禁止在依法划定的民用机场范围内和按照国家规定划定的机场净空保护区域内修建影响机场电磁环境的建筑物或者设施。例如,2023年10月,最高人民检察院发布安全生产检察公益诉讼典型案例第7号"宁夏回族自治区中卫市人民检察院督促保护中卫沙坡头机场净空安全行政公益诉讼案"。2022年4月初,中卫市人民检察院在履行职责中发现中卫沙坡头机场净空及电磁环境保护区存在安全隐患的线索,遂依法开展调查,之后组织召开公开听证会,向中卫市人民政府送达磋商函、向沙坡头区人民政府公开宣告送达诉前检察建议书,督促其立即采取有效措施消除沙坡头机场净空安全隐患;并向国家电网中卫分公司、西部机场集团宁夏机场有限公司中卫分公司、中冶美利西部生态建设有限公司制发社会治理检察建议，要求上述单位堵塞工作漏洞，建立健全长效机制，排除机场净空和电磁环境的安全隐患。

二、行政法规中的电磁环境保护

《中华人民共和国无线电管理条例》当中没有对电磁环境进行界定，但在设台条件和台站布局、非无线电设施使用要求、特殊项目保护以及专用频率保护方面，规定了与电磁环境保护相关的内容，其出发点是有效利用无线电频谱资源和避免有害干扰。

在设台条件和台站布局方面，《中华人民共和国无线电管理条例》第28条第5款规定，设置、使用无线电台（站），应当有能够保证无线电台（站）正常使用的电磁环境，拟设置的无线电台（站）对依法使用的其他无线电台（站）不会产生有害干扰。《中华人民共和国无线电管理条例》第35条第2款规定，设置大型无线电台（站）、地面公众移动通信基站，其台址布局规划应当符合资源共享和电磁环境保护的要求。

在非无线电设施使用要求方面，《中华人民共和国无线电管理条例》第59条和第61条分别规定，非无线电设备产生的无线电波辐射应当符合国家标准及国家无线电管理的有关规定；产生无线电波辐射并可能对已依法设置、使用的无线电台（站）造成有害干扰的工程设施，其选址定点由相关部门协商确定。

在特殊项目保护方面，《中华人民共和国无线电管理条例》第62条规定，建设射电天文台、气象雷达站、卫星测控（导航）站、机场等需要电磁环境特殊保护的项目，项目建设单位应当在确定工程选址前对其选址进行电磁兼容分析和论证，并征求无线电管理机构的意见；未进行电磁兼容分析和论证，或者未征求、采纳无线电管理机构的意见的，不得向无线电管理机构提出排除有害干扰的要求。

在专用频率保护方面，船舶、航天器、航空器、铁路机车使用专用的无线电频率进行无线电导航、遇险救助和安全通信等，主要目的是确保相关系统运行平稳和乘客人身安全，为此，《中华人民共和国无线电管理条例》第

64 条规定，国家对船舶、航天器、航空器、铁路机车专用的无线电导航、遇险救助和安全通信等涉及人身安全的无线电频率予以特别保护。任何无线电发射设备和辐射无线电波的非无线电设备对其产生有害干扰的，应当立即消除有害干扰。

三、地方立法中的电磁环境保护

（一）保护电磁环境的地方立法

《云南省无线电电磁环境保护条例》[408]是云南省人民代表大会常务委员会出台的有关电磁环境保护的地方性法规，也是目前我国唯一一部专门涉及无线电电磁环境保护的法规，填补了我国无线电电磁环境保护立法的空白。

《云南省无线电电磁环境保护条例》共 6 章 45 条，明确了无线电电磁环境保护的基本原则：统一规划，分级保护，预防为主，综合治理[409]。该条例建立了无线电电磁环境保护区制度、无线电电磁环境监测和评估制度以及无线电发射设备销售跟踪制度等相关制度[410]。

1. 无线电电磁环境保护区制度

《云南省无线电电磁环境保护条例》建立了无线电电磁环境保护区，根据业务的重要程度，将无线电电磁环境保护区分为三级[411]。

一级保护区是指关系公共安全的重要设施的电磁环境保护区域，包括民用航空地面无线电台（站）、安全业务台（站）等区域。

二级保护区是指对无线电电磁环境保护有特殊要求的重要区域，包括铁路、航运调度台（站）和大型卫星地球站、对空情报雷达站、射电天文台、

---

408 《云南省无线电电磁环境保护条例》于 2008 年 3 月 28 日由云南省第十一届人民代表大会常务委员会第二次会议表决通过，于 2012 年 3 月 31 日由云南省第十一届人民代表大会常务委员会第三十次会议修改。

409 《云南省无线电电磁环境保护条例》，第 3 条。

410 祁锋：《〈云南省无线电电磁环境保护条例〉解读》，《中国无线电》2008 年第 6 期。

411 《云南省无线电电磁环境保护条例》，第 14 条。

无线电监测和测向台（站）等区域。

三级保护区是指无线电业务运用集中的区域，包括公用通信网、专用通信网等台（站）集中的区域。

针对3个级别的保护区内以及非保护区的无线电电磁环境状况，条例也进行了具体规定。

第一，一、二级保护区内，确需设置保护台（站）以外的其他无线电台（站）的，应当进行无线电电磁环境测试和电磁兼容分析。无线电管理机构作出是否许可决定前，应当组织专家论证；涉及重大公共利益的，应当召开听证会[412]。在一、二级保护区范围内不得新建、使用对无线电台（站）造成影响的下列设施设备：①高压输电线及变电站；②工业、科学和医疗等辐射无线电波的非无线电设备；③建筑物、金属栅栏、架空金属缆线等设施[413]。在一、二级保护区范围内新建电气化铁路、二级以上公路等国家重大建设项目，造成保护区内无线电台（站）搬迁的，建设单位应当按照国家有关规定给予补偿。补偿费用应当列入其项目可行性研究和初步设计方案[414]。

第二，三级保护区内禁止新设雷达、大功率微波及发射功率大于100瓦的无线电台（站），申请新设其他无线电台（站）应当提交电磁兼容分析报告[415]。

在各级保护区内设置、使用无线电台（站）的单位，对保护区及其周边地区发生的可能影响保护区电磁环境的行为，应当主动与有关单位协调并向无线电管理机构报告；不能达成一致意见的，无线电管理机构应当及时协调处理[416]。

第三，在保护区以外的其他区域，申请设置发射功率在100瓦以上的无

---

412 《云南省无线电电磁环境保护条例》，第15条第1款。
413 《云南省无线电电磁环境保护条例》，第17条。
414 《云南省无线电电磁环境保护条例》，第18条。
415 《云南省无线电电磁环境保护条例》，第15条第2款。
416 《云南省无线电电磁环境保护条例》，第19条。

线电台（站），应当进行无线电电磁环境测试、电磁兼容分析[417]。

2. 无线电专用通信网建设和重大建设项目选址中的电磁环境保护要求

《云南省无线电电磁环境保护条例》就无线电专用通信网建设和重大建设项目选址提出了电磁环境保护的要求，规定无线电管理机构审批无线电专用通信网应当遵循节约频率资源、有利于无线电电磁环境保护的原则，并召开专家论证会进行必要性和可行性论证[418]。该条例还规定机场、码头、铁路、高等级公路以及高压输电线、变电站、高频炉等涉及无线电电磁环境保护的重大建设项目的选址，应当在立项前进行无线电电磁环境测试和电磁兼容分析。不符合电磁环境保护规划的，建设单位应当变更选址方案；无法实现电磁兼容的，建设单位应当与有关单位协商解决或者变更选址方案。建设（规划）行政主管部门在审查超限高层建筑工程规划设计方案时，对可能影响无线电台（站）电磁环境的，应当征求无线电管理机构的意见[419]。

3. 与电磁环境保护相关的设备管理要求

无线电发射设备使用不当会产生有害干扰，影响电磁环境，因此，《云南省无线电电磁环境保护条例》建立了无线电发射设备销售跟踪制度，要求销售微功率（短距离）无线电发射设备、公众移动通信终端以外的无线电发射设备，销售商应当如实填写由省无线电管理机构制作的《无线电发射设备销售、使用登记卡》，并在每季度末将登记卡送当地无线电管理机构备案[420]。这一立法创制早于2016年修订的《中华人民共和国无线电管理条例》中所确立的无线电发射设备销售备案制度，后者规定销售应当取得型号核准的无线电发射设备，应当向省、自治区、直辖市无线电管理机构办理销售备案[421]。

《云南省无线电电磁环境保护条例》还规定，不得擅自使用无线电移动通

---

417 《云南省无线电电磁环境保护条例》，第16条。
418 《云南省无线电电磁环境保护条例》，第21条。
419 《云南省无线电电磁环境保护条例》，第22条。
420 《云南省无线电电磁环境保护条例》，第24条。
421 《中华人民共和国无线电管理条例》，第48条。

信干扰设备，确需使用的，应当报省保密部门审核同意，所用设备经无线电管理机构测试合格，办理临时设台（站）许可手续后，按照设台（站）许可确定的发射频率、功率、时间、地点使用，并指定专人管理[422]。

《云南省无线电电磁环境保护条例》还要求设置、使用无线电台（站）的单位应当对其使用的无线电发射设备进行定期检测维护，并将检测维护情况报当地无线电管理机构备案。设置、使用无线电台（站）的单位，其设备的技术指标不符合国家标准或者达不到相关电磁环境保护要求的，应当及时整改，整改达不到要求的应当停止使用，并办理报停、报废手续[423]。辐射无线电波的非无线电设施、设备对无线电台（站）产生有害干扰的，其所有人或者使用人应当及时采取措施消除干扰或者停止使用。用于防治无线电电磁辐射污染的设施、设备应当保持正常运行，不得擅自拆除或者停止使用[424]。

4. 无线电电磁环境监测和评估制度

《云南省无线电电磁环境保护条例》规定无线电管理机构应当建立无线电电磁环境监测和评估制度，定期向社会公布无线电电磁环境状况。无线电监测机构应当对无线电电磁环境进行监测、评估，对无线电发射设备定期进行分类检测，出具监测、检测报告，为无线电电磁环境保护提供技术依据[425]。

5. 无线电电磁环境保护的管理机构及其职责

《云南省无线电电磁环境保护条例》在地方性法规中第一次确立了无线电管理机构为无线电电磁环境保护工作的主管部门[426]，规定了以下7项省内无线电管理机构在电磁环境保护方面的具体职责。

（1）省无线电管理机构的主要职责

省无线电管理机构应当将无线电电磁环境保护规划纳入全省无线电事业

---

422 《云南省无线电电磁环境保护条例》，第20条。

423 《云南省无线电电磁环境保护条例》，第30条。

424 《云南省无线电电磁环境保护条例》，第31条。

425 《云南省无线电电磁环境保护条例》，第27条。

426 《云南省无线电电磁环境保护条例》，第6条。

发展规划,并组织实施[427]。省无线电管理机构负责制定全省无线电电磁环境保护制度,审查保护规划和保护区划定方案,协调跨行政区域及边境地区的有关保护工作。省无线电管理机构应当与军队无线电管理机构建立联席会议制度,定期研究、协调无线电电磁环境保护的有关事宜[428]。

(2)州(市)无线电管理机构的主要职责

州(市)无线电管理机构组织编制无线电电磁环境保护规划,报本级人民政府批准后实施[429]。州(市)无线电管理机构根据无线电电磁环境保护规划和国家标准、行业标准划定保护区,并征求发展改革、规划(建设)、环境保护等行政主管部门的意见,报本级人民政府批准后予以公告[430]。州(市)无线电管理机构编制的保护规划和划定保护区的具体方案,在报本级人民政府批准前应当经省无线电管理机构审查同意[431]。州(市)无线电管理机构负责制定无线电电磁环境保护的具体措施,依法查处违法行为[432]。

(3)州(市)人民政府的职责

州(市)人民政府应当将无线电电磁环境保护规划纳入本级城乡建设总体规划[433]。

(4)县级人民政府的主要职责

县级人民政府负责无线电管理工作的机构,负责实施无线电电磁环境保护规划,开展监督检查工作[434]。

(5)无线电监测机构的主要职责

省和州(市)无线电监测机构负责无线电电磁环境的监测、评估和电磁

---

427 《云南省无线电电磁环境保护条例》,第11条第1款。
428 《云南省无线电电磁环境保护条例》,第8条。
429 《云南省无线电电磁环境保护条例》,第11条第2款。
430 《云南省无线电电磁环境保护条例》,第12条。
431 《云南省无线电电磁环境保护条例》,第13条。
432 《云南省无线电电磁环境保护条例》,第9条第1款。
433 《云南省无线电电磁环境保护条例》,第11条第3款。
434 《云南省无线电电磁环境保护条例》,第9条第2款。

兼容分析工作[435]。

（6）相关主管部门的协调配合

《云南省无线电电磁环境保护条例》规定，无线电管理机构、发展改革、建设（规划）、环境保护等行政主管部门应当加强协调与配合，做好宣传工作，采取措施，综合治理，改善电磁环境状况[436]。该条例还规定编制无线电电磁环境保护规划应当听取有关部门和单位的意见[437]。无线电管理机构应当会同有关部门制定无线电干扰事件应急预案，报本级人民政府批准后执行；设置使用发射功率大于100瓦的无线电台（站）的单位应当制定无线电干扰事件应急预案，并向当地无线电管理机构备案[438]。

（7）行业内部的管理举措

《云南省无线电电磁环境保护条例》规定，无线电台（站）设置数量较多、覆盖面广的行业和系统，应当建立健全内部管理制度和措施，加强对本行业、本系统电磁环境保护工作的管理、指导、监督[439]。

（二）机场电磁环境保护

除《云南省无线电电磁环境保护条例》这部专门涉及无线电电磁环境保护的法规以外，地方立法中还有一些地方性法规、地方政府规章等对机场电磁环境保护进行了规定。其中地方性法规包括《四川省民用机场净空及电磁环境保护条例》[440]和《徐州观音国际机场净空和电磁环境保护条例》[441]。地

---

435 《云南省无线电电磁环境保护条例》，第10条。
436 《云南省无线电电磁环境保护条例》，第28条。
437 《云南省无线电电磁环境保护条例》，第11条第4款。
438 《云南省无线电电磁环境保护条例》，第33条。
439 《云南省无线电电磁环境保护条例》，第29条。
440 《四川省民用机场净空及电磁环境保护条例》于2001年9月22日由四川省第九届人民代表大会常务委员会公告第59号公布，于2001年9月22日起施行。
441 《徐州观音国际机场净空和电磁环境保护条例》于2023年12月8日由徐州市第十七届人民代表大会常务委员会公告第18号公布，并于2024年2月1日起施行。

方政府规章包括《贵阳龙洞堡国际机场净空和电磁环境保护管理规定》[442]《无锡市民用机场净空和电磁环境保护办法》[443]《青岛市民用机场净空和电磁环境保护管理办法》[444]《泸州市机场净空及电磁环境保护管理办法》[445]《江西省民用机场净空和民用航空电磁环境保护办法》[446]等。

以《江西省民用机场净空和民用航空电磁环境保护办法》为例，其中所指的民用航空电磁环境保护区域包括民用航空无线电台（站）电磁环境保护区域和民用机场飞行区电磁环境保护区域。民用航空无线电台（站）电磁环境保护区域是指为保护民航无线电专用频率，按照国家规定和相关技术标准划定的地域和空间范围；民用机场飞行区电磁环境保护区域是指影响民用航空器运行安全的机场电磁环境区域，即机场管制地带内从地表面向上的空间范围[447]。民用机场所在地地方无线电管理机构应当会同地区民用航空管理机构按照国家无线电管理的有关规定和标准确定民用机场电磁环境保护区域，并向社会公布。

而就民用机场电磁环境保护所采取的措施而言，以《贵阳龙洞堡国际机场净空和电磁环境保护管理规定》为例，该规定提出，在贵阳龙洞堡国际机场电磁环境保护区域内设置、使用非民用航空无线电台（站）的单位，应当

---

442 《贵阳龙洞堡国际机场净空和电磁环境保护管理规定》于2013年11月5日由贵阳市人民政府令第11号公布，根据2022年12月19日公布的《贵阳市人民政府关于修改〈贵阳公共场所禁止吸烟暂行规定〉等59件规章的决定》第四次修改。

443 《无锡市民用机场净空和电磁环境保护办法》于2021年12月31日由无锡市人民政府令第178号发布，于2022年3月1日起施行。

444 《青岛市民用机场净空和电磁环境保护管理办法》于2015年12月24日由青岛市人民政府令242号公布，于2016年2月1日起施行，根据2024年6月4日《青岛市人民政府关于修改和废止部分市政府规章的决定》第二次修订。

445 《泸州市机场净空及电磁环境保护管理办法》于2019年12月23日由泸州市人民政府令第75号公布，于2020年2月1日起施行。

446 《江西省民用机场净空和民用航空电磁环境保护办法》于2007年4月29日由江西省人民政府令第157号公布，于2019年11月27日由江西省人民政府令第242号第四次修正。

447 《江西省民用机场净空和民用航空电磁环境保护办法》，第3条第3款。

依法办理报批手续[448]；贵阳龙洞堡国际机场航空无线电台（站）电磁环境保护区域内，禁止下列影响电磁环境的行为：①修建架空高压输电线、架空金属线、铁塔、铁路、公路、电力排灌站；②存放金属堆积物；③种植高大植物或者安置高大物体；④掘土、采砂、采石等改变地形地貌的行为；⑤法律、法规和国务院民用航空主管部门、无线电主管部门规定的其他影响机场电磁环境的行为，且在电磁环境保护区域外实施前款规定行为的，不得影响机场电磁环境[449]。任何单位和个人使用的无线电台（站）和其他仪器、装置，不得妨碍贵阳机场航空无线电专用频率的正常使用[450]。

（三）其他电磁环境保护的地方性立法

《贵州省500米口径球面射电望远镜电磁波宁静区保护办法》制定于2013年，修订于2019年，是贵州省人民政府发布的地方政府规章[451]。该办法为贵州省黔南布依族苗族自治州境内建设的500米口径球面射电望远镜划设了保障其正常运行必备的电磁环境保护区域，称为"500米口径球面射电望远镜电磁波宁静区[452]"。电磁波宁静区划分为核心区、中间区和边远区[453]。在电磁波宁静区内设置、使用无线电台（站），使用无线电发射设备或者产生电磁辐射的电子产品，建设、运行辐射无线电波的工业、科学、医疗设备或者110千伏以上的高压变电站和架空高压输电线、机场、电气化铁路、高速公路等设施（以下统称辐射无线电波的设施），应当遵守该办法[454]。该办法

---

448 《贵阳龙洞堡国际机场净空和电磁环境保护管理规定》，第15条。

449 《贵阳龙洞堡国际机场净空和电磁环境保护管理规定》，第16条。

450 《贵阳龙洞堡国际机场净空和电磁环境保护管理规定》，第17条。

451 《贵州省500米口径球面射电望远镜电磁波宁静区保护办法》于2013年7月16日由贵州省人民政府令第143号公布，自2013年10月1日起施行；2019年1月，贵州省人民政府公布新的《贵州省500米口径球面射电望远镜电磁波宁静区保护办法》，自2019年4月1日起施行。

452 《贵州省500米口径球面射电望远镜电磁波宁静区保护办法》，第2条。

453 同上。

454 《贵州省500米口径球面射电望远镜电磁波宁静区保护办法》，第3条。该办法

就核心区、中间区和边远区内禁止设置、使用无线电台（站）以及禁止建设、运行的辐射无线电波的设施和其他设施进行了规定[455]。

500米口径球面射电望远镜所在的贵州省黔南布依族苗族自治州还出台了《黔南布依族苗族自治州500米口径球面射电望远镜电磁波宁静区环境保护条例》[456]，该条例属于民族区域自治地方通过行使自治立法权而制定的单行条例，其法律依据是《中华人民共和国立法法》第81条第4款和《中华人民共和国民族区域自治法》[457]第19条。根据相关规定，自治州的人民代表大会及其常务委员会有权依照当地民族的政治、经济和文化的特点，制定自治条例和单行条例，其中自治州的自治条例和单行条例报省、自治区、直辖市的人民代表大会常务委员会批准后生效，并报全国人民代表大会常务委员会和国务院备案。《黔南布依族苗族自治州500米口径球面射电望远镜电磁波宁静区环境保护条例》规定了在射电望远镜电磁波宁静区的核心区禁止建设对射电望远镜产生电磁环境影响的项目或者辐射无线电波的设施，禁止采伐、狩猎、开垦、烧荒等破坏环境的活动，禁止倾倒、遗撒或者堆放固体废物等[458]；还规定了在射电望远镜电磁波宁静区的中间区和边远区建设对电磁环境产生影响的项目以及设置、使用无线电台（站）或者建设辐射无线电波

455　《贵州省500米口径球面射电望远镜电磁波宁静区保护办法》，第7至8条。

456　《黔南布依族苗族自治州500米口径球面射电望远镜电磁波宁静区环境保护条例》于2016年7月6日由黔南布依族苗族自治州第十三届人民代表大会常务委员会第三十三次会议通过，2016年7月29日贵州省第十二届人民代表大会常务委员会第二十三次会议批准。后根据2019年5月31日贵州省第十三届人民代表大会常务委员会第十次会议批准的《黔南布依族苗族自治州第十四届人民代表大会常务委员会第十五次会议关于修改〈黔南布依族苗族自治州500米口径球面射电望远镜电磁波宁静区环境保护条例〉的决定》修正。

457　《中华人民共和国民族区域自治法》于1984年5月31日由第六届全国人民代表大会第二次会议通过，于2001年2月28日由第九届全国人民代表大会常务委员会第二十次会议修正。

458　《黔南布依族苗族自治州500米口径球面射电望远镜电磁波宁静区环境保护条例》，第15条。

的设施的环境保护要求以及征求意见等程序[459]。该条例明确了自治州人民政府及射电望远镜电磁波宁静区所在地县级人民政府、省无线电主管部门派驻本州无线电管理机构的主要职责[460]。

第三节　无线电行政违法行为及其法律责任

行政违法行为是指行政法主体违反行政法律规范，侵害受法律保护的行政法关系，对社会造成一定程度的危害，尚未构成犯罪的行为。

无线电行政违法行为主要是指任何组织和个人违反法律或行政法规中关于无线电的条款所产生的行政违法行为，这些法律和行政法规包括《中华人民共和国治安管理处罚法》《中华人民共和国军事设施保护法》《中华人民共和国民用航空法》以及《中华人民共和国无线电管理条例》《中华人民共和国无线电管制规定》《民用机场管理条例》等含有无线电管理条款的法律法规。按照无线电管理的内容，无线电行政违法行为可分为违反无线电频率管理规定的行政违法行为、违反无线电台（站）管理规定的行政违法行为、违反无线电发射设备管理规定的行政违法行为、干扰无线电业务的行政违法行为、其他无线电行政违法行为等类型，相关法律和行政法规对无线电行政违法行为设定了法律责任。

一、违反无线电频率管理规定的行政违法行为及其法律责任

《中华人民共和国无线电管理条例》第6条规定，任何单位或者个人不得擅自使用无线电频率；第14条规定，除业余无线电台、公众对讲机、制式无

459　《黔南布依族苗族自治州500米口径球面射电望远镜电磁波宁静区环境保护条例》，第16至18条。

460　《黔南布依族苗族自治州500米口径球面射电望远镜电磁波宁静区环境保护条例》，第5至9条。

线电台使用的频率，国际安全与遇险系统以及用于航空、水上移动业务和无线电导航业务的国际固定频率，国家无线电管理机构规定的微功率短距离无线电发射设备使用的频率 3 种情况无须取得频率使用许可之外，其他使用无线电频率均应取得许可，并应按照无线电频率使用许可证载明的无线电频率的用途、使用范围、使用率要求、使用期限等来使用频率；第 21 条规定，使用无线电频率应当按照国家有关规定缴纳无线电频率占用费；第 26 条规定，取得无线电频率使用许可后应在 2 年内投入使用且使用率应达到许可证规定的要求等。

如果使用者违反以上规定，违法使用无线电频率但尚未构成犯罪，则应根据《中华人民共和国无线电管理条例》追究其行政法律责任。《中华人民共和国无线电管理条例》第 70、71、74 条针对违反无线电频率管理规定的情形规定了以下行政法律责任，如表 7-1 所示。

表 7-1 违反无线电频率管理规定的行政法律责任

法律依据	违法行为	行政法律责任
《中华人民共和国无线电管理条例》第70条	未经许可擅自使用无线电频率的	由无线电管理机构责令改正，没收从事违法活动的设备和违法所得，可以并处5万元以下的罚款；拒不改正的，并处5万元以上20万元以下的罚款
《中华人民共和国无线电管理条例》第71条	擅自转让无线电频率的	由无线电管理机构责令改正，没收违法所得；拒不改正的，并处违法所得1倍以上3倍以下的罚款；没有违法所得或者违法所得不足10万元的，处1万元以上10万元以下的罚款；造成严重后果的，吊销无线电频率使用许可证
《中华人民共和国无线电管理条例》第74条	未按照国家有关规定缴纳无线电频率占用费的	由无线电管理机构责令限期缴纳；逾期不缴纳的，自滞纳之日起按日加收0.05%的滞纳金

二、违反无线电台（站）管理规定的行政违法行为及其法律责任

《中华人民共和国无线电管理条例》第 6 条规定，任何单位或者个人不得利用无线电台（站）进行违法犯罪活动；第 27 条规定，除地面公众移动通信

终端、单收无线电台（站）以及国家无线电管理机构规定的微功率短距离无线电台（站）外，设置、使用无线电台（站）应当向无线电管理机构申请取得无线电台执照；第 35 条规定，建设固定台址的无线电台（站）的选址，应当符合城乡规划的要求，避开影响其功能发挥的建筑物、设施等，设置大型无线电台（站）、地面公众移动通信基站，其台址布局规划应当符合资源共享和电磁环境保护的要求；第 38 至 41 条规定无线电台（站）应按照无线电台执照规定的许可事项和条件设置、使用，变更许可事项或终止使用的，应办理相应手续；在使用过程中应对无线电台（站）进行定期维护，遵守国家环境保护的规定以及不得故意收发无线电台执照许可事项之外的无线电信号，不得传播、公布或者利用无意接收的信息等。

如果无线电台的设置、使用者违反上述规定但尚未构成犯罪，则应根据《中华人民共和国无线电管理条例》追究其行政法律责任。《中华人民共和国无线电管理条例》第 70、72 条针对违法设置、使用无线电台（站）的情况规定了以下行政法律责任，如表 7-2 所示。

表 7-2 违反无线电台（站）管理规定的行政法律责任

法律依据	违法行为	行政法律责任
《中华人民共和国无线电管理条例》第70条	擅自设置、使用无线电台（站）的	由无线电管理机构责令改正，没收从事违法活动的设备和违法所得，可以并处5万元以下的罚款；拒不改正的，并处5万元以上20万元以下的罚款；擅自设置、使用无线电台（站）从事诈骗等违法活动，尚不构成犯罪的，并处20万元以上50万元以下的罚款
《中华人民共和国无线电管理条例》第72条	不按照无线电台执照规定的许可事项和要求设置、使用无线电台（站）的；故意收发无线电台执照许可事项之外的无线电信号，传播、公布或者利用无意接收的信息的；擅自编制、使用无线电台识别码的	由无线电管理机构责令改正，没收违法所得，可以并处3万元以下的罚款；造成严重后果的，吊销无线电台执照，并处3万元以上10万元以下的罚款

三、违反无线电发射设备管理规定的行政违法行为及其法律责任

《中华人民共和国无线电管理条例》第 42 条规定，研制无线电发射设备使用的无线电频率，应当符合国家无线电频率划分规定；第 43 条规定，生产或者进口在国内销售、使用的无线电发射设备，应当符合产品质量等法律法规、国家标准和国家无线电管理的有关规定；第 44 条规定，除微功率短距离无线电发射设备外，生产或者进口在国内销售、使用的其他无线电发射设备，应当向国家无线电管理机构申请型号核准，生产或者进口应当取得型号核准的无线电发射设备，还应当符合无线电发射设备型号核准证核定的技术指标，并在设备上标注型号核准代码；第 47 条规定，进口应当取得型号核准的无线电发射设备，应办理通关手续；第 48 条规定，销售应当取得型号核准的无线电发射设备，应当向省、自治区、直辖市无线电管理机构办理销售备案；第 49 条规定，维修无线电发射设备，不得改变无线电发射设备型号核准证核定的技术指标；第 50 条规定，研制、生产、销售和维修大功率无线电发射设备，应当采取措施有效抑制电波发射，不得对依法设置、使用的无线电台（站）产生有害干扰，进行实效发射试验的，应申请办理临时设置、使用无线电台（站）手续。

如果无线电发射设备的研制、生产、进口、销售和维修单位违反上述规定但尚未构成犯罪，则应根据《中华人民共和国无线电管理条例》追究其行政法律责任。《中华人民共和国无线电管理条例》第 73 条及第 75 至 80 条针对违反无线电发射设备管理规定，即违反研制、生产、进口、销售和维修无线电发射设备的情况规定了以下行政法律责任，如表 7-3 所示。

表 7-3 违反无线电发射设备管理规定的行政法律责任

法律依据	违法行为	行政法律责任
《中华人民共和国无线电管理条例》第75条	研制、生产、销售和维修大功率无线电发射设备，未采取有效措施抑制电波发射的	由无线电管理机构责令改正；拒不改正的，没收从事违法活动的设备，并处3万元以上10万元以下的罚款；造成严重后果的，并处10万元以上30万元以下的罚款

续表

法律依据	违法行为	行政法律责任
《中华人民共和国无线电管理条例》第76条	生产或者进口在国内销售、使用的无线电发射设备未取得型号核准的	由无线电管理机构责令改正，处5万元以上20万元以下的罚款；拒不改正的，没收未取得型号核准的无线电发射设备，并处20万元以上100万元以下的罚款
《中华人民共和国无线电管理条例》第77条	销售应当取得型号核准的无线电发射设备未向无线电管理机构办理销售备案的	由无线电管理机构责令改正；拒不改正的，处1万元以上3万元以下的罚款
《中华人民共和国无线电管理条例》第78条	销售应当取得型号核准而未取得型号核准的无线电发射设备的	由无线电管理机构责令改正，没收违法销售的无线电发射设备和违法所得，可以并处违法销售的设备货值10%以下的罚款；拒不改正的，并处违法销售的设备货值10%以上30%以下的罚款
《中华人民共和国无线电管理条例》第79条	维修无线电发射设备改变无线电发射设备型号核准证核定的技术指标的	由无线电管理机构责令改正；拒不改正的，处1万元以上3万元以下的罚款
《中华人民共和国无线电管理条例》第80条	生产、销售无线电发射设备违反产品质量管理法律法规的；进口无线电发射设备，携带、寄递或者以其他方式运输无线电发射设备入境，违反海关监管法律法规的	分别由产品质量监督部门、海关依法处罚

四、干扰无线电业务的行政违法行为及其法律责任

《中华人民共和国无线电管理条例》第6条规定，任何单位或者个人不得擅自使用无线电频率，不得对依法开展的无线电业务造成有害干扰，不得利用无线电台（站）进行违法犯罪活动。违法使用无线电频率，违法设置、使用无线电台（站）以及违法研制、生产、进口、销售和维修无线电发射设备，都有可能对无线电业务产生有害干扰。《中华人民共和国无线电管理条例》分别对无线电频率、无线电台（站）、无线电发射设备提出了管理要求，并对相应的行政违法行为设定了行政法律责任。

《中华人民共和国无线电管理条例》还针对其他干扰无线电业务的违法行

为进行了规定。例如，第 59 条规定，工业、科学、医疗设备，电气化运输系统、高压电力线和其他电器装置产生的无线电波辐射，应当符合国家标准和国家无线电管理的有关规定；第 60 条规定，辐射无线电波的非无线电设备对已依法设置、使用的无线电台（站）产生有害干扰的，设备所有者或者使用者应当采取措施予以消除；第 63 条规定，在已建射电天文台、气象雷达站、卫星测控（导航）站、机场的周边区域，不得新建阻断无线电信号传输的高大建筑、设施，不得设置、使用干扰其正常使用的设施、设备。

如果非无线电设备的使用者违反《中华人民共和国无线电管理条例》第 59 至 60 条的规定，但尚未构成犯罪，则应根据《中华人民共和国无线电管理条例》追究其行政法律责任。《中华人民共和国无线电管理条例》第 73 条针对上述情况规定了相关行政法律责任，如表 7-4 所示。但对于第 63 条规定的情形，《中华人民共和国无线电管理条例》中没有对应的法律责任条款。

表 7-4 干扰无线电业务的行政法律责任

法律依据	违法行为	行政法律责任
《中华人民共和国无线电管理条例》第73条	使用无线电发射设备、辐射无线电波的非无线电设备干扰无线电业务正常进行的	由无线电管理机构责令改正，拒不改正的，没收产生有害干扰的设备，并处5万元以上20万元以下的罚款，吊销无线电台执照
《中华人民共和国无线电管理条例》第73条	使用无线电发射设备、辐射无线电波的非无线电设备对船舶、航天器、航空器、铁路机车专用无线电导航、遇险救助和安全通信等涉及人身安全的无线电频率产生有害干扰的	由无线电管理机构责令改正，拒不改正的，没收产生有害干扰的设备，并处20万元以上50万元以下的罚款，吊销无线电台执照

五、其他无线电行政违法行为及其法律责任

无线电波参数及其传输内容可能涉及国家安全和利益，泄露后可能损害国家在政治、经济、国防、外交等领域的安全和利益，因此《中华人民共和国无线电管理条例》第 55 条规定，境外组织或者个人不得在我国境内进行电

波参数测试或者电波监测；任何单位或者个人不得向境外组织或者个人提供涉及国家安全的境内电波参数资料。

境外组织或个人以及境内单位或个人如果违反上述规定，但尚未构成犯罪的，按《中华人民共和国无线电管理条例》第 75 条进行处罚，如表 7-5 所示。

表 7-5　其他无线电行政违法行为及其行政法律责任

法律依据	违法行为	行政法律责任
《中华人民共和国无线电管理条例》第75条	境外组织或者个人在我国境内进行电波参数测试或者电波监测的；向境外组织或者个人提供涉及国家安全的境内电波参数资料的	由无线电管理机构责令改正；拒不改正的，没收从事违法活动的设备，并处3万元以上10万元以下的罚款；造成严重后果的，并处10万元以上30万元以下的罚款

六、典型案例

（一）擅自使用无线电频率

根据《中华人民共和国无线电管理条例》第 14 条，使用无线电频率应当取得频率使用许可。实践中，未经许可擅自使用无线电频率的，应根据《中华人民共和国无线电管理条例》第 70 条予以处理。

案例：齐齐哈尔盛唐科技有限公司擅自设置、使用无线电台（站）行政处罚案（黑工信齐无罚告字〔2021〕01 号）

2021 年 6 月 21 日，经查，齐齐哈尔盛唐科技有限公司擅自使用无线电频率干扰气象雷达站，违反了《中华人民共和国无线电管理条例》第 14 条之规定。黑龙江省工业和信息化厅齐齐哈尔无线电管理处根据《中华人民共和国无线电管理条例》第 70 条之规定，于 6 月 21 日作出没收违法使用无线电发射设备（无线网桥两套，型号：DS-3WF03C-E/D），并处罚款 2000 元的行政处罚决定[461]。

461　黑龙江省无线电管理网。

（二）擅自设置、使用无线电台（站）

根据《中华人民共和国无线电管理条例》第 6 条和第 27 条，设置、使用无线电台（站）应当取得无线电台执照并按规定使用。未经许可擅自设置、使用无线电台（站）的，应依据《中华人民共和国无线电管理条例》第 70、72 条予以处理。

实践中，"伪基站"和"黑广播"是两类较为常见且无线电管理机构和国家有关部门联合采取措施打击治理的违法犯罪行为。

"伪基站"设备是未取得电信设备进网许可和无线电发射设备型号核准的非法无线电通信设备，具有搜取手机用户信息、强行向不特定用户手机发送短信息等功能，使用过程中会非法占用公众移动通信频率，局部阻断公众移动通信网络信号。非法生产、销售、使用"伪基站"设备，不仅破坏正常电信秩序，影响电信运营商正常经营活动，危害公共安全，扰乱市场秩序，而且严重影响用户手机使用，损害公民财产权益，侵犯公民隐私，社会危害性严重。

"黑广播"是未经广播电视主管部门和无线电管理部门审批，私自设立的非法广播电台，主要用于违法药品、假药推销等商业活动。"黑广播"可能影响民航指挥调度，因为民航通过甚高频电台进行指挥调度，其频段与调频广播相邻。"黑广播"所用设备质量较差，在播放广告时容易"跳频"到民航指挥频段，给民航安全带来严重威胁。

以黑龙江省为例，2021 年全省无线电行政执法共 52 起，其中涉及"黑广播"50 起，"伪基站"1 起，"卫星干扰器"1 起[462]。

实践中，擅自设置、使用无线电台（站）还可能以设置 GPS 干扰器、手机信号放大器等形式出现。

462　黑龙江省无线电管理网。

案例 1：哈尔滨市金紫邑小区擅自设台行政处罚案（黑工信哈无罚告〔2021〕12 号）[463]

2021 年 11 月 26 日，经查，哈尔滨市阿城区金紫邑小区 G1 栋三单元 18 楼楼顶擅自设置、使用无线电台（站），违反《中华人民共和国无线电管理条例》第 6 条和第 27 条规定。黑龙江省工业和信息化厅哈尔滨无线电管理处依据《中华人民共和国无线电管理条例》第 70 条规定，作出没收违法使用的无线电发射设备 [调频广播电台 3 套（调频广播发射机 1 台，违法占用频率 95.2MHz，无型号；天线 1 副，无规格）] 的行政处罚决定。因设备所有人不详，行政处罚的决定书不能直接送达，根据《中华人民共和国行政处罚法》第 40 条的有关规定，采用了网上公告送达方式。

案例 2：潘 ×× 擅自设台行政处罚案（黑工信佳无罚告〔2020〕2 号）[464]

2020 年 6 月 16 日，经查，潘 ×× 在佳木斯市郊区西格木乡政府旁一二手车仓库内擅自设置、使用无线电台（站），违反《中华人民共和国无线电管理条例》第 6 条和第 27 条规定。黑龙江省工业和信息化厅佳木斯无线电管理处依据《中华人民共和国无线电管理条例》第 70 条规定，于 6 月 23 日作出没收违法使用无线电发射设备 [GPS 屏蔽器 1 套（型号不详，无型号核准）] 的行政处罚决定。

案例 3：罗 ×× 擅自设台行政处罚案（黑工信庆无罚告〔2021〕10 号）[465]

2021 年 10 月 13 日，经查，罗 ×× 擅自设置、使用手机信号放大器干扰移动基站，违反《中华人民共和国无线电管理条例》第 6 条和第 27 条规定。黑龙江省工业和信息化厅大庆无线电管理处依据《中华人民共和国无线电管理条例》第 70 条规定，于 10 月 20 日对罗 ×× 作出没收手机信号放大器 1 台的行政处罚决定。

463　黑龙江省无线电管理网。
464　同上。
465　同上。

第四节　无线电刑事违法行为及其法律责任

违反《中华人民共和国治安管理处罚法》和《中华人民共和国无线电管理条例》等法律法规的规定、尚不构成犯罪的行为，应依法追究违法者的行政法律责任。而违反无线电管理有关规定、情节严重、构成犯罪的，应依据《中华人民共和国刑法》追究刑事法律责任。

《中华人民共和国行政处罚法》第 8 条第 2 款规定，违法行为构成犯罪，应当依法追究刑事责任的，不得以行政处罚代替刑事处罚。该法第 27 条规定，违法行为涉嫌犯罪的，行政机关应当及时将案件移送司法机关，依法追究刑事责任……行政处罚实施机关与司法机关之间应当加强协调配合，建立健全案件移送制度，加强证据材料移交、接收衔接，完善案件处理信息通报机制。为此，国务院出台了《行政执法机关移送涉嫌犯罪案件的规定》[466]，此法规规定，行政执法机关在依法查处违法行为过程中，发现违法事实涉及的金额、违法事实的情节、违法事实造成的后果等，根据《中华人民共和国刑法》关于破坏社会主义市场经济秩序罪、妨害社会管理秩序罪等罪的规定和最高人民法院、最高人民检察院关于破坏社会主义市场经济秩序罪、妨害社会管理秩序罪等罪的司法解释以及最高人民检察院、公安部关于经济犯罪案件的追诉标准等规定，涉嫌构成犯罪，依法需要追究刑事责任的，必须向公安机关移送。

无线电刑事违法行为主要是指违反《中华人民共和国刑法》第 288 条关于扰乱无线电通讯管理秩序罪的行为，这属于《中华人民共和国刑法》第 6 章妨害社会管理秩序罪中的一种。而非法生产销售"伪基站"设备则可能构

---

[466]《行政执法机关移送涉嫌犯罪案件的规定》于 2001 年 7 月 9 日由国务院令第 310 号公布，根据 2020 年 8 月 7 日《国务院关于修改〈行政执法机关移送涉嫌犯罪案件的规定〉的决定》修订。

成《中华人民共和国刑法》第3章破坏社会主义市场经济秩序罪中的非法经营罪（第225条）；损毁军事通信线路设备等行为可能构成《中华人民共和国刑法》第7章危害国防利益罪中的破坏军事通信罪（第369条）。利用"伪基站""黑广播"或其他无线电设备等发送诈骗信息、组织考试作弊、宣扬邪教的，还可能构成《中华人民共和国刑法》第5章侵犯财产罪中的诈骗罪（第266条）、第6章妨害社会管理秩序罪中的组织考试作弊罪（第284条之一）、第6章妨害社会管理秩序罪中的组织、利用会道门、邪教组织、利用迷信破坏法律实施罪（第300条）。

一、扰乱无线电通讯管理秩序罪的相关法律规定

（一）立法溯源

1. 1979年《中华人民共和国刑法》

1979年7月1日第五届全国人民代表大会第二次会议通过的《中华人民共和国刑法》是新中国成立后的第一部刑法，其中没有规定与无线电通信直接相关的内容。

2. 1997年《中华人民共和国刑法》

1997年3月14日第八届全国人民代表大会第五次会议修订了《中华人民共和国刑法》，其中第288条规定了扰乱无线电通讯管理秩序罪："违反国家规定，擅自设置、使用无线电台（站），或者擅自占用频率，经责令停止使用后拒不停止使用，干扰无线电通讯正常进行，造成严重后果的，处3年以下有期徒刑、拘役或者管制，并处或者单处罚金。"

这一规定确认了无线电通信秩序是刑法要保护的内容，但这一条文对扰乱无线电通讯管理秩序罪的构成条件规定较为严格。实践中，在追究此类犯罪时法律适用上存在一定的困难。"经责令停止使用后拒不停止使用"这一行政前置程序使得该条可操作性不强。有的利用无线电从事违法犯罪活动的人员，将无线电台（站）放置在隐蔽的地点，本人远程遥控无线电台（站）工

作，监管机构工作人员能查找到无线电台（站），却无法对设置台（站）的行为人发出"责令停止使用"的通知，对于这些行为，由于缺少"责令"的环节，难以追究刑事责任，仅予以行政处罚，惩处力度不够，致使此类行为有蔓延之势[467]。据统计，在《中华人民共和国刑法修正案（九）》对第288条进行修订之前，实务工作中没有根据第288条对扰乱无线电管理秩序行为进行定罪和处罚的情况。随着无线电通信在各行各业的广泛应用及其重要性的不断提升，该条款设定的刑罚与该罪行的社会危害性不相适应，亟须调整。

3. 2000年《最高人民法院关于审理扰乱电信市场管理秩序案件具体应用法律若干问题的解释》

1997年《中华人民共和国刑法》出台后，针对社会上出现的"伪基站""黑广播"等扰乱无线电通讯管理秩序的行为，最高人民法院、最高人民检察院也先后出台了一些司法解释，就涉无线电刑事案件的法律适用问题进行了规定。

2000年5月12日，《最高人民法院关于审理扰乱电信市场管理秩序案件具体应用法律若干问题的解释》（法释〔2000〕12号）第5条规定，违反国家规定，擅自设置、使用无线电台（站），或者擅自占用频率，非法经营国际电信业务或者涉港澳台电信业务进行营利活动，同时构成非法经营罪和刑法第288条规定的扰乱无线电通讯管理秩序罪的，依照处罚较重的规定定罪处罚。设置基站从事移动通信业务属于国家特许经营的业务，未经主管部门批准不得开展。因此，对于不法犯罪分子设立"伪基站"从事移动通信营利活动的，应当以非法经营罪或者扰乱无线电通讯管理秩序罪从一重罪论处。

4. 2014年《最高人民法院 最高人民检察院 公安部 国家安全部关于依法办理非法生产销售使用"伪基站"设备案件的意见》

2014年3月14日，《最高人民法院 最高人民检察院 公安部 国家安

---

467 王爱立：《中华人民共和国刑法修正案（九）（十）解读》，中国法制出版社，2018，第216页。

全部关于依法办理非法生产销售使用"伪基站"设备案件的意见》（公通字〔2014〕13号）发布，该文件针对近年来各地非法生产、销售和使用"伪基站"设备的违法犯罪活动日益猖獗的现象，明确了相关行为的法律适用。这些违法行为包括非法获取公民个人信息、非法经营广告业务、发送虚假广告，甚至实施诈骗等犯罪活动。文件对涉及生产、销售、设置和使用"伪基站"且构成犯罪的行为的定罪量刑进行了规定，具体如下：

① 对于非法生产、销售"伪基站"设备，具有法定情形的，依照《中华人民共和国刑法》第225条的规定，以非法经营罪追究刑事责任。

② 非法生产、销售"伪基站"设备，经鉴定为专用间谍器材的，依照《中华人民共和国刑法》第283条的规定，以非法生产、销售间谍专用器材罪追究刑事责任，同时构成非法经营罪的，以非法经营罪追究刑事责任。

③ 非法使用"伪基站"设备干扰公用电信网络信号，危害公共安全的，依照《中华人民共和国刑法》第124条第1款的规定，以破坏公用电信设施罪追究刑事责任；同时构成虚假广告罪、非法获取公民个人信息罪、破坏计算机信息系统罪、扰乱无线电通讯管理秩序罪的，依照处罚较重的规定追究刑事责任。

④ 利用"伪基站"设备实施诈骗等其他犯罪行为，同时构成破坏公用电信设施罪的，依照处罚较重的规定追究刑事责任。

以上法律规定和司法解释在一定时期内对于惩治涉"伪基站"犯罪活动、维护电波秩序，发挥了一定的积极作用。

（二）现行规定

1.《中华人民共和国刑法修正案（九）》修订后的《中华人民共和国刑法》第288条

2015年8月29日第十二届全国人民代表大会常务委员会第十六次会议通过了《中华人民共和国刑法修正案（九）》，对《中华人民共和国刑法》第288条进行了修订。新条文规定：

第七章　无线电通信秩序法

"违反国家规定，擅自设置、使用无线电台（站），或者擅自使用无线电频率，干扰无线电通讯秩序，情节严重的，处 3 年以下有期徒刑、拘役或者管制，并处或者单处罚金；情节特别严重的，处 3 年以上 7 年以下有期徒刑，并处罚金。

"单位犯前款罪的，对单位判处罚金，并对其直接负责的主管人员和其他直接责任人员，依照前款的规定处罚。"

与 1997 年的《中华人民共和国刑法》第 288 条相比，修订后的第 288 条立足当前我国治理扰乱无线电通讯管理秩序行为的现实需要和"罪刑法定"原则的基本要求，删除"经责令停止使用后拒不停止使用"这一行政前置程序，将"造成严重后果"的定罪条件修改为"情节严重"，并增加了一档刑罚，对"情节特别严重"的，处 3 年以上 7 年以下有期徒刑，并处罚金。修订后的第 288 条降低了相关违法行为的入罪门槛，设定了更为科学的法定刑，赋予该条款更强的可操作性和更大的威慑力，有助于更好地发挥《中华人民共和国刑法》维护无线电波秩序的作用。

2.《最高人民法院 最高人民检察院关于办理扰乱无线电通讯管理秩序等刑事案件适用法律若干问题的解释》

为依法惩治扰乱无线电通讯管理秩序犯罪，2017 年 6 月 27 日，最高人民法院、最高人民检察院发布了《最高人民法院 最高人民检察院关于办理扰乱无线电通讯管理秩序等刑事案件适用法律若干问题的解释》（法释〔2017〕11 号），就《中华人民共和国刑法》第 288 条中规定的扰乱无线电通讯管理秩序的犯罪行为、"情节严重"和"情节特别严重"进行了司法解释。具体内容将在后文扰乱无线电通讯管理秩序罪的构成要件部分进行分析。

《最高人民法院 最高人民检察院关于办理扰乱无线电通讯管理秩序等刑事案件适用法律若干问题的解释》还对非法生产、销售"黑广播""伪基站"、无线电干扰器等无线电设备构成《中华人民共和国刑法》第 225 条规定的非法经营罪时，何为"情节严重""情节特别严重"进行了解释，即非法生产、销售"黑广播""伪基站"、无线电干扰器等无线电设备，具有非法生产、销售无线电设备 3 套以上的，或非法经营数额 5 万元以上的，或具有其他情节严重的情形，应当认定为《中华人民共和国刑法》第 225 条规定的"情节严重"；实施前款规定的行为，数量或者数额达到前款第一项、第二项规定标准 5 倍以上，或者具有其他情节特别严重的情形的，应当认定为《中华人民共和国刑法》第 225 条规定的"情节特别严重"[468]。

  扰乱无线电通讯管理秩序罪案件的立案侦查、审查起诉以及定罪量刑应根据《中华人民共和国刑事诉讼法》进行，该法第 50 条对刑事诉讼案件中的证据进行了规定。可以用于证明案件事实的材料都是证据，证据共有 8 种，包括物证，书证，证人证言，被害人陈述，犯罪嫌疑人、被告人供述和辩解，鉴定意见，勘验、检查、辨认、侦查实验等笔录，视听资料、电子数据。由于无线电通信技术性强，就扰乱无线电通讯管理秩序罪案件的一些事实认定，需要参考无线电通信相关主管部门的报告，此种报告并不属于《中华人民共和国刑事诉讼法》第 50 条规定的证据类型。为此，《最高人民法院 最高人民检察院关于办理扰乱无线电通讯管理秩序等刑事案件适用法律若干问题的解释》规定，对案件所涉的有关专门性问题难以确定的，依据司法鉴定机构出具的鉴定意见，或者下列机构出具的报告，结合其他证据作出认定：①省级以上无线电管理机构、省级无线电管理机构依法设立的派出机构、地市级以上广播电视主管部门就是否系"伪基站""黑广播"出具的报告；②省级以上广播电视主管部门及其指定的检测机构就"黑广播"功率、覆盖范围出具的报告；③省级以上航空、铁路、船舶等主管部门就是否干扰导航、通信等出具的报告。对移动终端用户受影响的情况，可以依据相关通信运营商出具的证明，结合被告人供述、终端用户证言等证据作出认定。

---

468 《最高人民法院 最高人民检察院关于办理扰乱无线电通讯管理秩序等刑事案件适用法律若干问题的解释》，第 4 条。

二、扰乱无线电通讯管理秩序罪的犯罪构成要件

扰乱无线电通讯管理秩序罪的主体为一般主体,自然人和单位均可构成该罪的犯罪主体。

构成扰乱无线电通讯管理秩序罪应当具备以下条件。

(一)必须违反国家规定

这里的"违反国家规定",是指违反法律、行政法规等有关无线电管理的规定,《中华人民共和国军事设施保护法》《中华人民共和国民用航空法》等法律中都有关于无线电管理的规定;有关无线电管理的行政法规则包括《中华人民共和国无线电管理条例》《中华人民共和国电信条例》《中华人民共和国无线电管制规定》《民用机场管理条例》等。

(二)行为人实施了擅自设置、使用无线电台(站)或者擅自使用无线电频率,干扰无线电通讯秩序的行为

《中华人民共和国刑法》第288条规定了以下两种犯罪行为。

(1)擅自设置、使用无线电台(站)的行为。"擅自设置、使用无线电台(站)",是指行为人违反国家有关无线电台(站)设置、使用方面的管理规定,未经申请、未办理设置无线电台(站)的审批手续或者未领取无线电台执照而设置、使用无线电台(站)的行为。

(2)擅自使用无线电频率,主要是指违反国家有关无线电频率使用的管理规定,未经批准获得使用权而使用无线电频率的行为。

《最高人民法院 最高人民检察院关于办理扰乱无线电通讯管理秩序等刑事案件适用法律若干问题的解释》第1条规定,具有下列情形之一的,应当认定为《中华人民共和国刑法》第288条第1款规定的"擅自设置、使用无线电台(站)或者擅自使用无线电频率,干扰无线电通讯秩序":①未经批准设置无线电广播电台(以下简称"黑广播"),非法使用广播电视专用频段的

频率的；②未经批准设置通信基站（以下简称"伪基站"），强行向不特定用户发送信息，非法使用公众移动通信频率的；③未经批准使用卫星无线电频率的；④非法设置、使用无线电干扰器的；⑤其他擅自设置、使用无线电台（站），或者擅自使用无线电频率，干扰无线电通讯秩序的情形。

（三）必须达到情节严重

"情节严重"主要根据行为人擅自设置、使用无线电台（站）、擅自使用无线电频率的行为对无线电通讯秩序造成干扰的程度、范围、时间，被其干扰的无线电通讯活动的性质、领域、重要程度等因素综合判断[469]。

《最高人民法院 最高人民检察院关于办理扰乱无线电通讯管理秩序等刑事案件适用法律若干问题的解释》认定了10种《中华人民共和国刑法》第288条第1款规定的"情节严重"的情形，包括违反国家规定，擅自设置、使用无线电台（站），或者擅自使用无线电频率，干扰无线电通讯秩序，具体如下[470]：

① 影响航天器、航空器、铁路机车、船舶专用无线电导航、遇险救助和安全通信等涉及公共安全的无线电频率正常使用的；

② 自然灾害、事故灾难、公共卫生事件、社会安全事件等突发事件期间，在事件发生地使用"黑广播""伪基站"的；

③ 举办国家或者省级重大活动期间，在活动场所及周边使用"黑广播""伪基站"的；

④ 同时使用3个以上"黑广播""伪基站"的；

⑤ "黑广播"的实测发射功率500瓦以上，或者覆盖范围10千米以上的；

⑥ 使用"伪基站"发送诈骗、赌博、招嫖、木马病毒、钓鱼网站链接等

469　王爱立：《中华人民共和国刑法释义（第7版）》，法律出版社，2021，第636页。

470　《最高人民法院 最高人民检察院关于办理扰乱无线电通讯管理秩序等刑事案件适用法律若干问题的解释》，第2条。

违法犯罪信息，数量在 5000 条以上，或者销毁发送数量等记录的；

⑦ 雇佣、指使未成年人、残疾人等特定人员使用"伪基站"的；

⑧ 违法所得 3 万元以上的；

⑨ 曾因扰乱无线电通讯管理秩序受过刑事处罚，或者 2 年内曾因扰乱无线电通讯管理秩序受过行政处罚，又实施《中华人民共和国刑法》第 288 条规定的行为的；

⑩ 其他情节严重的情形。

该司法解释认定了 8 种《中华人民共和国刑法》第 288 条第 1 款规定的"情节特别严重"的情形，包括：

① 影响航天器、航空器、铁路机车、船舶专用无线电导航、遇险救助和安全通信等涉及公共安全的无线电频率正常使用，危及公共安全的；

② 造成公共秩序混乱等严重后果的；

③ 自然灾害、事故灾难、公共卫生事件和社会安全事件等突发事件期间，在事件发生地使用"黑广播""伪基站"，造成严重影响的；

④ 对国家或者省级重大活动造成严重影响的；

⑤ 同时使用 10 个以上"黑广播""伪基站"的；

⑥ "黑广播"的实测发射功率 3000 瓦以上，或者覆盖范围 20 千米以上的；

⑦ 违法所得 15 万元以上的；

⑧ 其他情节特别严重的情形。

三、扰乱无线电通讯管理秩序罪的量刑

根据《中华人民共和国刑法》第 288 条，构成扰乱无线电通讯管理秩序罪的，处 3 年以下有期徒刑、拘役或者管制，并处或者单处罚金；情节特别严重的，处 3 年以上 7 年以下有期徒刑，并处罚金。

对于单位犯此罪的处刑规定是对单位判处罚金，并对其直接负责的主管人员和其他直接责任人员，依照《中华人民共和国刑法》第 288 条第一款的规定处罚，即对其直接负责的主管人员和其他直接责任人员，处 3 年以下有

期徒刑、拘役或者管制,并处或者单处罚金;情节特别严重的,处 3 年以上 7 年以下有期徒刑,并处罚金。

四、扰乱无线电通讯管理秩序罪典型案例

案例:肖××扰乱无线电通讯管理秩序案[471]

被告人: 肖××

罪名: 扰乱无线电通讯管理秩序罪

法院认定的犯罪事实:

2015 年 12 月 15 日 9 时许至同月 18 日 12 时许,被告人肖××先后在贵州省织金县城关镇温州大酒店 8709 号房间内、贵州省普定县城关镇鸿源商务宾馆 507 号房间内,架设使用"伪基站"设备,非法获取进入该"伪基站"覆盖范围内 30576 个移动用户的 IMSI 号,并强行向这些用户手机发送短信息,造成用户手机信号被强制连接到"伪基站"设备上,无法连接到公用电信网络,用户单次通信中断 8~12 秒。2015 年 12 月 18 日 12 时许,被告人肖××在普定县城关镇鸿源商务宾馆 507 号房间内使用"伪基站"设备时被公安机关当场抓获。

一审法院: 贵州省普定县人民法院

一审法院判决:

贵州省普定县人民法院依照《中华人民共和国刑法》第 124 条第一款、第 67 条第三款、第 64 条和《最高人民法院关于审理破坏公用电信设施刑事案件具体应用法律若干问题的解释》第 1 条第(二)项的规定,作出如下判决。一、被告人肖××犯破坏公用电信设施罪,判处有期徒刑三年零六个月。二、作案工具:天线(黑色)1 根、数据线(蓝色)1 根、提包(棕色、黑色条纹相间,有"YUTUPAI"字样)1 个、手机(诺基亚 1110 型直板手机、IMEI356981015892905)1 部、笔记本电脑(黑色联想笔记本电脑,ID:

---

[471] "肖××扰乱无线电通讯管理秩序案"(2016)黔 04 刑终 137 号。

27437DC）1台、银灰色盒子（银灰色电子设备、有红色开关按钮、USB接口、天线接口）1个，依法予以没收。

二审法院：贵州省安顺市中级人民法院

二审法院判决：

贵州省安顺市中级人民法院认为一审法院认定事实准确，但对被告人的行为定性错误，导致适用法律错误。因此，依照《中华人民共和国刑法》第288条第一款、第67条第三款、第64条及《中华人民共和国刑事诉讼法》第225条第一款第（一）项、第（二）项的规定，作出如下判决。一、维持贵州省普定县人民法院（2016）黔0422刑初59号刑事判决第二项，即作案工具：天线（黑色）1根、数据线（蓝色）1根、提包（棕色、黑色条纹相间，有"YUTUPAI"字样）1个、手机（诺基亚1110型直板手机、IMEI356981015892905）1部、笔记本电脑（黑色联想笔记本电脑，ID：27437DC）1台、银灰色盒子（银灰色电子设备、有红色开关按钮、USB接口、天线接口）1个，依法予以没收。二、撤销贵州省普定县人民法院（2016）黔0422刑初59号刑事判决第一项，即被告人肖××犯破坏公用电信设施罪，判处有期徒刑三年零六个月。三、上诉人（原审被告人）肖××犯扰乱无线电通讯管理秩序罪，判处有期徒刑一年零六个月。

案件争点及法律分析：

（1）如何认定"中断手机用户30576"的事实

法院在审理过程中查明，"伪基站"设备通过配套的工程手机获取相邻小区正常基站的GSM频率后，使用该GSM频率伪装成正常基站，并利用自身功率优势诱骗覆盖范围内的手机连接，之后发起攻击。"伪基站"设备欺骗用户终端设备在"伪基站"设备驻留，导致终端脱离正常服务网络，严重影响用户通信业务的正常使用，即判断"中断用户量"是以用户是否接入"伪基站"设备为判定标准，而不是以用户是否接收到"伪基站"设备发送的短信为判定标准。公安机关从查获的肖××所使用的"伪基站"设备中提取的手机卡IMSI号的数据记录41556，经去重统计后，认定其获取的IMSI号的数据为

30576，该数据的提取合法、客观。

（2）如何认定"导致手机用户中断通信8～12秒"

法院在审理过程中采纳了中国移动通信集团贵州有限公司安顺分公司出具的情况说明，该说明阐述了"伪基站"运行原理，即根据"伪基站"的运行原理，用户从"伪基站"重选回正常通信网络过程会出现8～12秒左右的脱网，因此，法院认定"导致手机用户中断通信8～12秒"的事实存在。

（3）如何认定"作出'伪基站'鉴定意见的机构资质"问题

被告人的辩护人提出"作出'伪基站'鉴定意见的机构无资质"的辩护意见，法院审理认为，对"伪基站"的认定可依据鉴定意见或专门性组织出具的报告并结合相关证据予以认定，本案是由贵州省无线电管理局安顺分局出具的专门性报告，并不是司法鉴定意见，故不存在鉴定资质的问题，该辩护意见不成立，不予采纳。

点评：

2015年8月29日，第十二届全国人民代表大会常务委员会第十六次会议通过了《中华人民共和国刑法修正案（九）》，对《中华人民共和国刑法》第288条扰乱无线电通讯管理秩序罪进行了修订，自2015年11月1日起开始施行。本案是《中华人民共和国刑法》第288条修订后不久发生的一起刑事案件，一审法院和二审法院的不同判决大致体现了第288条修订前和修订后对于"伪基站"案件的两种处理方式。

五、以"伪基站""黑广播"等手段触犯《中华人民共和国刑法》其他罪名

（一）使用"伪基站""黑广播"宣扬邪教

在一些案例中，无线电通信设备被用来从事犯罪活动，此时，应根据《中华人民共和国刑法》以及相关司法解释对犯罪行为进行定罪量刑。2017年1月25日，最高人民法院、最高人民检察院发布了《最高人民法院　最高人民检

察院关于办理组织、利用邪教组织破坏法律实施等刑事案件适用法律若干问题的解释》(法释〔2017〕3号),其中第2条规定,组织、利用邪教组织、破坏国家法律、行政法规实施,具有下列情形之一的,应当依照刑法第300条第1款的规定,处3年以上7年以下有期徒刑,并处罚金……(六)使用"伪基站""黑广播"等无线电台(站)或者无线电频率宣扬邪教的……第3条规定,组织、利用邪教组织,破坏国家法律、行政法规实施,具有下列情形之一的,应当认定为刑法第300条第1款规定的"情节特别严重",处7年以上有期徒刑或者无期徒刑,并处罚金或者没收财产:(一)实施本解释第2条第1项至第7项规定的行为,社会危害特别严重的;(二)实施本解释第2条第8项至第12项规定的行为,数量或者数额达到第2条规定相应标准5倍以上的;(三)其他情节特别严重的情形。

(二)非法使用"伪基站""黑广播"实施电信网络诈骗

《中华人民共和国刑法》第266条的内容是诈骗罪,这是以非法占有为目的,用虚构事实或者隐瞒真相的方法,骗取数额较大的公私财物的行为。

近年来,利用通信工具、互联网等技术手段实施的电信网络诈骗犯罪活动持续高发,侵犯公民个人信息,扰乱无线电通讯管理秩序,严重侵害人民群众财产安全和其他合法权益,严重干扰电信网络秩序,严重破坏社会诚信和社会和谐稳定,社会危害性大。2016年12月19日,最高人民法院、最高人民检察院、公安部发布了《最高人民法院 最高人民检察院 公安部关于办理电信网络诈骗等刑事案件适用法律若干问题的意见》(法发〔2016〕32号),自2016年12月20日起施行,其中规定,要全面惩处关联犯罪,特别提及在实施电信网络诈骗活动中,非法使用"伪基站""黑广播",干扰无线电通讯秩序,符合《中华人民共和国刑法》第288条规定的,以扰乱无线电通讯管理秩序罪追究刑事责任。同时构成诈骗罪的,依照处罚较重的规定定罪处罚。同时规定,明知他人实施电信网络诈骗犯罪而提供"伪基站"设备或相关服务的,以共同犯罪论处,但法律和司法解释另有规定的除外。

（三）干扰、侵占军事通信电磁频谱

《中华人民共和国刑法》第 369 条的内容是破坏武器装备、军事设施、军事通信罪和过失损坏武器装备、军事设施、军事通信罪。"破坏"包括以各种手段和方法对武器装备、军事设施、军事通信设备设施本身进行的破坏，也包括对其正常功能和作用的损坏[472]。其中军事通信是指军事通信设备、通信枢纽等。

2007 年 6 月 26 日，最高人民法院公布了《最高人民法院关于审理危害军事通信刑事案件具体应用法律若干问题的解释》（法释〔2007〕13 号），自 2007 年 6 月 29 日起施行。该解释第 1 条规定，故意实施损毁军事通信线路、设备，破坏军事通信计算机信息系统，干扰、侵占军事通信电磁频谱等行为的，依照《中华人民共和国刑法》第 369 条第 1 款的规定，以破坏军事通信罪定罪，处 3 年以下有期徒刑、拘役或者管制；破坏重要军事通信的，处 3 年以上 10 年以下有期徒刑。该解释第 6 条第 4 款规定，违反国家规定，擅自设置、使用无线电台、站，或者擅自占用频率，造成军事通信中断或者严重障碍，同时构成《中华人民共和国刑法》第 288 条、第 369 条第 1 款规定的犯罪的，依照处罚较重的规定定罪处罚。

（四）组织考试作弊

《中华人民共和国刑法》第 284 条之一的内容是组织考试作弊罪，具体如下：

"在法律规定的国家考试中，组织作弊的，处 3 年以下有期徒刑或者拘役，并处或者单处罚金；情节严重的，处 3 年以上 7 年以下有期徒刑，并处罚金。

"为他人实施前款犯罪提供作弊器材或者其他帮助的，依照前款的规定处罚。

472　王爱立：《〈中华人民共和国刑法〉解释与适用[下]》，人民法院出版社，2021，第1099页。

第七章 无线电通信秩序法

根据该条规定，为实施组织考试作弊提供作弊器材或者其他帮助的，依照组织考试作弊罪处罚。

近年来，高科技化的组织作弊，往往通过互联网、无线电技术手段在内的多种技术手段，将考场内外，考生、家长、枪手等各主体，试题、答案各要素紧密联系在一起，严重扰乱了考试活动的正常进行。互联网和无线考试作弊器材是高科技作弊的关键环节，通过互联网，试题和答案得以大面积传播；有了无线考试作弊器材，试题和答案才得以在考场内外顺利传递。从功能上看，作弊器材的作用就是将考场内的试题传出去或者将答案发送给考生。相应地，相关器材包括密拍、发送和接收设备3类。密拍设备日益小型化、伪装也更加先进，如纽扣式数码相机、眼镜式和手表式密拍设备，其发射天线通常采用背心、腰带、发卡等形式。发送设备包括各种大功率发射机，负责将答案传送到考场中，实践中有的发射距离可达数千米。接收设备包括语音接收机和数据接收机：语音接收机包括米粒耳机、牙齿接收机、颅骨接收机等；数据接收机则出现了尺子、橡皮、眼镜、签字笔等多种伪装形式。法律规定的"提供"作弊器材包括为其生产，向其销售、出租、出借等多种方式[473]。关于"作弊器材"的认定，2019年9月2日，最高人民法院、最高人民检察院发布了《最高人民法院 最高人民检察院关于办理组织考试作弊等刑事案件适用法律若干问题的解释》（法释〔2019〕13号），自2019年9月4日起施行。该解释第3条规定，具有避开或者突破考场防范作弊的安全管理措施，获取、记录、传递、接收、存储考试试题、答案等功能的程序、工具，以及专门设计用于作弊的程序、工具，应当认定为《中华人民共和国刑法》第284条第2款规定的"作弊器材"。对于涉及"伪基站"等器材的，依照相关规定作出认定。

---

473 王爱立：《〈中华人民共和国刑法〉解释与适用[下]》，人民法院出版社，2021，第823页。

第八章　无线电安全法

> **本章概要：** 电磁空间安全和无线电业务安全分别体现了电磁活动的社会属性和自然属性对于安全的需求。《中华人民共和国国家安全法》《中华人民共和国国防法》《中华人民共和国无线电管理条例》《中华人民共和国无线电管制规定》等法律法规将电磁空间视为我国重大安全领域之一。国家要依法维护无线电频谱资源和卫星轨道资源安全，保障利用无线电通信资源探索外层空间的权利和能力，确保重大政治活动、社会活动、体育赛事等的无线电安全，保障特定行业和公众无线电安全。
>
> **关键术语：** 电磁空间安全；无线电业务安全；无线电管制

第一节　电磁空间安全与无线电业务安全

一、安全的定义

"安全"，字面含义是没有危险，平安[474]。安全最初始的含义主要是指拥

---

[474] 中国社会科学院语言研究所词典编辑室：《现代汉语词典（第7版）》，商务印书馆，2016，第7页。

有免于战争的相对自由,即对于在任何战争中都能立于不败之地抱有较高的预期,或拥有抵御国外侵略和自我生存发展的能力。随着时间的推移,安全的范围也从"免于恐惧"和"免于匮乏"发展到了气候变化、资源匮乏、传染病、自然灾害、非法移民、食物短缺、贩卖人口、毒品走私和跨国犯罪乃至价值观冲突等在内的更加广泛的非传统领域[475]。

《中华人民共和国国家安全法》[476]第2条规定,国家安全是指国家政权、主权、统一和领土完整、人民福祉、经济社会可持续发展和国家其他重大利益相对处于没有危险和不受内外威胁的状态,以及保障持续安全状态的能力。"国家利益"是国家安全的核心,是一个主权国家在国际社会中生存需求和发展需求的总和。任何国家都存在3种基本需求:确保国家生存,包括维护领土完整和保护本国公民的生命安全;促进人民的经济福利和幸福;保护社会制度和政府体系的自决与自主[477]。根据《中华人民共和国国家安全法》,当国家利益达到了不受主观和客观威胁与损害的状态,国家安全便有了保障。

安全学研究认为,安全具有自然属性和社会属性。安全的自然属性是指安全运动中那些与自然界物质及其运动规律相联系的现象和过程,安全的社会属性是指与人的社会属性相关的安全特征以及社会安全相关的安全内涵[478]。具有自然属性的安全可称为自然安全,与英文的 safety 对应,指的是不处于危险、风险的状态;具有社会属性的安全可称为社会安全,与英文的 security 对应,指的是保护人、建筑、机构或国家免受犯罪和外国攻击等威胁,一般与军事安全密切相关。

也有学者从对利益形成的威胁或潜在损害的意图出发,将安全的自然属性和社会属性称为无意安全和有意安全。这种观点认为,对利益形成的威胁

---

[475] 张宇燕:《关于国家安全学理论建设框架的初步思考》,《国家安全研究》,2024年第2期。

[476] 《中华人民共和国国家安全法》于2015年7月1日由第十二届全国人民代表大会常务委员会第十五次会议通过,自2015年7月1日起施行。

[477] 张宇燕:《关于国家安全学理论建设框架的初步思考》,《国家安全研究》,2024年第2期。

[478] 徐锋,朱丽华:《安全学原理》,中国质检出版社,2016,第25-26页。

或潜在损害可以分为两类：不带有损害或打压博弈对手主观意图的威胁和带有主观意图的威胁。前者引发的安全威胁可定义为无意安全，后者引发的安全威胁可定义为有意安全。处理无意安全的举措一般涉及自身或其他博弈者无意造成的事故或安全风险。处理有意安全的举措一般涉及其他博弈方人为或有意破坏的安全事件。国家安全主要与有意安全相关。中文的"安全"一词则涵盖了有意安全和无意安全两重含义。同时要看到，在很多情况下，主观威胁和客观威胁同时存在且相互交融[479]。

《中华人民共和国国家安全法》第3条规定，国家安全工作应当坚持总体国家安全观，以人民安全为宗旨，以政治安全为根本，以经济安全为基础，以军事、文化、社会安全为保障，以促进国际安全为依托，维护各领域国家安全，构建国家安全体系，走中国特色国家安全道路。

根据《中华人民共和国国家安全法》，维护资源安全是维护国家安全的重要任务之一，国家合理利用和保护资源能源，有效管控战略资源能源的开发，加强战略资源能源储备，完善资源能源运输战略通道建设和安全保护措施，加强国际资源能源合作，全面提升应急保障能力，保障经济社会发展所需的资源能源持续、可靠和有效供给[480]。无线电频谱资源和卫星轨道资源是此种战略资源的有机组成部分。

根据《中华人民共和国国家安全法》，国家坚持和平探索和利用外层空间、国际海底区域和极地，增强安全进出、科学考察、开发利用的能力，加强国际合作，维护我国在外层空间、国际海底区域和极地的活动、资产和其他利益的安全[481]。无线电频谱资源和卫星轨道资源也是探索和利用外层空间必须依赖的通信资源。

---

[479] 张宇燕：《关于国家安全学理论建设框架的初步思考》，《国家安全研究》2024年第2期。
[480] 《中华人民共和国国家安全法》，第21条。
[481] 《中华人民共和国国家安全法》，第32条。

国防是国家生存与发展的安全保障。《中华人民共和国国防法》[482]第30条第2款规定，国家采取必要的措施，维护在太空、电磁、网络空间等其他重大安全领域的活动、资产和其他利益的安全。电磁本身即是我国重大安全领域之一。

二、电磁空间与电磁空间安全

随着经济发展和科技进步，人类活动的空间由陆地向海洋、空气空间、外层空间不断拓展，而电磁频谱的运用遍布这些空间，电磁空间被视为陆海空天以外的"第五空间"。电磁空间是由电磁波构成的物理空间，是自然界的有机组成部分，具有物质性、无限性和可利用性的特征[483]。

物质性是指电磁空间是物质的，由各种用频设备发射的电磁波和自然界中辐射的电磁波构成，可以通过科学仪器进行观测，并使用频率、波长以及信号强度进行度量。

无限性是指电磁波无处不在，充满整个宇宙空间。

可利用性是指人们可以在电磁空间内进行信息的发射接收和能量的传递，同时也可以使用专门的设备影响局部电磁空间。

电磁空间安全是指各类电磁应用活动，特别是与国计民生相关的国家重大电磁应用活动能够在国家主权以及国际共享区的电磁空间范围内，不被侦察、不被利用、不受威胁、不受干扰地正常进行，同时国家秘密频谱信息和重要目标信息能够得到可靠的电子防护。电磁空间安全与电磁活动的社会属性密切相关。

---

482 《中华人民共和国国防法》于1997年3月14日由第八届全国人民代表大会第五次会议通过，根据2009年8月27日第十一届全国人民代表大会常务委员会第十次会议《关于修改部分法律的决定》修正，又于2020年12月26日由第十三届全国人民代表大会常务委员会第二十四次会议修订。

483 翁木云，吕庆晋，谢绍斌，刘正锋：《频谱管理与监测（第2版）》，电子工业出版社，2017，第5页。

电磁空间安全关系到国家政治稳定和社会安定,也关系到国民经济建设的顺利进行,还关系到陆海空天各个战场空间的安全。维护电磁空间安全是国防建设的重要任务。

三、无线电业务安全

无线电业务安全也是总体国家安全中不可或缺的一部分,无线电业务安全与无线电通信活动的自然属性密切相关,其主要特征是维护空中电波秩序和避免有害干扰。无线电业务安全包括以下3个方面的内涵[484]。

第一是确保重大政治活动、社会活动、体育赛事等的无线电安全。这与无线电管制的实施密切相关。

第二是特定行业的无线电安全,如交通运输领域的民航地空通信安全、高铁列车调度通信安全等,直接关系到人民的生命财产安全和社会安全,而广播电视的无线电安全,则关系到党和国家的声音能否顺畅通达百姓。这与重点无线电频率和业务的保护密切相关。

第三是公众无线电安全,如利用"伪基站""黑广播"传播非法广告和诈骗信息,私设手机信号屏蔽器、私装手机信号放大器等行为,侵害了公众的无线电通信权利,这与打击非法设台和非法使用频率、维护电波秩序密切相关。

第二节 无线电管制

无线电管制是指在特定时间和特定区域内,依法采取限制或者禁止无线电台(站)、无线电发射设备和辐射无线电波的非无线电设备的使用,以及

---

484 易龙:《确保无线电安全是坚持总体国家安全观的题中应有之义》,《中国无线电》2017年第1期。

对特定的无线电频率实施技术阻断等措施,对无线电波的发射、辐射和传播实施的强制性管理[485]。无线电管制是对合法进行的无线电活动的临时限制[486]。根据维护国家安全、保障国家重大任务、处置重大突发事件等需要,国家可以实施无线电管制[487]。

早在1993年,《中华人民共和国无线电管理条例》第24条就规定,因国家安全和重大任务需要实行无线电管制时,管制区域内设有无线电发射设备和其他辐射无线电波设备的单位和个人,必须遵守有关管制的规定。2010年8月31日中华人民共和国国务院、中华人民共和国中央军事委员会令第579号公布了《中华人民共和国无线电管制规定》,自2010年11月1日起施行。该行政法规详细规定了无线电管制的决定主体、实施原则、管理机构、可采取的无线电管制措施、违反法规应承担的法律责任等内容,是我国实施无线电管制的直接法规依据。2016年修订后的《中华人民共和国无线电管理条例》第7条规定,根据维护国家安全、保障国家重大任务、处置重大突发事件等需要,国家可以实施无线电管制,与2010年的《中华人民共和国无线电管制规定》的第3条第1款内容保持一致。

一、实施无线电管制的法定情形

《中华人民共和国无线电管制规定》第3条第1款规定了可实施无线电管制的3种法定情形,分别是维护国家安全、保障国家重大任务、处置重大突发事件。但《中华人民共和国无线电管制规定》未对这3种情形进行更为具体的规定,其内容应结合《中华人民共和国国家安全法》《中华人民共和国突发事件应对法》等相关法律法规予以确定。

---

485 《中华人民共和国无线电管制规定》,第2条。
486 何爱群:《〈无线电管制规定〉学习心得》,《中国无线电》2011年第9期。
487 《中华人民共和国无线电管制规定》,第3条。

（一）维护国家安全

为维护国家安全，可以实施无线电管制。国家安全是指国家政权、主权、统一和领土完整、人民福祉、经济社会可持续发展和国家其他重大利益相对处于没有危险和不受内外威胁的状态，以及保障持续安全状态的能力[488]。其应当包括内部安全和外部安全、国土安全和国民安全、传统安全和非传统安全、自身安全和共同安全等多重含义[489]。国家安全的内涵包括若干方面，且仍处于不断发展中[490]。

《中华人民共和国国家安全法》第15至34条列举了涉及国家安全的多个方面，具体包括：坚持中国共产党的领导，维护中国特色社会主义制度，防范、制止和依法惩治任何叛国、分裂国家、煽动叛乱、颠覆或者煽动颠覆人民民主专政政权的行为，防范、制止和依法惩治窃取、泄露国家秘密等危害国家安全的行为，防范、制止和依法惩治境外势力的渗透、破坏、颠覆、分裂活动[491]；保卫人民安全，保障公民的生命财产安全和其他合法权益[492]；保卫领陆、内水、领海和领空安全[493]；加强军队建设，防备和抵御侵略，制止武装颠覆和分裂[494]；维护国家基本经济制度和社会主义市场经济秩序[495]；健全金融宏观审慎管理和金融风险防范、处置机制[496]；合理利用和保护资源能源[497]；健全粮食安全保障体系[498]；坚持社会主义先

---

488 《中华人民共和国国家安全法》，第2条。
489 《中华人民共和国国家安全法》，第8条第2款。
490 《中华人民共和国国家安全法》，第15至34条。
491 《中华人民共和国国家安全法》，第15条。
492 《中华人民共和国国家安全法》，第16条。
493 《中华人民共和国国家安全法》，第17条。
494 《中华人民共和国国家安全法》，第18条。
495 《中华人民共和国国家安全法》，第19条。
496 《中华人民共和国国家安全法》，第20条。
497 《中华人民共和国国家安全法》，第21条。
498 《中华人民共和国国家安全法》，第22条。

进文化前进方向，掌握意识形态领域主导权[499]；加快发展自主可控的战略高新技术和重要领域核心关键技术[500]；建设网络与信息安全保障体系[501]；坚持和完善民族区域自治制度[502]；依法保护公民宗教信仰自由和正常宗教活动，防范、制止和依法惩治利用宗教名义进行危害国家安全的违法犯罪活动[503]；加强防范和处置恐怖主义的能力建设[504]；健全有效预防和化解社会矛盾的体制机制，健全公共安全体系，积极预防、减少和化解社会矛盾，妥善处置公共卫生、社会安全等影响国家安全和社会稳定的突发事件[505]；完善生态环境保护制度体系[506]；坚持和平利用核能和核技术，加强核事故应急体系和应急能力建设[507]；坚持和平探索和利用外层空间、国际海底区域和极地[508]；保护海外中国公民、组织和机构的安全和正当权益，保护国家的海外利益不受威胁和侵害[509]。

为了实现以上涉及国家安全事项中的任务，均可能实施无线电管制。

中华人民共和国公民、一切国家机关和武装力量、各政党和各人民团体、企业事业组织和其他社会组织，都有维护国家安全的责任和义务[510]。在涉及以上国家安全事项且需要实施无线电管制时，国家可依据《中华人民共和国无线电管制规定》实施无线电管制。

---

499 《中华人民共和国国家安全法》，第23条。
500 《中华人民共和国国家安全法》，第24条。
501 《中华人民共和国国家安全法》，第25条。
502 《中华人民共和国国家安全法》，第26条。
503 《中华人民共和国国家安全法》，第27条。
504 《中华人民共和国国家安全法》，第28条。
505 《中华人民共和国国家安全法》，第29条。
506 《中华人民共和国国家安全法》，第30条。
507 《中华人民共和国国家安全法》，第31条。
508 《中华人民共和国国家安全法》，第32条。
509 《中华人民共和国国家安全法》，第33条。
510 《中华人民共和国国家安全法》，第11条。

（二）保障国家重大任务

保障国家重大任务时，可以实施无线电管制。对于何为国家重大任务，《中华人民共和国无线电管制规定》未进行列举，实施无线电管制的常见情形是针对国家重大活动。实践中，我国在举办国庆庆典活动、北京奥运会和残奥会、上海世博会、广州亚运会和亚残运会、深圳大运会及航天器的发射和返回期间都实施过无线电管制[511]。

国家重大活动的无线电管制一般涉及多个部门，如国家和地方无线电管理机构、军队电磁频谱管理机构，以及交通运输、广播电视、气象、渔业、通信和电力等相关部门，协调难度较大。国家重大活动无线电管制还具有电波传播环境复杂、管制区域相对集中、管制时间跨度较大及管制对象多元化等特点，管制需求差别较大，发生突发事件的可能性也较大[512]。为此，在实施国家重大活动无线电管制时，一般应健全机构、完善机制，如举行无线电安全保障联席会议，必要时通过合作框架协议明确职责任务，科学设置协调调度组、行政执法组以及无线电监测等工作组。北京奥运会举行了无线电管理联席会议；广州亚运会也召开了无线电安全保障联席会议；上海世博会成立了无线电保障工作部，还签订了长三角及军地无线电联合保障战略合作框架协议，负责协调和推进无线电保障工作[513]。在实施无线电管制过程中，还可以采取无线电管制分级措施，对干扰重要频率的台站采取切实措施进行重点防控。在北京奥运会、广州亚运会等重大国家体育赛事的无线电管制中，均将无线电管制划分为3个等级：第一等级主要管制干扰用于指挥、竞赛、安保、消防、武器、公安、医疗等指挥调度通信、新闻媒体等用户的转播和通信，以及开幕式、闭幕式等重大活动的无线电调度通信的台（站）和设备；第二等级主要管制干扰保障民航、铁路、贵宾、裁判、运动员和直接服务国家重

---

511 何爱群：《〈无线电管制规定〉学习心得》，《中国无线电》2011年第9期。
512 康国钦，张余：《浅谈国家重大活动无线电管制》，《中国无线电》2011年第9期。
513 同上。

大体育赛事的公众移动通信及水、电、气、热等部门的通信的台（站）和设备；第三等级主要管制干扰后勤保障部门和其他无线电通信用户的台（站）和设备[514]。通过科学合理地实施无线电管制，可保障重大活动的顺利进行，并尽可能地减少对其他合法进行的无线电活动的影响。

（三）处置重大突发事件

处置重大突发事件时，可以实施无线电管制。根据《中华人民共和国突发事件应对法》[515]，突发事件是指突然发生，造成或者可能造成严重社会危害，需要采取应急处置措施予以应对的自然灾害、事故灾难、公共卫生事件和社会安全事件[516]。按照社会危害程度、影响范围等因素，突发自然灾害、事故灾难、公共卫生事件分为特别重大、重大、较大和一般4级[517]。突发事件的分级标准由国务院或者国务院确定的部门制定[518]。

二、无线电管制的决定主体

根据《中华人民共和国无线电管制规定》第3条，在全国范围内或者跨省、自治区、直辖市实施无线电管制，由国务院和中央军事委员会决定。在省、自治区、直辖市范围内实施无线电管制，由省、自治区、直辖市人民政府和相关军区决定，并报国务院和中央军事委员会备案。

三、无线电管制的实施原则

根据《中华人民共和国无线电管制规定》第4条，实施无线电管制，应

514　康国钦，张余：《浅谈国家重大活动无线电管制》，《中国无线电》2011年第9期。

515　《中华人民共和国突发事件应对法》于2007年8月30日由第十届全国人民代表大会常务委员会第二十九次会议通过，2024年6月28日第十四届全国人民代表大会常务委员会第十次会议修订，自2024年11月1日起施行。

516　《中华人民共和国突发事件应对法》，第2条第1款。

517　《中华人民共和国突发事件应对法》，第3条第1款。

518　《中华人民共和国突发事件应对法》，第3条第2款。

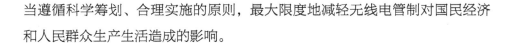

当遵循科学筹划、合理实施的原则，最大限度地减轻无线电管制对国民经济和人民群众生产生活造成的影响。

四、无线电管制的实施程序

（一）制定无线电管制预案

《中华人民共和国无线电管制规定》第5条规定，国家无线电管理机构和军队电磁频谱管理机构，应当根据无线电管制需要，会同国务院有关部门，制定全国范围的无线电管制预案，报国务院和中央军事委员会批准。

省、自治区、直辖市无线电管理机构和军区电磁频谱管理机构，应当根据全国范围的无线电管制预案，会同省、自治区、直辖市人民政府有关部门，制定本区域的无线电管制预案，报省、自治区、直辖市人民政府和军区批准。

（二）发布无线电管制命令

《中华人民共和国无线电管制规定》第6条规定，决定实施无线电管制的机关应当在开始实施无线电管制10日前发布无线电管制命令，明确无线电管制的区域、对象、起止时间、频率范围以及其他有关要求。但是，紧急情况下需要立即实施无线电管制的除外。

（三）成立无线电管制协调机构

《中华人民共和国无线电管制规定》第7条规定，国务院和中央军事委员会决定在全国范围内或者跨省、自治区、直辖市实施无线电管制的，由国家无线电管理机构和军队电磁频谱管理机构会同国务院公安等有关部门组成无线电管制协调机构，负责无线电管制的组织、协调工作。

在省、自治区、直辖市范围内实施无线电管制的，由省、自治区、直辖市无线电管理机构和军区电磁频谱管理机构会同公安等有关部门组成无线电管制协调机构，负责无线电管制的组织、协调工作。

（四）发布无线电管制指令

《中华人民共和国无线电管制规定》第 8 条第 1 款规定，无线电管制协调机构应当根据无线电管制命令发布无线电管制指令。

（五）采取无线电管制措施

《中华人民共和国无线电管制规定》第 8 条第 2 款规定，国家无线电管理机构和军队电磁频谱管理机构，省、自治区、直辖市无线电管理机构和军区电磁频谱管理机构，依照无线电管制指令，根据各自的管理职责，可以采取下列无线电管制措施：①对无线电台（站）、无线电发射设备和辐射无线电波的非无线电设备进行清查、检测；②对电磁环境进行监测，对无线电台（站）、无线电发射设备和辐射无线电波的非无线电设备的使用情况进行监督；③采取电磁干扰等技术阻断措施；④限制或者禁止无线电台（站）、无线电发射设备和辐射无线电波的非无线电设备的使用。

《中华人民共和国无线电管制规定》第 9 条规定，实施无线电管制期间，无线电管制区域内拥有、使用或者管理无线电台（站）、无线电发射设备和辐射无线电波的非无线电设备的单位或者个人，应当服从无线电管制命令和无线电管制指令。

《中华人民共和国无线电管制规定》第 10 条规定，实施无线电管制期间，有关地方人民政府，交通运输、铁路、广播电视、气象、渔业、通信、电力等部门和单位，军队、武装警察部队的有关单位，应当协助国家无线电管理机构和军队电磁频谱管理机构或者省、自治区、直辖市无线电管理机构和军区电磁频谱管理机构实施无线电管制。

（六）发布无线电管制结束通告

《中华人民共和国无线电管制规定》第 11 条规定，无线电管制结束，决

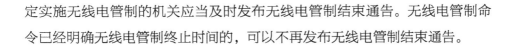

定实施无线电管制的机关应当及时发布无线电管制结束通告。无线电管制命令已经明确无线电管制终止时间的，可以不再发布无线电管制结束通告。

五、违反法规的法律责任

《中华人民共和国无线电管制规定》第 12 条规定，违反无线电管制命令和无线电管制指令的，由国家无线电管理机构或者省、自治区、直辖市无线电管理机构责令改正；拒不改正的，可以关闭、查封、暂扣或者拆除相关设备；情节严重的，吊销无线电台（站）执照和无线电频率使用许可证；违反治安管理规定的，由公安机关依法给予处罚。

军队、武装警察部队的有关单位违反无线电管制命令和无线电管制指令的，由军队电磁频谱管理机构或者军区电磁频谱管理机构责令改正；情节严重的，依照中央军事委员会的有关规定，对直接负责的主管人员和其他直接责任人员给予处分。

六、实施无线电管制的典型案例

案例 1：庆祝中国共产党成立 100 周年大会期间对北京部分区域实施无线电管制

2021 年 7 月 1 日是中国共产党成立 100 周年纪念日，当天召开庆祝中国共产党成立 100 周年大会。为此，北京市人民政府于 2021 年 6 月 18 日发布了《北京市人民政府关于在庆祝中国共产党成立 100 周年大会期间对本市部分区域实施无线电管制的通告》（京政发〔2021〕14 号）。

该通告规定了实施无线电管制的时间范围和管制区域，即 2021 年 7 月 1 日 00 时至 7 月 1 日 12 时，对以天安门广场为中心，二环路以内，北二环西直门桥向东沿二环路至东直门北桥以南；东二环东直门北桥向南沿二环路至左安门桥以西；南二环左安门桥向西沿二环路至菜户营桥以北；西二环菜户营桥向北沿二环路至西直门桥以东的区域实施无线电管制。

该通告还规定了管制期间在管制区域和全市范围内禁止使用的设备，即除经无线电管理机构批准、用于服务庆祝中国共产党成立 100 周年大会的无线电台（站）外，在管制区域内禁止使用无线对讲机（包括手持机、车载台和中继台）、内部无线寻呼台、无线局域网（WLAN）室外基站、无线扩频室外台（站）、无线传声器（无线话筒）、大功率无绳电话，以及大型（大功率）辐射无线电波的非无线电设备。全市范围内停止使用业余无线电台、校园调频广播电台、无线寻呼台、手机干扰器和GPS干扰器等各类干扰设备、各类航空航海和车辆模型无线遥控设备，以及采用寻呼方式设置的发射台。该通告还规定，管制期间，路由经过管制区域的微波链路和设置在北京地区的广播电视、雷达、短波等无线电发射台（站）不得改变已经核准的技术参数。管制期间，管制区域以外的无线电发射设备如对直接用于庆祝中国共产党成立100周年大会服务保障的无线电台（站）产生有害干扰的，有关单位和个人应按照无线电管理机构的要求，立即采取措施消除干扰。

该通告还规定了违反管制通告应承担的责任，即对违反本通告规定的，由无线电管理机构按照国家及北京市有关规定依法处理；构成犯罪的，移送司法机关依法追究刑事责任。

案例2：第19届亚运会和第4届亚残运会期间对相关区域实施无线电管制

第19届亚运会和第4届亚残运会分别于2023年9月23日至10月8日、2023年10月22日至10月28日在浙江省杭州市、宁波市、温州市、湖州市、绍兴市、金华市举办。2023年9月8日，浙江省人民政府发布了《浙江省人民政府关于在第19届亚运会和第4届亚残运会期间对相关区域实施无线电管制的通告》（浙政发函〔2023〕20号）。该通告规定的内容如下：

"根据《中华人民共和国无线电管理条例》《中华人民共和国无线电管制规定》，经商东部战区同意，省政府决定在第19届亚运会和第4届亚残运会期间，对杭州市部分区域实施无线电管制。

"管制时间和区域：2023年9月23日12时至24时、10月8日12时至24时、10月22日12时至24时、10月28日12时至24时，对以杭州奥体中心体育场为中心，江晖路—望江隧道—望江东路以东、钱江路以南、彭埠大桥—观澜路—飞虹路—市心北路以西、建设一路—滨兴路以北的区域实施无线电管制。

"管制期间,在管制区域内除经无线电管理机构批准,用于服务保障第 19 届亚运会和第 4 届亚残运会的无线电台(站)外,禁止使用无线对讲机(包括手持机、车载台和中继台)、内部无线寻呼台、无线局域网(WLAN)室外基站、无线扩频室外台(站)、无线传声器(无线话筒)、大功率无绳电话等无线电发射设备。管制期间,杭州市上城区、拱墅区、西湖区、滨江区、萧山区、钱塘区范围内禁止使用业余无线电台、校园调频广播电台、手机干扰器和卫星导航干扰器等各类干扰设备、各类航空航海和车辆模型无线遥控设备,以及采用寻呼方式设置的无线电发射台(站)。路由经过管制区域的微波链路和设置在杭州市、湖州市、嘉兴市、绍兴市的广播电视、雷达、短波等无线电发射台(站),不得改变已经核准的技术参数。

"管制期间,管制区域以外的无线电发射设备如对用于服务保障第 19 届亚运会和第四届亚残运会的无线电台(站)和无线电设备产生有害干扰的,有关单位和个人应按照无线电管理机构的要求,立即采取措施消除干扰。

"辐射无线电波的非无线电设备,如对用于服务保障第 19 届亚运会和第四届亚残运会的无线电台(站)和无线电设备产生有害干扰的,其所有者和使用者应当采取措施消除干扰。

"违反本通告规定的,由无线电管理机构按照国家和省有关规定处理;构成犯罪的,移送司法机关依法追究刑事责任。"

第九章
无线电通信国际法

本章概要： 无线电波传播不受国界控制，容易产生跨国有害干扰。用于国际无线电通信的无线电频谱和卫星轨道资源是人类的共同继承财产，具有稀缺性，需要在国际层面协调使用。本章介绍国际电信联盟与无线电通信有关的内设机构及其职权，分析作为无线电通信国际法渊源的国际电信联盟相关条约内容，从无线电通信资源、无线电通信活动和无线电通信秩序3个维度探讨无线电通信国际规制的主要内容，并就我国无线电管理领域的国际协调和双边协议情况进行介绍。

关键术语： 国际电信联盟；无线电通信部门；《无线电规则》；国际协调

第一节 无线电通信国际管理机构

一、国际电信联盟主要机构

国际电信联盟成立于1865年，于1947年成为负责信息通信技术事务的联合国专门机构。国际电信联盟是一个由194个成员国组成的政府间国际组织，是成员国在信息通信技术事务领域进行合作而产生的一种重要组织形式和法律形式。国际电信联盟总部位于瑞士日内瓦，并在世界各地设有12个区域和地区代表机构。我国于1920年加入国际电信联盟，1932年首次派代表参加了在西班牙马德里召开的全权代表大会，并签署了马德里《国际电信公约》。1947年，在美国大西洋城召开的全权代表大会上，我国第一次被选为行政理事会的理事国。中华人民共和国成立后，中国在国际电信联盟的合法席位曾被非法剥夺。1972年5月，国际电信联盟行政理事会第27届会议通过决议恢复了中华人民共和国在国际电信联盟的合法席位，此后，我国积极参加国际电信联盟事务，影响力不断提升。

根据《国际电信联盟组织法》第7条，国际电信联盟由国际电信联盟最高权力机构全权代表大会、代表全权代表大会行事的理事会、国际电信世界大会、总秘书处以及国际电信联盟的3个部门——无线电通信部门、电信标准化部门和电信发展部门组成。

（一）全权代表大会

全权代表大会（PP）是国际电信联盟的最高政策制定机构和权力机构，自1994年以来一般每4年召开一次，由每个成员国组成代表团参会。全权代表大会的主要职责规定在《国际电信联盟组织法》第47至59D款，具体包括：根据成员国的提案并在考虑到理事会的报告后，为实现国际电信联盟宗旨确定总政策[519]；审议理事会关于自上届全权代表大会以来国际电信联盟活动的报告并审议理事会关于国际电信联盟政策和战略规划的报告[520]；制定国际电信联盟的战略规划[521]。选举进入理事会的国际电信联盟成员国[522]；选举秘书长、副秘书长和各部门的局主任作为国际电信联盟的选任官员[523]；选

---

519 《国际电信联盟组织法》，第49款。
520 《国际电信联盟组织法》，第50款。
521 《国际电信联盟组织法》，第51款。
522 《国际电信联盟组织法》，第54款。
523 《国际电信联盟组织法》，第55款。

举无线电规则委员会委员[524]；修订《国际电信联盟组织法》和《国际电信联盟公约》[525]；通过和修正《国际电信联盟大会、全会和会议的总规则》[526]；并在必要时修订国际电信联盟与其他国际组织之间的协定，审查理事会代表国际电信联盟与此类国际组织所缔结的任何临时协定，并对临时协定中的问题采取其认为适当的措施[527]；制定国际电信联盟的预算基础，确定某一阶段的财务限额[528]；根据各成员国宣布的会费等级确定下届全权代表大会召开之前的会费单位总数[529]；审查国际电信联盟的账目，并在适当时予以最后批准[530]。

（二）理事会

理事会起源于1947年在美国大西洋城召开的全权代表大会上成立的行政理事会[531]，是国际电信联盟的执行机关，在两届全权代表大会之间作为国际电信联盟的管理机构在全权代表大会所授予的权限内代行其职权[532]。理事会须由全权代表大会按照《国际电信联盟组织法》第61款的规定选出的成员国组成，理事国数目不应超过成员国总数的25%[533]，现有理事国48个。理事会每年在国际电信联盟总部所在地日内瓦举行一次例会，每一理事国须指派一人出席理事会会议[534]。

作为全权代表大会的执行机关，理事会的职权广泛，在两届全权代表大

---

524 《国际电信联盟组织法》，第56款。

525 《国际电信联盟组织法》，第57款。

526 《国际电信联盟组织法》，第58A款。

527 《国际电信联盟组织法》，第58款。

528 《国际电信联盟组织法》，第51款。

529 《国际电信联盟组织法》，第51A款。

530 《国际电信联盟组织法》，第53款。

531 《国际电信公约》(1947年)，第5条；又见ITU, The Council turns 60, *ITU News*, 7(2007): 4。

532 《国际电信联盟组织法》，第68款。

533 《国际电信联盟公约》，第50至51款。

534 《国际电信联盟组织法》，第65至66款。

会之间监督国际电信联盟的全面管理和行政工作[535]，包括采取一切步骤促进成员国执行国际电信联盟法规和全权代表大会的决定，并履行全权代表大会指派的职责；安排召开国际电信联盟大会和全会，向国际电信联盟总秘书处和各部门提供有关筹备和组织大会和全会中的技术性帮助和其他帮助方面的适当指示；审议内容广泛的电信政策问题；编写建议国际电信联盟进行的政策和战略规划及其财务影响的报告；协调国际电信联盟的工作；对总秘书处和3个部门进行有效的财务控制；通过其掌握的一切手段为发展中国家的电信发展作出贡献等。

（三）国际电信世界大会

国际电信世界大会（WCIT）的主要职责是修订《国际电信规则》（ITRs），并可处理其权能范围内与其议程有关的具有世界性的任何问题[536]。

（四）总秘书处

总秘书处就国际电信联盟活动的所有行政和财务问题向理事会负责。秘书长负责全面管理国际电信联盟的各种资源[537]；协调国际电信联盟总秘书处和各部门的活动[538]；另外，秘书长还应在协调委员会的协助下，协调国际电信联盟的活动；在协调委员会的协助下，准备并向成员国和部门成员提供编写国际电信联盟政策和战略规划报告可能需要的具体资料，并协调该规划的实施工作，此报告应在一届全权代表大会前的最后两届理事会例会上提交国际电信联盟成员国和部门成员审议[539]；就总秘书处以及各部门的各局的职员及其待遇有管理权[540]；秘书长应向国际电信联盟提供法律

---

[535]《国际电信联盟组织法》，第69至72款；《国际电信联盟公约》，第62至82款。
[536]《国际电信联盟组织法》，第146至147款。
[537]《国际电信联盟公约》，第84款。
[538]《国际电信联盟公约》，第85款。
[539]《国际电信联盟组织法》，第73A至76A款。
[540]《国际电信联盟公约》，第87、87A、88、89、92、93等款。

咨询[541]；秘书长还应承担国际电信联盟大会会前和会后的适当的秘书工作、为国际电信联盟的大会提供秘书处、出版国际电信联盟刊物以及履行国际电信联盟的所有其他秘书性职能等[542]。

二、国际电信联盟无线电通信部门主要机构

无线电通信部门（ITU-R）是国际电信联盟负责无线电频谱和卫星轨道资源管理的重要机构，其使命是确保所有无线电通信业务（包括使用卫星轨道的无线电通信业务）合理、有效、公平和经济地使用无线电频谱，确保无线电通信系统的无干扰运营，开展有关无线电通信的研究并批准相关建议书等。无线电通信部门主要通过世界/区域无线电通信大会、无线电通信全会、无线电规则委员会、无线电通信研究组、无线电通信顾问组以及无线电通信局开展工作，具体途径如下。

第一，召开世界无线电通信大会，制定或修改完善《无线电规则》；召开区域性无线电通信大会，制定和修改完善区域性协议。

第二，在无线电通信全会确定的框架下，通过ITU-R研究组（SG）起草的有关无线电通信业务和系统技术特性和运营程序的ITU-R建议书。

第三，协调各方活动，消除不同国家无线电台之间的有害干扰。

第四，充实和完善国际频率登记总表。

第五，通过提供工具、信息和研讨会，协助各国开展无线电频谱管理工作。

（一）世界无线电通信大会

世界无线电通信大会每3～4年举行一次，通常在两届全权代表大会之间应召开一到两届世界无线电通信大会。大会由国际电信联盟成员国派出代表团参加，成员国具有表决权。部门成员也可参加会议，但无表决权。相关国际组织以观察员身份参会，也无表决权。

---

541 《国际电信联盟公约》，第91款。
542 《国际电信联盟公约》，第94至104款。

世界无线电通信大会可以研究所有世界性无线电通信问题，但其最重要的职能是审议和修订《无线电规则》这一规范无线电频谱和卫星轨道资源使用的国际条约。世界无线电通信大会也有权审议无线电规则委员会和无线电通信局的活动并对其作出指示，还可以确定供无线电通信全会及其研究组研究的课题。

世界无线电通信大会、无线电通信全会或区域性无线电通信大会的决定在任何情况下均应符合《国际电信联盟组织法》和《国际电信联盟公约》。无线电通信全会或区域性无线电通信大会的决定在任何情况下均应符合《无线电规则》[543]。

（二）无线电通信全会

无线电通信全会通常每3～4年召开一次，其主要职责是为世界无线电通信大会的工作提供必要的技术基础，并根据世界无线电通信大会的指示开展工作，主要包括：建立、保留或终止研究组，为研究组分配拟研究的课题；审议研究组按照《国际电信联盟公约》第157款编写的报告，并批准、修改或否决这些报告中所载的建议草案；批准在审议现有课题和新课题后产生的工作计划，确定各项研究的轻重缓急、预计财务影响和完成研究的时间表；应世界无线电通信大会的要求，就其职责范围内的问题提供咨询意见；向随后召开的世界无线电通信大会报告可能列入未来无线电通信大会议程的各项问题的进展情况等[544]。

（三）无线电通信研究组

目前，无线电通信全会设立了6个无线电通信研究组[545]，分别是1研究组（SG 1）—频谱管理、3研究组（SG 3）—无线电波传播、4研究组

---

543 《国际电信联盟组织法》，第92款。

544 《国际电信联盟组织法》，第91款；《国际电信联盟公约》，第131至136B款。

545 《国际电信联盟公约》，第148款。

（SG 4）—卫星业务、5 研究组（SG 5）—地面业务、6 研究组（SG 6）—广播业务、7 研究组（SG 7）—科学业务。来自各主管部门、电信行业和世界各地学术组织的 5000 余名专家参加了研究组议题的研究工作。无线电通信研究组的工作集中于以下内容：频谱/卫星轨道资源的有效管理和使用、无线电系统的特点和性能、频谱监测以及用于公众防护和救灾的应急通信。研究组在对技术或运营备选方案作出比较时，也会考虑经济因素。

无线电通信研究组应研究按照无线电通信全会制定的程序通过的课题，编写建议书草案，以便按照《国际电信联盟公约》第 246A 至 247 款规定的程序予以通过。无线电通信研究组还应研究世界无线电通信大会的决议和建议中确定的问题，其研究结果应体现在建议书或根据《国际电信联盟公约》第 156 款规定编写的报告中[546]。无线电通信研究组还应对世界性和区域性无线电通信大会拟考虑的技术、操作和程序问题进行预备性研究，并按照无线电通信全会通过的工作计划或根据理事会的指示对相关问题编写详细报告。

（四）无线电规则委员会

无线电规则委员会（RRB）的前身是依据 1947 年大西洋城全权代表大会通过的《国际电信公约》第 6 条所建立的、由 5 名全职专家组成的国际频率登记委员会（IFRB）。在 1992 年日内瓦增开的全权代表大会上，国际频率登记委员会改组为由 9 名兼职专家组成的无线电规则委员会，现有委员 12 人，人数是根据《国际电信联盟组织法》第 93A 款确定的[547]。无线电规则委员会须由无线电领域内资历深厚并在频率的指配和利用方面具有实际经验的选任委员组成，由全权代表大会选举产生，每位委员须熟悉世界一特定地区的地理、经济和人口状况。他们须独立地并在非全职的基础上为国际电信联盟履

---

546 《国际电信联盟公约》，第 149、149A 款。
547 《国际电信联盟组织法》第 93A 款规定无线电规则委员会委员的人数或不超过 12 名，或相当于成员国总数的 6%。

行职责[548]。

无线电规则委员会是国际电信联盟无线电通信部门的重要组成部分，其职责包括：①审议无线电通信局主任应一个或多个相关主管部门的要求而提出的关于有害干扰的调查报告，并对此提出建议。②审议成员国对无线电通信局主任作出的频率指配决定的申诉。③按照《无线电规则》和有权能的无线电通信大会可能作出的任何决定，批准《程序规则》（RoP），包括技术标准，这些《程序规则》将由无线电通信局主任和无线电通信局在应用《无线电规则》登记成员国的频率指配时使用。这些规则需以透明的方式制定，并须听取主管部门的意见，如始终存在分歧，须将问题提交下届世界无线电通信大会。④全权代表大会、理事会或世界无线电通信大会指定的其余附加职责。

无线电规则委员会承担着技术判定和争端解决的重要职责，可处理成员国针对无线电通信局所作的频率指配决定的复议，也可以处理成员国之间关于有害干扰的争端，具有准司法机构的特征。

（五）无线电通信顾问组

无线电通信顾问组（RAG）的职责包括[549]：审议部门内部通过的工作重点和战略；跟踪无线电通信研究组的工作进展；为无线电通信研究组的工作提供指导；就与其他机构和国际电信联盟其他部门加强合作与协调提出建议。无线电通信顾问组就这些问题向无线电通信局主任提供咨询意见。无线电通信全会可将其职责范围内的具体问题交由无线电通信顾问组处理。

（六）无线电通信局

无线电通信局（BR）是在1992年日内瓦增开的全权代表大会上，由1947年在美国大西洋城召开的国际无线电会议设立的国际频率登记委员会（IFRB）的专门秘书和1927年华盛顿无线电报会议上建立的国际无线电顾问

---

548 《国际电信联盟组织法》，第93款。
549 《国际电信联盟组织法》，第84A款；《国际电信联盟公约》，第160A至160H款。

委员会（CCIR）组成，是组织、协调无线电通信部门工作的机构，亦承担无线电规则委员会的秘书职责[550]。无线电通信局的职责如下。

① 按照《无线电规则》的有关规定，有秩序地记录和登记频率指配和（在适当时）相关轨道特性，并不断更新国际频率登记总表；检查该表中的登记条目，以便在有关主管部门同意下，对不能反映实际频率使用情况的登记条目视情况予以修改或删除。

② 应一个或多个有关主管部门的要求，帮助处理有害干扰的案例，在必要时进行调查，并编写一份包括给有关主管部门的建议草案的报告，供无线电规则委员会审议。

③ 协调研究组和无线电通信局开展的大会筹备工作，将筹备工作的结果通报给各成员国和部门成员，收集他们的意见，并向该大会提交一份包含具有规则性质的提案的综合报告；以顾问的身份参加无线电通信大会、无线电通信全会和无线电通信研究组及其他组的讨论；在发展中国家筹备无线电通信大会时向他们提供帮助[551]。

第二节 无线电通信国际法渊源

《国际电信联盟组织法》第 29、31 款规定，国际电信联盟法规由全权代表大会制定的《国际电信联盟组织法》《国际电信联盟公约》以及世界无线电通信大会和国际电信世界大会制定的行政规则组成，行政规则包括《无线电规则》和《国际电信规则》。这些条约是对成员国有约束力的国际法。除根据《国际电信联盟组织法》第 48 条的规定（军用无线电设施的自由权）免除这

550　F. Molina Negro, J.-M. Novillo-Fertrelly Parede, The International Telecommunication Convention from Madrid (1932) to Nairobi (1982): half a century in the life of the Union, *Telecommunication Journal*, 49 (1982): 816.

551　《国际电信联盟公约》，第 163 至 166 款。

些义务的业务之外,各成员国在其所建立或运营的、从事国际业务的或能够对其他国家无线电业务造成有害干扰的所有电信局和电台内,均有义务遵守以上法规的规定。各成员国还有义务采取必要步骤,责令所有经其批准而建立和运营电信并从事国际业务的运营机构或运营能够对其他国家无线电业务造成有害干扰的电台的运营机构遵守《国际电信联盟组织法》《国际电信联盟公约》和行政规则的规定。

此外,全权代表大会通过了《国际电信联盟大会、全会和会议的总规则》作为会议组织和有关选举工作的规则。全权代表大会还通过了《关于强制解决与〈国际电信联盟组织法〉、〈国际电信联盟公约〉和行政规则有关的争议的任选议定书》,该《任选议定书》只对核准、接受、批准或加入此议定书的缔约国有约束力。

在无线电通信部门,最重要的条约是世界无线电通信大会通过的《无线电规则》。此外,无线电通信局主任和无线电规则委员会为履行《国际电信联盟组织法》赋予的职责,还编写和通过了《程序规则》,《程序规则》是对《无线电规则》内容进行的补充,并在工作中使用。

在国际电信联盟法规的效力等级方面,根据《国际电信联盟组织法》第32款,如《国际电信联盟组织法》与《国际电信联盟公约》或行政规则的条款有矛盾之处,应以《国际电信联盟组织法》为准。如《国际电信联盟公约》与行政规则的条款有矛盾之处,应以《国际电信联盟公约》为准。

一、《国际电信联盟组织法》

《国际电信联盟组织法》是国际电信联盟效力最高的宪章性文件,共9章58条242款。《国际电信联盟组织法》源于1932年由70多个国家的代表在马德里会议上制定的《国际电信公约》。1989年,国际电信联盟尼斯全权代表大会将《国际电信公约》分为相对固定的《国际电信联盟组织法》和便于经常修改的《国际电信联盟公约》,并于1996年1月1日正式生效。国际电信联盟致力于保持《国际电信联盟组织法》和《国际电信联盟公约》的稳定性。近年来,《国际电信联盟组织法》和《国际电信联盟公约》的条款鲜有修订。

《国际电信联盟组织法》主要规定了以下内容:国际电信联盟的宗旨、组成、成员国的权利和义务、组织机构和职责;关于无线电使用的专门条款,包括无线电频谱和卫星轨道资源的使用、有害干扰、遇险呼叫与安全通信等;《国际电信联盟组织法》的批准、接受、认可、加入程序;争议解决;《国际电信联盟组织法》的生效等。

在无线电通信方面,《国际电信联盟组织法》第7章第44至48条是关于无线电的特别条款,分别规定了无线电频谱和对地静止卫星轨道和其他卫星轨道的使用,有害干扰,遇险呼叫和电报,虚假的或欺骗性的遇险信号、紧急信号、安全信号或识别信号,国防业务使用的设施等内容。

二、《国际电信联盟公约》

《国际电信联盟公约》共6章42条528款,是对《国际电信联盟组织法》内容进行的补充[552]。《国际电信联盟公约》更具体地规定了行使国际电信联盟职能的各个机构的选举方式、组成、工作程序等内容,包括国际电信联盟理事会的选举方法、常设机构官员的选任方法;关于召开全权代表大会、世界无线电通信大会、世界电信标准化全会、世界电信发展大会、无线电通信全会等大会的时间和地点的决定程序,各种会议的议程和议事规则;各局主任及秘书长的职责;各部门之间以及与国际组织之间的关系;财务收支的规定等。

在无线电通信管理方面,《国际电信联盟公约》规定,世界无线电通信大会用以审议无线电通信的具体问题,包括部分地或在特殊情况下全部修订《无线电规则》[553]。《国际电信联盟公约》第172款赋予了无线电通信局在频率管理方面非常重要的职责,即无线电通信局应当"按照《无线电规则》的有

---

552 《国际电信联盟组织法》,第30款。
553 《国际电信联盟公约》,第114款。

关规定，有秩序地记录和登记无线电频率指配和（在适当时）相关的轨道特性，并不断更新国际频率登记总表；检查该表中的登记条目，以便在有关主管部门同意下，对不能反映频率实际使用情况的登记条目视情况予以修改或删除"。

三、《国际电信联盟大会、全会和会议的总规则》

《国际电信联盟大会、全会和会议的总规则》由全权代表大会通过和修订[554]。《国际电信联盟组织法》第 177 至 178 款规定，《总规则》应适用于国际电信联盟大会和全会的筹备，大会、全会和会议工作的组织和讨论的进行，以及理事国、秘书长、副秘书长、各部门的局主任和无线电规则委员会委员的选举[555]。《国际电信联盟组织法》通过引用该《总规则》的方式，将其纳入了《国际电信联盟组织法》的范围。该《总规则》共有 4 章 222 款，分别是：第一章 关于大会和全会的一般规定；第二章 大会、全会和会议的议事规则；第三章 选举程序；第四章 本《总规则》修正案的提出、通过和生效。

四、《关于强制解决与〈国际电信联盟组织法〉、〈国际电信联盟公约〉和行政规则有关的争议的任选议定书》

《关于强制解决与〈国际电信联盟组织法〉、〈国际电信联盟公约〉和行政规则有关的争议的任选议定书》由全权代表大会通过和修改[556]，规定了解决《任选议定书》成员国之间关于《国际电信联盟组织法》《国际电信联盟公约》或行政规则的解释或适用的任何争端的强制仲裁程序。该《任选议定书》仅对批准、接受或者加入该《任选议定书》的成员国具有约束力。目前，中国尚未签署或批准该《任选议定书》。

---

554 《国际电信联盟组织法》，第 58A 款。

555 《国际电信联盟组织法》，第 177 款。

556 《关于强制解决与〈国际电信联盟组织法〉、〈国际电信联盟公约〉和行政规则有关的争议的任选议定书》，第 4 条。

五、《无线电规则》

《无线电规则》由每 3～4 年召开一次的世界无线电通信大会制定和修改，是国际电信联盟的两部行政规则之一[557]，是调整国际电信联盟成员国在无线电通信活动中的相互关系、规定成员国的权利义务、确立无线电通信操作者的操作规程的国际条约，其重点内容包括：各种无线电业务的频谱划分、取得无线电频谱和卫星轨道资源使用权的规则和程序、频率指配的登记和管理、电台操作要求、无线电干扰解决程序以及相关技术细则等。

《无线电规则》具有下列目标：

促进公平地获得和合理地使用无线电频谱和对地静止卫星轨道；

确保为遇险和安全目的提供的无线电频率的可用性以及保护其不受有害干扰；

帮助防止及解决不同主管部门的无线电业务之间的有害干扰的情况；

促进所有无线电通信业务的高效率和有效能的运营；

提供并在需要时管理新近应用的无线电通信技术[558]。

《无线电规则》共 4 卷，第 1 卷是条款，第 2 卷是附录，第 3 卷是决议和建议，第 4 卷是引证归并的 ITU-R 建议书。

《无线电规则》第 1 卷是整套规则的中心和主题，共 10 章 59 条，包括各类名词、术语的定义，无线电频谱区域划分，无线电频率划分表，取得无线电频谱和卫星轨道资源使用权的方法和程序，频率指配与登记，电台操作使用规则等具体规定；第 2 卷是附录，既列出了第 1 卷有关规则程序涉及的具体技术参数，又包括卫星广播业务、卫星固定业务、航空移动业务等多项规划，还包括国际无线电频率通知单的内容与格式、需提前公布的卫星网络资料、部分业务频段的国际无线电频率分配表、部分业务电台的技术特性、

---

557 国际电信联盟的另一部行政规则是国际电信世界大会制定的《国际电信规则》（ITRs）。
558 《无线电规则》（2024 年版），第 1 卷条款，第 0.5 至 0.10 款。

报告有害干扰和违章行为时应采取的格式、卫星网络的协调计算方法等；第3卷是世界无线电通信大会通过的决议和建议；第4卷是第1卷和第2卷规则程序部分应用的、无线电通信部门各研究组制定的技术建议书，这些建议书已经由无线电通信全会和世界无线电通信大会审议通过，以引证归并的方式纳入了《无线电规则》。

根据《国际电信联盟组织法》第29、31款，《无线电规则》是对成员国有约束力的国际条约，各成员国在其所建立或运营的、从事国际业务的或能够对其他国家无线电业务造成有害干扰的所有电信局和电台内，均有义务遵守以上法规的规定。

六、《程序规则》

《程序规则》草案由无线电通信局主任编写，交由无线电规则委员会批准[559]。无线电通信局主任应向所有成员国分发无线电规则委员会批准的《程序规则》，收集各主管部门的意见并提交无线电规则委员会[560]。这些《程序规则》将由主任和无线电通信局在应用《无线电规则》登记成员国的无线电频率指配时使用[561]。这些规则应以透明的方式制定，并应听取主管部门的意见，如果始终存在分歧，则将问题提交下届世界无线电通信大会[562]。目前适用的是2021年版《程序规则》，该版本纳入了2019年世界无线电通信大会之前无线电规则委员会对《程序规则》的全面复审和修订的结果，其内容分为A、B、C这3个部分：A部分是只与《无线电规则》部分条款相关的程序规则；B部分是与某个过程，比如某项技术审查相关的程序规则；C部分是无线电规则委员会内部安排和工作方法[563]。

---

559 《国际电信联盟组织法》，第94至97款；《国际电信联盟公约》，第168款。

560 《国际电信联盟公约》，第169款。

561 《国际电信联盟组织法》，第95款。

562 《国际电信联盟组织法》，第95款。

563 《程序规则》(2021年版)，前言。

形式上，《程序规则》是《国际电信联盟组织法》授权无线电通信局主任编写、无线电规则委员会批准、以透明方式制定的、在无线电通信部门内部为一定目的使用的操作规则。实质上，《程序规则》通过解释特定规则的实施或通过制定目前管理条款中没有规定的必要的应用程序，补充了《无线电规则》的内容。《程序规则》应当符合《国际电信联盟组织法》《国际电信联盟公约》《无线电规则》的规定，不能与之相冲突。

第三节　无线电通信国际规制的主要内容

一、无线电通信资源管理

为了进行国际无线电通信管理，国际电信联盟《无线电规则》第1卷条款第5.2款按地理位置将世界分为3个区域，我国位于3区。

国际电信联盟在无线电频率管理方面，有3个核心概念，分别是划分、分配和指配，体现了国际电信联盟频率管理的重要环节和相应职责。

（一）频段的划分

（频段的）划分是指频率划分表中关于某一具体频段可供一种或多种地面或空间无线电通信业务或射电天文业务在规定条件下使用的记载[564]。

为了将无线电频段划分给相应的无线电业务，首先需要对各种无线电业务进行定义。《无线电规则》第1卷条款第1.19至1.60款共界定了42种无线电业务，这42种业务可大致分为地面业务和空间业务两类。射电天文是一类特殊的无线电业务，这种业务不进行无线电波发射，只接收来自宇宙的辐射，因此属于无线电业务，但被认为不是无线电通信业务[565]，只是在解决有

564　《无线电规则》（2024年版），第1卷条款，第1.16款。
565　HARVEY LISZT：《射电天文、频谱管理和2019年世界无线电通信大会》，《国际电信联盟新闻》2019年第5期。

害干扰时，应将射电天文业务作为无线电通信业务处理[566]。

《无线电规则》第 1 卷的重要内容之一是第 5 条第Ⅳ节的频率划分表，其将 8.3kHz 至 3000GHz 的无线电频谱在世界 3 个区域内划分给了 42 种无线电业务，并区分了主要业务、次要业务、附加划分和替代划分。《无线电规则》还对主要业务和次要业务的地位及其相互关系进行了规定。

当某一无线电通信业务或者某一业务中的电台操作具有国际影响时，应当按照频率划分表的规定来进行频率指配和使用。如果不按照频率划分表来指配和使用频率，则前提条件是不得对依照《国际电信联盟组织法》《国际电信联盟公约》和《无线电规则》规定工作的国际无线电通信业务的电台造成有害干扰，也不得对这种电台的干扰提出保护要求[567]。

（二）频道的分配

（射频或无线电频道的）分配是指经有权的大会批准，在一份议定的频率分配规划中，关于一个指定的频道可供一个或数个主管部门在规定条件下，在一个或数个经指明的国家或地理区域内用于地面或空间无线电通信业务的记载[568]。

《无线电规则》第 2 卷附录 25、附录 26、附录 27、附录 30、附录 30A 和附录 30B 分别规定了在特定频段内水上移动专用频段海岸无线电话电台、航空移动（OR）业务、航空移动（R）业务以及卫星业务相关的频率分配规划。

（三）频率指配及登记

（射频或无线电频道的）指配是由某一主管部门对给某一无线电台在规定条件下使用某一射频或无线电频道的许可[569]。

566　《无线电规则》（2024 年版），第 1 卷条款，第 4.6 款。
567　《无线电规则》（2024 年版），第 1 卷条款，第 4.4 款。
568　《无线电规则》（2024 年版），第 1 卷条款，第 1.17 款。
569　《无线电规则》（2024 年版），第 1 卷条款，第 1.18 款。

第九章　无线电通信国际法

一般来说，频率指配是一国国内法上的事情，是一国无线电通信主管部门为特定电台确定可用频率的过程，一般通过行政许可实现。在我国，频率指配是由无线电管理机构依据《中华人民共和国无线电管理条例》实施无线电频率使用许可的方式实现的。

然而，由于无线电波具有不受国界控制而传播的特性，《无线电规则》第1卷条款第4.2款规定，各成员国承诺，在给电台指配频率时，如果这些频率有可能对其他国家的电台所经营业务造成有害干扰，则必须按照频率划分表及《无线电规则》的其他规定进行指配。

确定一项频率指配在国际层面是否具有合法和优先地位，主要依据国际电信联盟无线电通信局维护的国际频率登记总表[570]。国际频率登记总表是于1947年在美国大西洋城召开的世界无线电大会上创立，并经随后召开的国际电信会议批准的一种国际频率管理的新模式。在该模式下，国际频率登记委员会正式成立，负责建立和维护国际频率登记册，以确保频率使用的通知和登记能够被跟踪。国际频率登记委员会向成员国通报新登记的情况，同时赋予成员国提出关切和反对意见的权利。如果新频率符合《无线电规则》的所有规定，则新频率的登记将完成。1992年，国际电信联盟进行了结构重组，国际频率登记委员会被取消，其频率指配登记的职能由无线电通信局承担。

《无线电规则》第1卷第3章第8条规定了登记在国际频率登记总表内的频率指配的地位：经审查合格而登记在登记总表内的任何频率指配，应享有国际承认的权利。对于这种指配，权利意味着其他主管部门在安排其自己的指配时应考虑该指配以避免有害干扰[571]。如果使用某个不符合《无线电规则》的频率指配对符合《无线电规则》的指配的任何电台的接收产生实际上的有害干扰，使用的频率指配不符合《无线电规则》的电台在收到通知时必须立即消除这种有害干扰[572]。

570　《无线电规则》(2024年版)，第1卷条款，第8.1款。
571　《无线电规则》(2024年版)，第1卷条款，第8.3款。
572　《无线电规则》(2024年版)，第1卷条款，第8.5款。

（四）取得无线电频率和卫星轨道资源使用权的方法

1. 无线电频率和卫星轨道资源的使用原则

在无线电频率和卫星轨道资源管理方面，《国际电信联盟组织法》第196款规定，在使用无线电业务的频段时，各成员国须铭记，无线电频率和任何相关的轨道，包括对地静止卫星轨道，均为有限的自然资源，必须依照《无线电规则》的规定合理、有效和经济地使用，以使各国或国家集团可以在照顾发展中国家的特殊需要和某些国家地理位置的特殊需要的同时，公平地使用这些轨道和频率。该款确立了无线电频率和卫星轨道资源使用的重要原则。

2. 取得无线电频率和卫星轨道资源使用权的具体方法

各国拥有电信主权来管理国内无线电通信事务，一般是成立国内无线电通信主管部门，对不具有国际影响的无线电频率依据国内法来分配和使用。《中华人民共和国民法典》第252条和《中华人民共和国无线电管理条例》第3条都规定了无线电频谱资源属于国家所有，并对不具有国际影响的无线电频谱资源确立了国家统一规划、合理开发、有偿使用的管理原则，建立了频率划分、规划、许可使用的相关管理制度。

一些无线电通信活动（如卫星相关的活动）具有国际影响，一国单方面无法主宰这类业务所用频率和卫星轨道资源的获取，而必须按照《无线电规则》的规定去获得和使用，以实现国际层面无线电通信资源的合理、有效、经济、公平地使用和避免有害干扰。《无线电规则》关于取得无线电频率和卫星轨道使用权的方法，有规划法和协调法两种。

（1）规划法

规划法是针对特定业务，应当依照《无线电规则》中的规划来使用频率和轨道。目前已有的规划规定在《无线电规则》第2卷附录25、附录26、附录27、附录30、附录30A和附录30B中，包括附录25：4000kHz和27500kHz频率间的水上移动业务专用频段内工作的海岸无线电话电台的条款及其频率分配规划；附录26：关于3025kHz-18030kHz频率间划分给航空移动（OR）业务专用频段的条款和相关频率分配规划；附录 27：航空移动（R）业务的频率分配规划及相关的资料；附录 30：关于 11.7–12.2GHz（3 区）、11.7–12.5GHz（1 区）和 12.2–12.7GHz（2 区）频段内所有业务的条款以及与卫星广播业务的相关规划和指配表；附录 30A：关于 1 区和 3 区 14.5–14.8GHz 和 17.3–18.1GHz 及 2 区 17.3–17.8GHz 频段内卫星广播业务（1 区 11.7–12.5GHz、2 区 12.2–12.7GHz 和 3 区 11.7–12.2GHz）馈线链路的条款和相关规划和列表；附录 30B：4500–4800MHz、6725–7025MHz、10.70–10.95GHz、11.20–11.45GHz 和 12.75–13.25GHz 频段内卫星固定业务的条款和相关规划。

卫星业务是典型的具有国际影响的业务，因此取得卫星频率和轨道使用权的规划内容十分详尽，主要是针对特定区域、在特定频段内的卫星广播和卫星固定业务的相应规划，即附录 30、附录 30A、附录 30B。规划法事实上为尚无能力启用相关卫星频率和轨道资源的发展中国家和不发达国家保留了可用的资源和发展的机会。

使用规划中的频率和卫星轨道资源，或者是部署其他不太可能造成干扰的卫星系统或者网络，其国际程序由卫星网络资料的提前公布（API）和通知两个步骤组成。

第一步，主管部门需向国际电信联盟无线电通信局送交将在《国际频率信息通报》（BR IFIC）中提前公布的该卫星网络或卫星系统的一般说明，送交时间不早于该卫星网络或系统的规划启用日期的 7 年前，且最好不迟于该日期的 2 年前。应当提供的特性要求列于《无线电规则》附录 4 当中[573]。

第二步，主管部门将频率指配的通知资料送交无线电通信局，并由无线电通信局将有关频率指配登记在国际频率登记总表内[574]。

在第一步中，主管部门在提交卫星网络或系统的一般说明时，需要提供信息的范围包括 4 个方面：卫星网络、地球站或射电天文电台的一般特性，

---

573 《无线电规则》（2024 年版），第 1 卷条款，第 9 条第 I 节。
574 《无线电规则》（2024 年版），第 1 卷条款，第 11 条。

应为每个卫星天线波束或每个地球站或射电天文天线提供的特性，应为每个卫星天线波束或每个地球站或射电天文天线每组频率指配提供的特性，整个链路特性。需要提供的信息可分为强制性信息和备选信息两类，具体可依据《无线电规则》第 2 卷附录 4 附件 2 的表格进行查询。

在第一步中，无线电通信局收到主管部门提交的提前公布的完整资料后，应在 2 个月内，在《国际频率信息通报》的特节内予以公布[575]。而其他主管部门在收到载有相关资料的《国际频率信息通报》后，如果认为可能对其现有的或规划的卫星网络或系统产生不可接受的干扰，应在收到日期的 4 个月内向公布资料的主管部门告知对其现有或规划的系统预计产生干扰的详细情况的意见，并将这些意见同时寄送无线电通信局，然后主管部门双方应共同努力合作解决任何困难[576]。如果困难难以解决，对规划的卫星网络负责的主管部门应探索一切可能的方法解决困难而不考虑对其他主管部门的网络进行调整的可能性；如果找不到这种方法，则该主管部门可以要求其他主管部门探索一切可能满足其需求的方法，相关主管部门应进行一切可能的努力、通过相互可以接受的对他们的网络进行调整的方法来解决困难[577]。

在第二步中，频率指配的通知和登记，在规划法和协调法下，规则基本相同，将在后文介绍。

（2）协调法

目前，多数卫星操作者需根据协调法获取相应的频率和卫星轨道资源，然后获得国内主管部门对其进行频率指配，并由主管部门向国际电信联盟无线电通信局就该频率指配作出通知，由无线电通信局将该频率指配登记并列入国际频率登记总表。

需要进行协调的情形规定在《无线电规则》第 1 卷第 9 条第 9.7 至 9.19 款和 9.21 款。协调程序则采用"协调——频率指配通知的登记"这一两段式

---

575 《无线电规则》（2024 年版），第 1 卷条款，第 9.2B 款。
576 《无线电规则》（2024 年版），第 1 卷条款，第 9.3 款。
577 《无线电规则》（2024 年版），第 1 卷条款，第 9.4 款。

的程序，其中作为协调过程的第一阶段，大致包括以下4个步骤。

第一步，确定协调请求和需要进行协调的主管部门。提出协调请求的主管部门应适当确定协调请求，连同《无线电规则》附录4中所列的合适的资料，或寄送给无线电通信局，或寄送被请求协调的主管部门。其中按照《无线电规则》第9.15至9.19款提出的协调请求须由提出协调请求的主管部门寄送给被请求协调的主管部门，按照第9.7至9.14款和9.21款提出的协调请求须由提出协调请求的主管部门寄送给无线电通信局[578]。为了确定实施协调时所要考虑的频率指配，须应用《无线电规则》第2卷附录5——《按照第9条的规定确定应与其进行协调或达成协议的主管部门》[579]，附录5具体规定了为开展协调以及确定需要与其进行协调的主管部门所需考虑的频率指配，包括：与计划的指配在同一频段内、属同一业务或划分为同等权利或更高一类的其他业务、可能影响或受到影响的合适的频率指配。附录5规定了相应的条件，并通过列表提供了不同情形下有待寻求协调的业务的频段和区域、门限/条件和计算方法等细则。

第二步，协调请求的收妥确认和处理，分为以下两种情况。

一种情况是，对于按照《无线电规则》第9.15至9.19款提出的协调请求，被请求协调的主管部门收到该协调请求后，应在要求的日期30天内用电报向提出协调请求的主管部门确认收妥；若无收妥确认，提出请求的主管部门可发送第二次协调请求以及随后寻求无线电通信局帮助，若在无线电通信局发出电报要求被请求协调的主管部门确认收到了协调请求后的规定期限内仍未收到被请求协调的主管部门的确认，则视为被请求协调的主管部门同意以下事项：①对请求协调的指配可能对其自己的指配产生的任何有害干扰将不提出申诉；②使用其自己的指配时将不对请求协调的指配产生有害干扰[580]。

另一种情况是，对于按照第9.7至9.14款和9.21款提出并提交给无线

---

578 《无线电规则》(2024年版)，第1卷条款，第9.29至9.30款。
579 《无线电规则》(2024年版)，第1卷条款，第9.27款。
580 《无线电规则》(2024年版)，第1卷条款，第9.45至9.49款。

电通信局的协调请求，无线电通信局应审查资料是否符合频率划分表和《无线电规则》相关条款，确定需要与之进行协调的主管部门并在4个月内在《国际频率信息通报》中公布完整的资料以及需要进行协调的主管部门名称，并就其已进行的活动通知相关主管部门，提请他们注意《国际频率信息通报》[581]。

第三步，被列入协调程序的主管部门须迅速审查按照《无线电规则》附录5所确定的自己的指配可能受到干扰的情况，并在《国际频率信息通报》公布日期或相关协调资料寄送日期的4个月期限内就协调请求作出同意或者不同意的意见，并通知请求协调的主管部门，在不同意的情况下，还应提供作为不同意基础的、与自己的指配有关的信息[582]。与此同时，相关各方应进行一切可能的相互努力，寻找能够满意地解决问题的方法。

第四步，达成协调结果或者未能达成协调结果，又分为以下3种情况。

第一种情况，被请求协调的主管部门与请求协调的主管部门就协调事项达成一致后，如果国际电信联盟认为有关主管部门提交的卫星网络技术信息和"行政应付努力"信息均符合要求，则由主管部门向无线电通信局通知其对相关频率的指配，并由无线电通信局将该频率指配登记在国际频率登记总表内，实质是"先登先占"，经过协调且在国际频率登记总表登记的频率指配受到国际保护[583]。

第二种情况，被请求协调的主管部门若在规定的4个月期限内没有给予答复或未作出决定，或虽然表示不同意，但未提供其作为不同意基础的该主管部门自己的指配资料，则无线电通信局可在请求协调的主管部门的要求下，立刻要求被请求协调的主管部门早日作出决定或提供有关的资料，经过一定期限并在发送提醒函而仍未答复的情况下，则视为被请求协调的主管部门同意以下事项：①对请求协调的指配可能对其自己的指配产生的任何有害

---

[581]《无线电规则》（2024年版），第1卷条款，第9.34至9.38款。
[582]《无线电规则》（2024年版），第1卷条款，第9.50至9.52款。
[583]《无线电规则》（2024年版），第1卷条款，第11条。

干扰将不提出申诉；②使用其自己的指配时将不对请求协调的指配产生有害干扰[584]。

第三种情况，若未完成协调，主管部门仍可坚持向国际电信联盟进行频率指配的登记，但此时无线电通信局会对此登记作出标注，其不能对符合分配规划的，或者按照《无线电规则》审查合格且登记在国际频率登记总表中的任何频率指配产生有害干扰，也不得对来自后者的干扰要求保护[585]。

（五）频率指配的通知和登记

1. 国际频率登记总表

国际电信联盟无线电通信局维护的国际频率登记总表是一个数据库，它包含了在世界范围内运行的无线电台（站）的频率指配。登记并列入国际频率登记总表的无线电频率得到了国际认可，并保护其免受干扰影响。根据2018年全权代表大会召开时的统计，该数据库目前包含260万个地面业务频率指配，且每年将增加20万个指配；该数据库还包含了110多万个已指配的空间业务频率，未来还计划使用约35万个已指配卫星广播业务频率和2.5万个已分配的卫星固定业务频率。无线电通信局定期检查国际频率登记总表的内容，以确保其与实际使用相一致。无线电通信局还公布了水上和海岸无线电台（站）清单，以确保水上生命安全。

《无线电规则》规定的、在国际频率登记总表中记录新频率指配的程序能够确保特定地理地点的每一个新的频率使用都与此前收到的使用相兼容。在许多情况下，有必要在所涉主管部门和运营商之间进行协调，以确保实现这一兼容性。采用这些程序可确保地面和卫星系统在干扰受到监控的环境中运行，并保障各方公平地使用频谱和地球静止卫星轨道资源。如果主管部门之间或主管部门与无线电通信局之间意见相左，则由无线电规则委员会对相关

---

584 《无线电规则》(2024年版)，第1卷条款，第9.60至9.62款。
585 《无线电规则》(2024年版)，第1卷条款，第4.4、8.4至8.5、11.36、11.41款。

问题作出审议。在这种情况下，主管部门或无线电通信局还可针对无线电规则委员会作出的任何决定向下一届世界无线电通信大会提出申诉。

2. 频率指配登记的类型

在频率指配的登记方面，《无线电规则》第 11 条规定了必须登入、可以登入、不应登入 3 种类型。

有关主管部门必须将其频率指配登记在国际频率登记总表中的 7 种情形包括[586]：

① 如果该指配的使用能对另一个主管部门的任何业务产生有害干扰；

② 如果该指配是用于国际无线电通信；

③ 如果该指配须服从没有其自己通知程序的某一世界性的或区域性的频率分配或指配规划；

④ 如果该指配须服从《无线电规则》第 9 条的协调程序或涉及这种情况；

⑤ 如果希望取得对该指配的国际认可；

⑥ 如果该指配不符合频率划分表或者《无线电规则》的其他规定从而构成一个不相符的指配，但主管部门仍希望能予以登记以供参考；

⑦ 应符合特定要求的接收地球站或空间电台、使用特定频段的固定业务高空平台接收电台、或从移动电台接收的陆地电台的频率指配。

以上情形须进行频率指配的通知。

可以进行频率指配的通知和登记的情况主要是某一特定的射电天文电台接收使用的任何频率[587]。

不应向国际频率登记总表进行通知和登记的情况包括：船舶电台和其他业务的移动电台、业余业务电台、卫星业余业务地球站的频率指配，以及使用 5900kHz 至 26100kHz 划分给广播业务的高频频段并且符合《无线电规则》第 12 条的广播电台的频率指配[588]。

---

586 《无线电规则》（2024 年版），第 1 卷条款，第 11.2 至 11.9 款。

587 《无线电规则》（2024 年版），第 1 卷条款，第 11.12 款。

588 《无线电规则》（2024 年版），第 1 卷条款，第 11.14 款。

《无线电规则》还规定了各类频率指配通知的时间，一般是不早于频率指配启用前的特定年限，以保持国际频率登记总表尽量体现最新的频率使用状况。其中，关于地面业务电台指配的通知单，应当不早于指配启用3个月前送达无线电通信局；关于空间电台的指配和涉及卫星网络协调的地面电台的指配通知单应不早于该指配启用前3年送达无线电通信局；特定频段固定业务高空平台电台指配有关的通知，应当不早于这些指配投入使用的5年前送达无线电通信局；特定频段内作为基地电台提供国际移动通信业务的高空平流层电台的指配通知单应不早于指配启用3年前送达无线电通信局[589]。

3. 频率指配登记的地位和作用

无论是通过规划法还是通过协调法取得频率和卫星轨道资源的使用权，主管部门均希望按《无线电规则》将相关频率指配登记并列入国际频率登记总表。《无线电规则》第1卷第3章第8条规定了登记在国际频率登记总表内的频率指配[590]的地位：经审查合格而登记在登记总表内的任何频率指配，应享有国际承认的权利。对于这种指配，权利意味着其他主管部门在安排自己的指配时应考虑该指配以避免有害干扰。此外，须经协调或规划的频段内的频率指配将具有从应用与协调或相关规划有关的程序所导出的地位[591]。

当一个频率指配与频率划分表或《无线电规则》的其他条款不一致时，应被认为是一个不相符的指配。这种指配只有在提出通知的主管部门承认其给电台指配的频率违反频率划分表或《无线电规则》中的其他规定，并明确表示这种电台在使用这种频率指配时不得对按照《国际电信联盟组织法》《国际电信联盟公约》和《无线电规则》规定工作的电台造成有害干扰，且不得

---

589 《无线电规则》（2024年版），第1卷条款，第11.24至11.26A款。

590 这里的"频率指配"指的是一个新的频率指配或已登记在国际频率登记总表内的某一指配的更改，《无线电规则》（2024年版）第1卷条款，第3章第8条，8.1款及注释。如果这个术语涉及对地静止或非对地静止空间电台，应与相关的附录4附件2A的§A.4关联起来；如果这个术语涉及和对地静止或非对地静止空间电台有关的地球电台，应与相关的附录4附件2A的§A.4c关联起来。

591 《无线电规则》（2024年版），第1卷条款，第8.3款。

对该电台的干扰提出保护要求时才予以登记以供参考[592]。

如果使用某个不符合《无线电规则》的频率指配对符合《无线电规则》的指配的任何电台的接收产生实际上的有害干扰，使用的频率指配不符合《无线电规则》的电台在收到通知时必须立即消除这种有害干扰[593]。

各主管部门可查阅国际频率登记总表来确定本国和其他主管部门的频率指配的状况及其所示的国际权利和义务[594]。

如果需要协调的某个频率指配在根据《无线电规则》第9条的协调程序开始之前就已启用，或如果不需要协调时在通知之前就已启用，在应用程序之前进行的操作决不能给予任何优先[595]。

（六）频率指配的投入使用

对于卫星业务，主管部门将卫星频率指配通知无线电通信局登记并列入国际频率登记总表后，相关频率指配还应当通过发射和运行卫星而在规定时限内投入使用，此种投入使用应由主管部门通知无线电通信局。

根据《无线电规则》第11.44款，通知投入使用卫星网络空间电台任何频率指配的日期不得迟于无线电通信局收到依照第9.1款或第9.2款（无须遵守第9条第Ⅱ节的卫星网络或系统）或第9.1A款（必须遵守第9条第Ⅱ节的卫星网络或系统）提交的相关完整资料之日起的7年。在要求的期限内未投入使用的任何频率指配将被无线电通信局予以注销。

（七）频率指配的暂停使用

《无线电规则》第11.49款规定，只要一个卫星网络的空间电台或一个非静止卫星系统的所有空间电台的已登记频率指配暂停使用超过6个月，通知

---

592 《无线电规则》（2024年版），第1卷条款，第8.4款。
593 《无线电规则》（2024年版），第1卷条款，第8.5款。
594 《无线电规则》（2024年版），第1卷条款，第8.1款。
595 《无线电规则》（2024年版），第1卷条款，第7.5A款。

主管部门须通知无线电通信局关于该指配暂停使用的日期。当已登记的指配重新投入使用时，通知主管部门须依据相关条款将此情况尽快通知无线电通信局。已登记指配的重新投入使用日期不得晚于频率指配暂停使用日期的3年后，前提是通知主管部门在自频率指配暂停使用之日起的6个月内将暂停情况通知无线电通信局。如果通知主管部门在自频率指配使用暂停之日起的6个月后才将暂停情况通知无线电通信局，那么上述3年时间须缩短。在此情况下，从3年时间中扣减的时间等于从6个月期限结束之日起到将暂停情况通知无线电通信局之日止之间的时间。如果通知主管部门在频率指配暂停使用之日起超过21个月后才将暂停使用情况通报无线电通信局，那么须注销所涉及的频率指配登记。在暂停期结束前90日，无线电通信局须向通知主管部门寄送提醒函。如果在暂停期期限30日内无线电通信局未收到重新投入使用的声明，则无线电通信局须在国际频率登记总表中注销该项频率指配登记。

（八）频率指配登记的注销

《无线电规则》中规定了以下两种频率指配登记被注销的情况。

第一种情况，根据《无线电规则》第11.44款，通知投入使用卫星网络或系统空间电台任何频率指配的日期不得迟于无线电通信局收到按照规划法或协调法提交的相关完整资料之日起的7年，在要求的期限内未投入使用的任何频率指配须予以注销。投入使用的判断标准是依据《无线电规则》第11.44B、11.44C、11.44D和11.44E款。

第二种情况，根据《无线电规则》第11.49款，如果一个卫星网络的空间电台或一个非静止卫星系统的所有空间电台的已登记频率指配暂停使用超过6个月，通知主管部门须将暂停使用的日期通知无线电通信局，已登记指配的重新投入使用日期不得晚于频率指配暂停使用日期的3年后。若该频率指配在暂停使用日期3年后仍未能重新投入使用，或者相关通知主管部门在频率指配暂停使用之日起超过21个月后才将暂停使用情况通报无线电通信局，则该频率指配将被无线电通信局予以注销。

二、无线电通信活动管理

国际电信联盟法规设定了无线电通信活动主体的权利和义务，在尊重各国电信主权的前提下，确保各国和人民有使用无线电频谱和卫星轨道资源等电信资源的权利，也设定了遵守国际电信联盟法规、避免有害干扰、保护电信设施等一般性义务，国际电信联盟还承认各国对军用无线电设施的自由权。

（一）无线电通信活动的主体

无线电通信活动的主体大致可分为 3 类：国家、建立和运营无线电通信业务的运营机构、公众。《国际电信联盟组织法》《国际电信联盟公约》和《无线电规则》对以上主体的权利和义务进行了具体且明确的规定。

1. 国家

《国际电信联盟组织法》《国际电信联盟公约》《无线电规则》中很多条款规定了国家的权利和义务。在无线电通信活动中，国家最根本的权利在于"监管电信的主权权利"和"通过电信维护和平和促进社会及经济发展的权利"[596]；最根本的义务在于遵守和确保管辖范围内的运营机构遵守《国际电信联盟组织法》《国际电信联盟公约》《无线电规则》的规定[597]。

国际电信联盟作为政府间国际组织，其条约规定的一些权利只能由成员国享有，比如参加国际电信联盟的大会并在全权代表大会、所有世界性大会和所有部门的全会和研究组会议上，以及如为理事国，在理事会的所有例会上，均享有一票表决权，在所有以通信方式进行的意见征询中，亦享有的一票表决权[598]。所有成员国均有资格被选入理事会[599]。所有成员国均有权提

---

596 《国际电信联盟组织法》，序言。
597 《国际电信联盟组织法》，第 37 至 38 款。
598 《国际电信联盟组织法》，第 27 至 28 款。
599 《国际电信联盟组织法》，第 26、54、65 款。

名候选人参加国际电信联盟官员和无线电规则委员会委员的选举[600]。所有成员国均有权参加全权代表大会和世界无线电通信大会，修订《国际电信联盟组织法》《国际电信联盟公约》和《无线电规则》，或对以上条约提出保留甚至退出条约[601]。私营实体或组织要成为国际电信联盟的部门成员，须经过其所属成员国的批准[602]。针对《无线电规则》中的频率划分，成员国可以订立细分或者特别协议，只要不违反《无线电规则》的规定即可[603]。为取得无线电频率和卫星轨道资源使用权的协调程序，须以成员国主管部门的名义进行[604]。频率指配由成员国主管部门通知给国际电信联盟无线电通信局[605]。即便是在处理国际有害干扰过程中，受到干扰和产生干扰的收发电台之间的沟通与处理也是通过相关主管部门进行[606]。这充分表明，尽管运营机构等利益攸关方积极参与了国际电信联盟的活动，但目前无线电通信领域的国际治理模式还是以国家和政府间国际组织为主导的主权模式。

2. 运营机构

运营机构是指任何为了开展国际电信业务而运行电信设施或运营能够对国际电信业务造成有害干扰的电信设备的个人、公司、企业或政府机构[607]。运营机构根据一国国内法设立，受所属国管辖，若其开展业务只产生国内影响而不涉及他国，则遵守其所属国国内法即可。国际电信联盟规则只约束那些开展国际电信业务或运营能够对国际电信业务造成有害干扰的电信设备的运营机构。

运营机构是公众建立通信联系、实现通信自由的必要基础，其主要权利

---

600 《国际电信联盟组织法》，第55至56、62至63款。

601 《国际电信联盟组织法》，第236款。

602 《国际电信联盟公约》，第19条。

603 《无线电规则》（2024年版），第1卷条款，第6.1、6.4款。

604 《无线电规则》（2024年版），第1卷条款，第9条。

605 《无线电规则》（2024年版），第1卷条款，第11条。

606 《无线电规则》（2024年版），第1卷条款，第15条第Ⅴ、Ⅵ节。

607 《国际电信联盟组织法》，第1007款。

是根据国际电信联盟的相关条约和标准开展无线电通信业务，具有国际电信联盟部门成员／部门准成员身份的运营机构还有权参加国际电信联盟相关部门、研究组的活动，贡献其专业观点和经验。

运营机构承担的主要义务是遵守《国际电信联盟组织法》《国际电信联盟公约》《无线电规则》的规定，避免操作中的违规行为和造成有害干扰[608]。

3. 公众

国际电信联盟的宗旨之一是促使世界上所有居民得益于新的电信技术[609]，促进各国人民之间的和平联系[610]。在无线电通信国际规制中，公众是更普遍意义上的通信自由的享有者，这与《世界人权宣言》第19条和《公民权利和政治权利国际公约》第19条规定的言论表达自由，不论国界也不论形式地寻求、接受和传递各种消息和思想的自由密切相关。《国际电信联盟组织法》第179款规定，各成员国承认公众使用国际公众通信业务进行通信的权利。各类通信的服务、收费和保障对于所有用户应一视同仁，不得有任何优先或偏袒。

（二）成员国对无线电频率和卫星轨道资源的使用权

《国际电信联盟组织法》序言中指出，该组织充分承认每个国家均有监管其电信的主权权利。

《国际电信联盟组织法》第195至196款规定：

"各成员国须努力将所使用的无线电频率数目和无线电频谱限制在足以满意地提供必要业务所需的最低限度。为此，它们应努力尽早采用最新的技术发展成果。

"在使用无线电业务的频段时，各成员国应铭记，无线电频率和任何相关的轨道，包括对地静止卫星轨道，均为有限的自然资源，必须依照《无线电规则》的规定合理、有效和经济地使用，以使各国或国家集团可以在照顾

---

[608] 《国际电信联盟组织法》，第37至38款；《无线电规则》（2024年版），第1卷条款，第15条。
[609] 《国际电信联盟组织法》，第6款。
[610] 《国际电信联盟组织法》，序言。

发展中国家的特殊需要和某些国家地理位置的特殊需要的同时，公平地使用这些轨道和频率。"

（三）成员国阻断电信业务的权利

如果利用国际通信手段传递信息危及国家安全或妨碍公共秩序，则成员国有权对通信予以截断或限制，这在国际电信联盟的前身——国际电报联盟于 1865 年成立时通过的《国际电报公约》第 19 条中就已有规定，并延续至今列为《国际电信联盟组织法》第 34 条。

成员国阻断电信业务的权利是《国际电信联盟组织法》序言当中提及的充分承认每个国家均有主权权利监管其电信的体现，也符合人权领域国际公约的规定。

成员国停止、截断或中止电信传送方面的权利具体如下：

"各成员国根据其国家法律，对于可能危及其国家安全或违反其国家法律、妨碍公共秩序或有伤风化的私务电报，保留停止传递的权利，条件是它们立即将停止传递这类电报或其一部分的情况通知发报局。如此类通知可能危及国家安全，则不在此限[611]。

"各成员国根据其国家法律，对于可能危及其国家安全或违反其国家法律、妨碍公共秩序或有伤风化的任何其他私务电信，亦保留予以截断的权利[612]。

"每一成员国均保留中止国际电信业务的权利，或中止全部业务，或仅中止某些通信联络和/或某几类通信、去向、来向或经转，条件是它立即将此类行动通过秘书长通知所有其他成员国[613]"。

（四）成员国对军用无线电设施的自由权

《国际电信联盟组织法》第 7 章关于无线电的特别条款之第 48 条第 202

---

[611] 《国际电信联盟组织法》，第 180 款。

[612] 《国际电信联盟组织法》，第 181 款。

[613] 《国际电信联盟组织法》，第 182 款。

至 204 款规定了国防业务使用设施的特殊规则，即各成员国对于军用无线电设施保留其完全的自由权。但是，这种自由权的行使并非没有限制，根据《国际电信联盟组织法》，相关限制包括：①这些设施必须尽可能遵守有关遇险时给予援助的法定条款[614]；②这些设施必须尽可能遵守采取防止有害干扰的措施的法定条款[615]，特别是根据《无线电规则》第 1 卷条款之第 4.22 款，为遇险、警报、紧急或安全通信所确定的国际遇险和应急无线电频率上的通信可能引起有害干扰的任何发射，均予禁止，军用无线电设施也应遵守该项规定；③这些设施必须尽可能遵守行政规则中关于按其所提供业务的性质所使用的发射类型和无线电频率的条款[616]；④如果军用设施参与提供公众通信业务或行政规则所规定的其他业务（如军民共用），则通常必须遵守适用于此类业务的运营的监管条款[617]；⑤根据《无线电规则》第 2 卷条款之第 8.3 款，军用无线电设施所用的频率指配若想取得国际承认之地位，应按照《无线电规则》第 9 条的程序开展申报或协调，并按照《无线电规则》第 11 条的规定将相关频率指配登记并列入国际频率登记总表。

（五）遵守国际电信联盟法规的一般性义务

成员国的一般性义务主要是遵守国际电信联盟的法规，具体体现在《国际电信联盟组织法》第 37 至 38 款：

"各成员国在其所建立或运营的、从事国际业务的或能够对其他国家无线电业务造成有害干扰的所有电信局和电台内，均有义务遵守本《组织法》《公约》和行政规则的规定，但是，根据本《组织法》第 48 条规定免除这些义务的业务除外。

"各成员国还有义务采取必要的步骤，责令所有经其批准而建立和运营电

---

[614] 《国际电信联盟组织法》，第 203 款。
[615] 同上。
[616] 同上。
[617] 《国际电信联盟组织法》，第 204 款。

信并从事国际业务的运营机构或运营能够对其他国家无线电业务造成有害干扰的电台的运营机构遵守本《组织法》《公约》和行政规则的规定。"

在充分承认每个国家均有监管其电信的主权权利的基础上，国际电信联盟法规主要着眼于避免国际层面的有害干扰。不对其他国家造成干扰的国内电信活动，原则上无须考虑国际电信联盟法规的适用，尽管实际上各国国内无线电频段划分、无线电频率的分配和指配都直接或间接地受《无线电规则》的影响。造成国际层面干扰的情况既可能是故意干扰，也可能无线电通信活动操作不当引起干扰，甚至可能是由于保护标准的变化使得原来可接受的干扰现在变得不可接受。唯一例外的情况是《国际电信联盟组织法》第202至204款规定的军用无线电设施的自由权。

（六）避免有害干扰的义务

在使用无线电频率和卫星轨道资源时，最主要的义务是避免有害干扰。《国际电信联盟组织法》第197款规定了禁止有害干扰的一般性义务，即"所有电台，无论其用途如何，在建立和使用时均不得对其他成员国、或经认可的运营机构、或其他正式授权开办无线电业务并按照《无线电规则》的规定操作的运营机构的无线电业务或通信造成有害干扰"。第198款还规定，每一成员国须要求经其认可的运营机构[618]和其他正式授权开办无线电业务的运营机构遵守该项义务。第199款要求各成员国有必要采取所有实际可行的步骤，以避免各种电气装置和设施的运行对依法运行的无线电业务或通信造成有害干扰。《无线电规则》还特别强调，发射电台须特别考虑避免对与遇险和安全有关的遇险和安全频率以及与飞行安全和管制有关的频率产生干扰；各种电

---

618 所谓经认可的运营机构，根据《国际电信联盟组织法》第1008款，是指任何《国际电信联盟组织法》中定义的运营机构，这种机构运营公众通信或广播业务，并履行其总部所在领土的成员国或授权该机构在其领土上建立并运营电信业务的成员国责令其遵守的《国际电信联盟组织法》第6条所规定的义务，即对经认可的运营机构的界定采取属地管辖和属人管辖相结合的原则。

气器械或装置，包括电力及电信分配网络，以及辐射无线电波的工业、科学和医疗所用设备等，不对按照《无线电规则》运用的无线电通信业务，特别是无线电导航或任何其他安全业务产生有害干扰[619]。

（七）电信保密、设施维护义务以及特定业务的优先权

根据《国际电信联盟组织法》，各成员国同意采取与其所使用的电信系统相适应的所有可能措施，以确保国际通信的保密性[620]；成员国须采取必要步骤，确保电信信道和设施的建立、运行和保护[621]；成员国对于有关海上、陆地、空中或外层空间生命安全的所有电信以及世界卫生组织非常紧急的疫情电信，国际电信业务必须给予绝对优先权[622]；成员国保证政务电信[623]在可行范围内应享有先于其他电信的优先权[624]。

（八）成员国订立特别协定或者安排方面的权利和义务

《国际电信联盟组织法》第193款规定，各成员国为其本身、为经其认可的运营机构以及为其他正式授权的机构保留就一般不涉及成员国的电信事务订立特别安排的权利。但是，一旦其运营可能对其他成员国的无线电业务造成有害干扰，以及一般而言，一旦其运营可能对其他成员国的其他电信业务的运营造成技术危害时，此类安排不得与本《组织法》《公约》或行政规则的条款相左。也就是说，成员国在不违背国际电信联盟法规、不给其他成员国合法运营的电信业务造成有害干扰或者技术危害时，可以针对其本身或经其

---

[619] 《无线电规则》（2024年版），第1卷条款，第15.8、15.12、15.13款。
[620] 《国际电信联盟组织法》，第184至185款。
[621] 《国际电信联盟组织法》，第186至189A款。
[622] 《国际电信联盟组织法》，第191款。
[623] 根据《国际电信联盟组织法》附件第1014款，政务电信是指国家元首、政府首脑或政府成员、陆军、海军或空军武装部队总司令、外交使节或领事官员等任何一方所发的电信，以及对上述政务电信的回复。
[624] 《国际电信联盟组织法》，第192款。

认可的运营机构/授权机构的业务作出特别安排。这一规定在《无线电规则》当中得到了具体化。

三、无线电通信秩序管理

维护国际无线电通信秩序是有效利用无线电通信资源、顺利开展无线电通信活动的重要保障。有害干扰和违章行为是违反国际电信联盟规则、引起成员国之间争端的两种主要情形。《国际电信联盟组织法》和《国际电信联盟公约》规定了国际电信联盟无线电通信局和无线电规则委员会在处理有害干扰和违章行为方面的职责。《无线电规则》在规定成员国避免有害干扰义务的前提下，也确立了处理有害干扰的具体程序。

（一）禁止有害干扰和违章行为的一般性规定

《国际电信联盟组织法》第197款规定，所有电台，无论其用途如何，在建立和使用时均不得对其他成员国、或经认可的运营机构、或其他正式授权开办无线电业务并按照《无线电规则》的规定操作的运营机构的无线电业务或通信造成有害干扰。该条确立了电台不得产生有害干扰的义务。对于有害干扰，根据《国际电信联盟组织法》第37、38款，国际电信联盟成员国须承担遵守条约和进行监管的义务。

为了防止有害干扰，《无线电规则》第1卷条款第15条一般性地规定了电台操作所应遵守的规则，要求所有电台禁止进行非必要的传输，或多余信号的传输，或虚假或引起误解的信号的传输，或无标识的信号的传输[625]。为了避免有害干扰，《无线电规则》第15条还规定了电台操作方面的具体要求。

（二）《无线电规则》中解决跨国有害干扰的规则和程序

《国际电信联盟组织法》《国际电信联盟公约》《无线电规则》规定了解决

---

625 《无线电规则》（2024年版），第1卷条款，第15.1款。

跨国有害干扰的规则和程序以及无线电通信局、无线电规则委员会、世界无线电通信大会等机构处理有害干扰的职权。

一国主管部门或其管辖范围内的电台未按照《无线电规则》指配或使用无线电频率或者设置无线电台，就可能产生有害干扰。不具有国际影响的有害干扰依据国内法解决，具有国际影响的有害干扰则触发国际电信联盟无线电通信部门的干扰处理程序。《国际电信联盟组织法》第 190 款规定了成员国在处理违反国际电信联盟法规的行为时的通知和合作义务。《无线电规则》第 1 卷条款第 15 条第Ⅵ节——有害干扰事件情况的处理程序对解决跨国有害干扰的规则和程序进行了详细规定。

1. 有害干扰的来源和特性判定

根据《无线电规则》，一般由受到干扰的收信台向受到干扰的发信台报告有害干扰的来源和特性的资料[626]。受到干扰的收、发信台主管部门之间相互合作或寻求其他主管部门或组织的合作以便确定干扰的来源和特性。当有害干扰由空间电台发射所造成且用其他方法无法获知空间电台位置时，管辖产生干扰的电台的主管部门，应该根据管辖受到干扰电台的主管部门的请求，提供有利于确定空间电台位置所必要的即时星历数据[627]。针对 HF 频段内的有害干扰来源难以确定的情况，主管部门应该迅速通知无线电通信局，寻求帮助[628]。就干扰来源的一般性困难，主管部门也可以寻求无线电通信局帮助，以鉴别干扰来源[629]。

2. 有害干扰的通知程序

（1）有害干扰通知的发出

根据《无线电规则》第 15 条第Ⅵ节，当一个收信台报告存在有害干扰时，它应将一切可以帮助确定干扰来源和特性的资料告知其业务受到干扰的发信

---

626 《无线电规则》（2024 年版），第 1 卷条款，第 15.30 款。

627 《无线电规则》（2024 年版），第 1 卷条款，第 15.33 款。

628 《无线电规则》（2024 年版），第 1 卷条款，第 15.43 款。

629 《无线电规则》（2024 年版），第 1 卷条款，第 13.2 款。

台[630]。有害干扰事件判明以后，管辖经受干扰的收信台的主管部门，应该通知管辖其业务受到干扰的发信台的主管部门，并提供相关资料[631]。有害干扰的来源和特性确定后，管辖其业务受到干扰的发信台的主管部门应将一切有用资料通知管辖产生干扰的电台的主管部门，以便该主管部门采取必要步骤消除有害干扰[632]。在通知有害干扰细节时，应按照《无线电规则》附录10有害干扰的报告所标明的格式提出[633]。

当安全业务遭受有害干扰时，由于其重要性和时间紧迫性，管辖经受干扰的收信台的主管部门可以越过管辖其业务受到干扰的发信台主管部门，直接向管辖产生干扰的电台的上级主管部门交涉[634]。当某一地球站所营业务遭受有害干扰时，管辖经受此项干扰的收信台的主管部门也可以直接与管辖产生干扰的电台的主管部门交涉[635]。而对于其他干扰事件，虽然也可以遵循同样的程序，但要事先取得管辖其业务受到干扰的发信台的主管部门的批准[636]。

（2）有害干扰通知的收到确认

当某一主管部门在获悉其管辖的某一电台被认为是有害干扰的来源时，应该尽可能用最快方式确认收到此通知，但这种确认不得被视为对干扰事件承担责任[637]。当某一主管部门获悉它的某一电台正在对安全业务造成有害干扰时，应该立即对此进行研究并采取必要的补救行动和及时进行响应[638]。

---

630 《无线电规则》（2024年版），第1卷条款，第15.30款。

631 《无线电规则》（2024年版），第1卷条款，第15.31款。

632 《无线电规则》（2024年版），第1卷条款，第15.34款。

633 《无线电规则》（2024年版），第1卷条款，第15.27款。

634 《无线电规则》（2024年版），第1卷条款，第15.36款。

635 《无线电规则》（2024年版），第1卷条款，第15.38款。

636 《无线电规则》（2024年版），第1卷条款，第15.36款。

637 《无线电规则》（2024年版），第1卷条款，第15.35款。

638 《无线电规则》（2024年版），第1卷条款，第15.37款。

3. 有害干扰的处理规则

一般国际法上有善意履行国际义务的要求，处理有害干扰也应遵循善意和合作原则，具体包括：各成员国必须以最大的善意相互帮助[639]；各主管部门应该合作检测和消除有害干扰，必要时启用国际监测系统[640]；如果需要进一步地观测与测量以确定有害干扰的来源与特性并追究责任，管辖其业务受到干扰的发信台的主管部门，可以寻求其他主管部门，尤其是管辖经受干扰的收信台的主管部门或其他组织进行合作[641]；同时，考虑到遇险和安全频率以及飞行安全和管制使用的频率上的发射需要绝对的国际保护，且必须消除对这类发射的有害干扰，因此当各主管部门被提请注意此类有害干扰时，各主管部门承诺立即采取行动[642]。

4. 急于消除有害干扰的后果

在按照《无线电规则》第 15 条规定的规则和程序进行了通知和督促有害干扰处理后，如果有害干扰仍然存在，则管辖其业务受到干扰的发信台的主管部门可以按照《无线电规则》第 15 条第 V 节的规定，向管辖产生干扰的发信台的主管部门发送一份不遵守或违反规定的报告，此报告应以附录 9 不正常情况或违章报告的形式发出[643]。

5. 寻求无线电通信局和无线电规则委员会帮助的程序

根据《无线电规则》，如果一个主管部门了解到其所辖台站违反《国际电信联盟组织法》《国际电信联盟公约》或《无线电规则》的信息（尤其涉及《国际电信联盟组织法》第 45 条和《无线电规则》第 15.1 款时），该主管部门须查明事实并采取必要行动。如果认为有必要，特别是按照上述程序采取步骤后未能产生满意的结果时，有关的主管部门应该将该事件的详细情况寄送无

639　《无线电规则》（2024 年版），第 1 卷条款，第 15.22 款。
640　《无线电规则》（2024 年版），第 1 卷条款，第 15.25 款。
641　《无线电规则》（2024 年版），第 1 卷条款，第 15.32 款。
642　《无线电规则》（2024 年版），第 1 卷条款，第 15.28 款。
643　《无线电规则》（2024 年版），第 1 卷条款，第 15.39 款。

线电通信局或要求无线电通信局采取行动[644]。无线电通信局应综合所收到的报告,并利用可得到的任何其他资料,立即鉴别出有害干扰的来源。在鉴别出有害干扰来源之后,无线电通信局应将其结论和建议以电报方式通知提出有害干扰报告的主管部门和被认为须对有害干扰来源负责的主管部门,同时要求后者迅速采取行动。

根据《无线电规则》第1卷第14条,任何主管部门可要求对无线电通信局的审查结论或者其他决定(包括无线电通信局针对有害干扰问题作出的结论)进行复审,若复审仍未能解决问题,则由无线电通信局将有关问题制成报告,提交无线电规则委员会。

无线电规则委员会对复审作出的决定对无线电通信局和无线电规则委员会来说是最终决定。但无线电规则委员会针对有害干扰的结论仅具有建议性质,不具有法律约束力和强制执行力。

6. 其他违章行为的处理

作为一般性规定,《无线电规则》第1卷条款第15.1款禁止所有电台进行非必要的传输,或多余信号的传输,或虚假或引起误解的信号的传输,或无标识信号的传输。第15条其他条款还规定了发射电台只应辐射为保证满意服务所必要的功率,应利用天线特性把对不必要方向的辐射和来自不必要方向的接收减至最低程度,电台应采用干扰最小且保证频谱有效利用的发射类别以及避免对遇险和安全相关频率或与飞行安全和管制有关的频率的干扰等。

不符合《国际电信联盟组织法》《国际电信联盟公约》和《无线电规则》的发射,若构成有害干扰,则按照《无线电规则》第15条第Ⅵ节的规则处理。不符合国际电信联盟法规的发射,即便未构成有害干扰,也可能构成违章行为,触发《无线电规则》第1卷第15条第Ⅴ节的程序。根据第15条第Ⅴ节,违反国际电信联盟法规的事件,应由进行检测的机构、电台或监测者报告各

---

644 《无线电规则》(2024年版),第1卷条款,第15.41款。

自的主管部门；关于一个电台犯了任何严重违章事件的正式抗议，应该由检测出此事件的主管部门向管辖该电台的主管部门提出，应使用《无线电规则》附录9的表格形式提出。如果一个主管部门了解到其所管辖的电台违反了国际电信联盟的规则，该主管部门有义务调查事实并采取必要的行动，这也是善意履行国际电信联盟法规的一般性义务的要求。

第四节 无线电通信领域国际协调活动及协调协议

无线电波传播不受行政区域、国家边界的限制，在边境地区的任何个人或单位都不能随意使用地面无线电通信业务的无线电设备，否则会对边界或边境地区的通信联络、指挥调度、监测控制等产生有害干扰。就边境地区的地面无线电业务的频率使用等事项开展国际协调是十分必要的。空间无线电业务是典型的具有国际影响的业务，其所使用的频率和轨道资源一般也需进行国际协调才能取得使用权。

从无线电通信业务类型出发，国际协调可分为地面无线电业务的协调、空间无线电业务的协调及境外空间无线电业务与我国地面无线电业务的频率协调3类，地面无线电业务是指除空间无线电业务或射电天文以外的任何无线电业务，包括固定业务、陆地移动业务、水上移动业务、港口操作业务、航空移动业务、广播业务、无线电定位业务、无线电导航业务、气象辅助业务、业余业务、安全业务等[645]。空间无线电业务是指包括利用一个或多个空间电台或者利用一个或多个反射卫星，或利用空间其他物体所进行的任何无线电

---

645 见《边境地区地面无线电业务频率国际协调规定》，第31条；《中华人民共和国无线电频率划分规定》（2023年版），第1.1.6款；《无线电规则》（2024年版），第1卷条款，第1.7款。

通信[646]。

从协调的主体出发，可分为电台操作者之间的协调、国家无线电通信主管部门之间的协调及国家政府层面的协调。电台操作者之间的协调所达成的协议不属于国际条约的范围，但其可以作为主管部门指配频率时的证明材料。国家无线电通信主管部门之间或者国家政府之间协调所达成的协议，如果协调主体是两国，则属于双边条约；如果协调主体为三国或三国以上时，则为有限的多边条约。

一、开展国际协调的国内法依据

我国国内法上针对地面无线电通信和空间无线电通信中的国际协调，分别出台相关部门规章或部门规范性文件，如《边境地区地面无线电业务频率国际协调规定》[647]和《卫星网络申报协调与登记维护管理办法（试行）》[648]。

（一）边境地区地面无线电业务频率国际协调的国内法依据

1. 边境地区地面无线电业务频率国际协调的一般性规定

地面无线电业务频率国际协调，是指为了实现无线电频率高效利用，减少和避免边境地区无线电台（站）与境外无线电台（站）之间的有害干扰，国家无线电管理机构与相邻国家无线电管理机构就边境地区地面无线电业务频率划分、规划、分配和使用等事宜，进行双边会谈，签订和履行相关双边协议、会议纪要等的活动[649]。

我国边境地区开展地面无线电业务频率国际协调的主管部门是国家无线

---

[646] 《中华人民共和国无线电频率划分规定》（2023年版），第1.1.7款；《无线电规则》（2024年版），第1卷条款，第1.8款。

[647] 《边境地区地面无线电业务频率国际协调规定》于2016年12月6日由工业和信息化部令第38号公布，自2017年2月1日起施行。

[648] 《卫星网络申报协调与登记维护管理办法（试行）》（工信部无〔2017〕3号）于2017年1月3日由工业和信息化部发布，自2017年3月1日起施行。

[649] 《边境地区地面无线电业务频率国际协调规定》，第2条。

电管理机构和边境省、自治区无线电管理机构。其中，国家无线电管理机构统一负责频率协调并监督检查有关双边协议、会议纪要及其他双方协调一致事项的执行情况。边境省、自治区无线电管理机构负责本辖区内电磁环境测试、监督检查等频率协调相关工作[650]。

我国边境地区开展地面无线电业务频率国际协调应当遵循平等互利、合作共赢的原则，遵守我国无线电管理法律、行政法规和《无线电规则》以及我国与相邻国家签订的双边协议、会议纪要[651]。

我国边境地区开展地面无线电业务频率国际协调，达成协调结果时，按照《边境地区地面无线电业务频率国际协调规定》与相邻国家完成地面无线电业务频率国际协调的无线电台（站）和频率，受双方保护；列入国际频率登记总表的无线电台（站）和频率，受国际保护[652]。

2. 边境地区地面无线电业务频率国际协调的类型

《边境地区地面无线电业务频率国际协调规定》规定了两种协调情形，一种是频率划分、规划和分配的协调，另一种是无线电台（站）使用频率的协调。

（1）频率划分、规划和分配的协调

国家无线电管理机构与相邻国家无线电管理机构就频率的划分、规划和分配作出的特别安排，属于《国际电信联盟组织法》第42条和《无线电规则》第1卷条款第6条规定的特别安排。

《国际电信联盟组织法》第42条规定，各成员国为其本身、为经其认可的运营机构以及为其他正式授权的机构保留就一般不涉及成员国的电信事务订立特别安排的权利。一旦其运营可能对其他成员国的无线电业务造成有害干扰，以及一般而言，一旦其运营可能对其他成员国的其他电信业务的运营造成技术危害时，此类安排不得与本《组织法》《公约》或行政规则的条款

---

650 《边境地区地面无线电业务频率国际协调规定》，第3条。
651 《边境地区地面无线电业务频率国际协调规定》，第4条。
652 《边境地区地面无线电业务频率国际协调规定》，第5条。

相左。

《无线电规则》第 1 卷条款第 6 条规定了订立特别协议的权利及其条件，包括：两个或两个以上的成员国可以订立将各频段再细划分给各参与国的适当业务的特别协议[653]；两个或两个以上成员国可以在各有关成员国都应邀出席会议后订立一些关于 5060 kHz 以下或 27500 kHz 以上频段内按照《无线电规则》第 5 条划分给各成员国参与一种或多种特定业务的电台指配频率的特别协议，但 5060 kHz 至 27500 kHz 的频段除外[654]；按照《国际电信联盟组织法》中关于特别安排的规定，各成员国可以在各成员国都应邀出席会议后订立一些适用于世界范围的关于参与某一特定业务的各成员国的电台指配频率的特别协议，条件是这些频率指配应在《无线电规则》第 5 条专门划分给那一业务的频段之内[655]。但以上特别协议订立的前提是不得与《无线电规则》的任何条款相抵触[656]。

根据《无线电规则》，为订立国际协调协议而召集的任何会议，会前应通知国际电信联盟秘书长；订立协议之后，也应将协议内容通知国际电信联盟秘书长；并由国际电信联盟秘书长将此项协议的存在事宜通知各成员国。可邀请无线电通信局主任和无线电规则委员会主席派遣代表，以顾问身份参与草拟这些协议并参加会议[657]。

《边境地区地面无线电业务频率国际协调规定》规定，国家无线电管理机构与相邻国家无线电管理机构进行双边会谈，应当根据有关部门职责和会谈内容，邀请有关部门和相关边境省、自治区无线电管理机构等单位组成地面无线电业务频率国际协调代表团，并按照批准的会谈预案进行会谈[658]。双边

---

653 《无线电规则》（2024 年版），第 1 卷条款，第 6.1 款。
654 《无线电规则》（2024 年版），第 1 卷条款，第 6.2 款。
655 《无线电规则》（2024 年版），第 1 卷条款，第 6.3 款。
656 《无线电规则》（2024 年版），第 1 卷条款，第 6.4 款。
657 《无线电规则》（2024 年版），第 1 卷条款，第 6.5 至 6.6 款。
658 《边境地区地面无线电业务频率国际协调规定》，第 7 条。

会谈需要进行技术准备的，经与相邻国家无线电管理机构协商一致，国家无线电管理机构可以会同有关部门、相关边境省、自治区无线电管理机构等单位，组织技术专家与相邻国家无线电管理机构进行技术会谈[659]。

根据《边境地区地面无线电业务频率国际协调规定》，我国在边境地区与周边国家开展频率划分、规划和分配的国际协调，可形成两种成果形式，分别是会议纪要和双边协议。

进行双边会谈，经与相邻国家无线电管理机构协商一致，可以签订会议纪要。会议纪要应当载明会谈内容、进程及相关成果。会议纪要由国家无线电管理机构地面无线电业务频率国际协调代表团团长签署[660]。

双边会谈结束，经协商一致以国家无线电管理机构名义与相邻国家无线电管理机构签订双边协议的，由国家无线电管理机构负责人或者其授权代表签署[661]。

会谈签订的双边协议、会议纪要，依法履行国内相关批准或者登记等手续后，由国家无线电管理机构通知相邻国家无线电管理机构和国内相关单位[662]。双边协议应当规定有效期，有效期一般不少于2年[663]。

（2）无线电台（站）使用频率的协调

根据《边境地区地面无线电业务频率国际协调规定》，边境地区无线电台（站）使用频率的协调，主要采用函件形式开展；在边境地区设置批量无线电台（站）或者重要无线电台（站），其拟使用的频率，经与相邻国家无线电管理机构协商，也可通过双边会谈进行，其程序与上述频率的划分、规划和分配的协调程序相同[664]。

---

[659]《边境地区地面无线电业务频率国际协调规定》，第8条。
[660]《边境地区地面无线电业务频率国际协调规定》，第9条。
[661]《边境地区地面无线电业务频率国际协调规定》，第10条。
[662]《边境地区地面无线电业务频率国际协调规定》，第11条。
[663]《边境地区地面无线电业务频率国际协调规定》，第12条第2款。
[664]《边境地区地面无线电业务频率国际协调规定》，第13条。

设置、使用如下类型的无线电台（站），需进行频率协调。

第一，边境地区无线电台（站）使用频率需要获得双方保护或者国际保护的，设台用户应当向所在地的省、自治区无线电管理机构或者其上级业务主管部门提出频率协调申请[665]。

第二，申请在边境地区设置使用的无线电台（站）属于根据我国与相邻国家签订的双边协议或者会议纪要应当进行协调的无线电台（站）[666]。

第三，申请在边境地区设置使用的无线电台（站）的无线电信号可能产生跨境覆盖，并对境外合法无线电台（站）及其使用的相应频率造成有害干扰的；这里的境外合法无线电台（站），是指列入国际频率登记总表的无线电台（站）或者与我国完成地面无线电业务频率国际协调的无线电台（站）[667]。

第四，申请在边境地区设置使用用于跨境通信的无线电台（站）。

第五，《无线电规则》规定应当进行协调的其他情形[668]。

未经频率协调或者未列入国际频率登记总表的无线电台（站）及其使用的相应频率，不得向我国无线电管理机构提出干扰保护要求（《无线电规则》另有规定的除外），不得对境外合法无线电台（站）及其使用的相应频率造成有害干扰[669]。对于无线电信号可能产生跨境覆盖并对境外合法无线电台（站）及其使用的相应频率造成有害干扰的以及用于跨境通信的无线电台（站），未经频率协调的，不得核发无线电台执照，不得擅自设置使用[670]。

（二）空间无线电业务国际协调的国内法依据

空间无线电业务的频率使用天然地具有国际影响，须根据国际国内规则

---

665 《边境地区地面无线电业务频率国际协调规定》，第14条。
666 《边境地区地面无线电业务频率国际协调规定》，第15条。
667 同上。
668 同上。
669 《边境地区地面无线电业务频率国际协调规定》，第16条第1款。
670 《边境地区地面无线电业务频率国际协调规定》，第16条第2款。

协调使用。《中华人民共和国无线电管理条例》第22条规定，国际电信联盟依照国际规则规划给我国使用的卫星无线电频率，由国家无线电管理机构统一分配给使用单位。申请使用国际电信联盟非规划的卫星无线电频率，应当通过国家无线电管理机构统一提出申请。国家无线电管理机构应当及时组织有关单位进行必要的国内协调，并依照国际规则开展国际申报、协调、登记工作。特别是对于非规划的卫星无线电频率，其使用须遵守申报、国内和国际协调、卫星频率指配的登记、投入使用和维护等国际国内程序。

1. 卫星网络资料的申报

在卫星网络资料申报阶段，卫星操作单位须按照国际电信联盟《无线电规则》第9条、第11条和附录4的要求，使用国际电信联盟最新版本的软件编制卫星网络资料数据库，与包括卫星网络参数等相关说明的申报文件等一并提交到工业和信息化部。工业和信息化部审查合格后，报送至国际电信联盟。

在卫星网络资料申报阶段，卫星操作单位应确保卫星无线电频率的选取要符合业务划分，既要符合《中华人民共和国无线电频率划分规定》，也要符合国际电信联盟《无线电规则》第5条的频率划分；要遵守卫星网络申报的相应时间节点，卫星操作者要根据项目规划、进展以及国际电信联盟《无线电规则》与我国《卫星网络申报协调与登记维护管理办法（试行）》（工信部无〔2017〕3号）[671]的要求，在卫星网络申报的各个阶段进行及时申报；卫星操作单位还应根据卫星工程进展的变更以及协调进展情况所导致的卫星无线电频率的需求变化，及时进行补充申报或者修改申报，确保申报频率参数与实际用频参数保持一致[672]。

为了确保卫星用频符合国际国内有关规定，减少后续协调困难，卫星操

---

671 《卫星网络申报协调与登记维护管理办法（试行）》（工信部无〔2017〕3号）于2017年1月3日由工业和信息化部发布，自2017年3月1日起施行。

672 刘海洋、石会鹏、韩锐：《加强卫星网络申报协调 保障卫星系统用频合理有序》，《中国无线电》2017年第4期。

作单位在卫星工程立项论证阶段就应进行频率论证，就拟用频率与国际国内已登记的存在频率重叠的卫星系统进行干扰评估，提出风险控制方案，在采取干扰规避措施、确保与其他系统能够兼容共用的前提下确定频率使用和申报方案。这也是《中华人民共和国无线电管理条例》第 25 条的要求，该条规定，建设卫星工程，应当在项目规划阶段对拟使用的卫星无线电频率进行可行性论证；建设须经国务院、中央军事委员会批准的卫星工程，应当在项目规划阶段与国家无线电管理机构协商确定拟使用的卫星无线电频率。

2. 卫星网络的国内协调

根据《中华人民共和国无线电管理条例》第 22 条第 2 款，卫星操作单位申请使用国际电信联盟非规划的卫星无线电频率后，国家无线电管理机构应当及时组织有关单位进行必要的国内协调。我国卫星网络国内协调依据包括《卫星网络申报协调与登记维护管理办法（试行）》和《卫星网络国内协调管理办法（暂行）》（工信部无〔2025〕52 号）[673]。

卫星网络国内协调是指在国际电信联盟《无线电规则》框架下，我国卫星网络之间、卫星网络与地面无线电台（站）之间的频率协调。《卫星网络国内协调管理办法（暂行）》规定了卫星网络国内协调关系的建立、国内协调的开展和完成等内容。

国内协调地位按照《无线电规则》和国家无线电管理有关规定，以工业和信息化部收妥完整卫星网络资料的时间确立[674]。工业和信息化部通过建立国内协调列表确立申报的卫星网络与协调地位较高的卫星网络以及相关地面无线电台（站）之间的协调关系。《卫星网络国内协调管理办法（暂行）》规定了卫星网络国内协调的开展，包括协调发起、协调响应、协调超时等阶段的要求。国内协调的完成方式有 5 种：依规则自动完成、双方协议完成、第三方评估完成、主管部门会议完成、主管部门函件征求意见完成。工业和信

---

[673] 《卫星网络国内协调管理办法（暂行）》（工信部无〔2025〕52号）由工业和信息化部于2025年3月4日印发，于2025年5月1日起施行。

[674] 《卫星网络国内协调管理办法（暂行）》，第3条。

息化部组织建立国内协调第三方机构评估机制,对于协调要求不合理、协调标准不明确、技术分析有争议、频率兼容结论不明晰等问题,经反复协调磋商无法达成一致的,可以第三方评估结论作为判定国内协调是否完成的依据[675]。完成国内协调后,卫星操作单位方可申请我国卫星无线电频率使用许可和空间无线电台执照。

3. 卫星网络国际协调

卫星操作单位要利用卫星开展空间无线电业务,要根据国际电信联盟《无线电规则》履行卫星网络的申报、协调、登记、投入使用和维护等阶段的规则程序。卫星网络国际协调是根据国际电信联盟《无线电规则》相关条款的要求,各国主管部门之间或卫星操作单位之间为消除卫星系统间可能存在的有害干扰而进行的技术谈判。协调谈判一般基于国际电信联盟《无线电规则》以及相关建议书规定的通用技术标准开展,也可以根据双方认可的其他标准进行。卫星网络国际协调可以在无线电通信主管部门之间展开,也可以在不同国家的卫星操作者之间展开。前者所形成的协调协议具有国际条约的地位,对我国具有法律约束力。后者达成的协议不具有国际条约的地位,但有时构成频率指配和通知登记的前提条件。卫星网络国际协调一般通过信函协调或会谈协调开展。

工业和信息化部每年组织4～5次主管部门间的协调会谈,优先考虑涉及静止轨道卫星网络、实际在轨卫星、已批复工程计划、开展国际合作或者历次卫星操作单位间协调中遇有突出困难等的相关卫星网络的协调[676]。会谈结束后通常会签署会谈纪要。我国已与一些主要空间国家和周边国家开展了多次主管部门之间的卫星网络协调,示例如下。

2011年4月4日至15日,中国与美国首次主管部门间卫星网络协调会谈在北京举行。中国代表团由工业和信息化部无线电管理局、国家无线电监测中心、国家广播电影电视总局及规划院、中国气象局及国家卫星气象中心、

---

675 《卫星网络国内协调管理办法(暂行)》,第26条。
676 《卫星网络申报协调与登记维护管理办法(试行)》,第11条。

中国卫星导航应用管理中心、北京环球信息开发应用中心、中国电子系统工程公司、北京跟踪与通信技术研究所、中国卫星通信集团有限公司、航天五院卫星轨道频谱研究中心、中国长城工业总公司、香港电讯管理局和亚太卫星通信有限公司等单位组成。美国代表团分为联邦政府卫星操作者代表团和非联邦政府卫星操作者代表团两部分：联邦政府卫星操作者代表团由美国商务部国家电信和信息管理局、空军频谱管理办公室、海军频谱中心、陆军空间与导弹防御司令部、安良科学与技术公司、艾逊逊公司等单位组成；非联邦政府卫星操作者代表团由联邦通信委员会（FCC）、铱星通信公司（Iridium）和国际通信卫星公司（Intelsat）组成。中美双方为此次协调会事先确定了124项议题，在谈判中完成了大量卫星网络的协调工作，并签署了会议纪要[677]。

2012年12月6日至14日，中国与法国主管部门间第一次卫星网络协调会谈在巴黎举行，会谈共设47个议题，涉及通信、广播、导航、遥感、气象、载人航天等多种业务，经过磋商，双方完成了大多数大轨位间隔以及部分小轨位间隔的卫星网络协调工作，并签署了会议文件[678]。

《卫星网络申报协调与登记维护管理办法（试行）》针对我国卫星操作单位根据《中华人民共和国无线电管理条例》和《无线电规则》与相关国家的卫星网络和地面无线电业务开展协调也进行了规定。针对卫星操作者之间的协调，《卫星网络申报协调与登记维护管理办法（试行）》规定如下。

卫星操作单位在卫星网络提前公布资料、协调资料或PART A资料等报送国际电信联盟后，应根据国际电信联盟在国际频率信息通报（IFIC）中公布的协调清单和《无线电规则》有关要求，通过信函、电子邮件、电话会议、会谈等方式与相关国家的卫星网络和地面无线电业务开展协调[679]。应卫星操作单位要求，工业和信息化部可对卫星操作单位间的协调给予必要的

---

677 《中国与美国首次主管部门间卫星网络协调会谈在北京举行》，《中国无线电》2011年第5期。
678 《中国与法国主管部门间首次卫星网络协调会谈在巴黎举行》，《中国无线电》2012年第12期。
679 《卫星网络申报协调与登记维护管理办法（试行）》，第10条。

指导[680]。

我国卫星操作单位与国外卫星操作单位间达成的协调协议应当符合我国无线电管理相关规定，有利于国家卫星频率和轨道资源整体利益，并不得损害国内第三方合法权益。卫星操作单位间所达成的协调协议，应当在协议签署后6个月内报告工业和信息化部。

卫星操作单位应当在每年的10月前将下一年度的卫星网络国际协调计划报工业和信息化部。根据卫星网络协调的工作需要，由工业和信息化部统筹安排下一年度主管部门间卫星网络国际协调会谈计划[681]。

对于规划频段的PART A资料，在完成必要的国际协调后，卫星操作单位应当通过工业和信息化部向国际电信联盟提交PART B资料，并同时提供协调情况说明[682]。

4. 地球站国际协调

地球站国际协调，是指我国与其他国家或地区就地球站拟使用的无线电频率及相关技术参数开展的磋商工作[683]。地球站是指设置在地球表面或者地球大气层主要部分以内的、与空间电台通信或者通过空间电台与同类电台进行通信的电台[684]。

我国制定了《地球站国际协调与登记管理暂行办法》，目的是保护地球站的国际地位，维护我国卫星频率和轨道资源使用权益，避免和减少地球站与其他相关国家无线电台（站）间的干扰[685]。该暂行办法规定，申请设置符合下列规定之一地球站的，必须按要求开展国际协调工作[686]。

一是在10.7–11.7GHz、12.2–12.75GHz、17.8–18.6GHz或19.7–20.2GHz

---

680 《卫星网络申报协调与登记维护管理办法（试行）》，第12条。
681 《卫星网络申报协调与登记维护管理办法（试行）》，第13条。
682 《卫星网络申报协调与登记维护管理办法（试行）》，第14条。
683 《地球站国际协调与登记管理暂行办法》，第2条第2款。
684 《地球站国际协调与登记管理暂行办法》，第2条第1款。
685 《地球站国际协调与登记管理暂行办法》，第1条。
686 《地球站国际协调与登记管理暂行办法》，第4条。

频段内，设置卫星固定业务对地静止卫星系统的特定地球站，且地球站指标符合下列所有条件的：①在 10.7–11.7GHz 和 12.2–12.75GHz 频段，地球站天线增益不小于 64dBi，或在 17.8–18.6GHz 和 19.7–20.2GHz 频段，地球站天线增益不小于 68dBi；②地球站的接收品质因子（G/T）不小于 44dB/K；③在 12.75GHz 以下频段的发射带宽不小于 250MHz，或在 17.8GHz 以上频段的发射带宽不小于 800MHz。

二是在国际电信联盟《无线电规则》频率划分表以及脚注中，以同等地位划分给地面业务和空间业务，或以同等地位划分给空间业务双向链路的频段内设置地球站，且地球站协调区覆盖到其他国家领土的，或进入其他国家反向操作地球站协调区域内的。

三是在国际电信联盟《无线电规则》频率划分表以及脚注中，以同等地位划分给卫星固定业务（地对空）和卫星广播业务的频段内设置卫星固定业务发射地球站，且地球站的协调区覆盖到其他国家领土的。

四是根据国际电信联盟《无线电规则》第 9.21 款规定，在频率划分表脚注中明确要求需征得其他国家同意的频段内设置使用地球站，且地球站协调区覆盖到相关国家的。

进行地球站国际协调的具体程序如下。

第一，申请设置、使用地球站，应按照《建立卫星通信网和设置使用地球站管理规定》相关规定，向工业和信息化部或省、自治区、直辖市无线电管理机构提交书面申请材料。经初步审查合格后，对于符合上述规定 4 种情形的地球站，申请受理单位应通知申请人提交《地球站国际协调和登记资料表》[687]。

第二，相关受理单位应当采用国际电信联盟指定软件，编制地球站协调资料，确定协调状态，连同用户提交的申请材料一并报送至工业和信息化部[688]。

---

687 《地球站国际协调与登记管理暂行办法》，第 5 条。
688 《地球站国际协调与登记管理暂行办法》，第 6 条。

第三，工业和信息化部收到地球站国际协调申请材料后，先后进行完整性审查和技术审查，并作出审查结论[689]。

第四，工业和信息化部应根据技术审查结论以及国内相关规定，判断拟设地球站是否需要进行国际协调工作。经判断需要进行国际协调的，工业和信息化部应按照国际电信联盟有关规定和我国已建立的双边或多边协调机制，会同申请人与有关国家或地区进行协调[690]。

第五，工业和信息化部应针对有关国家提出的协调意见，会同省、自治区、直辖市无线电管理机构，以及地球站设置、使用单位，进行干扰分析，寻求解决干扰的可行方案，涉及地球站特性参数变更的，应书面征得申请人的同意，并得到申请人的书面回复意见[691]。

第六，与所有相关国家或地区均完成协调的地球站，依法进行后续设台审批工作。经协调，仍无法与相关国家达成地球站协调协议的，申请人可书面申明承诺承受可能的潜在干扰，并不要求相应的国际保护。对于地球站发射协调区未协调一致的，申请人应承诺一旦出现国际干扰问题，将无条件主动采取措施消除干扰，并承担由此可能产生的损失[692]。

第七，对于已完成国际协调的地球站，工业和信息化部应按照有关规定，向国际电信联盟报送地球站国际登记相关材料[693]。

（三）境外空间无线电业务与我国地面无线电业务的频率协调

《边境地区地面无线电业务频率国际协调规定》第32条规定，境外空间无线电业务与我国地面无线电业务进行频率协调的，依据《无线电规则》的有关规定进行。

---

689 《地球站国际协调与登记管理暂行办法》，第7条。
690 《地球站国际协调与登记管理暂行办法》，第8条。
691 《地球站国际协调与登记管理暂行办法》，第9条。
692 《地球站国际协调与登记管理暂行办法》，第10至11条。
693 《地球站国际协调与登记管理暂行办法》，第12条。

二、无线电管理双边协议的缔结程序

无线电管理的双边协议一般由两国无线电通信主管部门缔结，其中规定了两国在频率协调、使用，台站设置使用以及干扰排除等方面的原则、权利和义务，其法律性质为双边条约，其签署和履行应遵守《中华人民共和国缔结条约程序法》《缔结条约管理办法》等法律法规。为开展无线电管理双边协调和达成协议，相关国家之间有时候建立特定的谈判机制，比如，中俄之间就建立了中俄边境地区无线电频率有效使用和频率协调常设工作组和技术专家组会议制度，定期召开协调会议，并通过中俄总理定期会晤委员会通信与信息技术分委会达成共识[694]。

无线电管理的双边协议一般是以中华人民共和国信息通信主管部门名义缔结的条约[695]，其内容应属本部门职权范围内事项[696]，其谈判和签署由本部门决定或者本部门同外交部会商后决定，涉及重大问题或者涉及国务院其他有关部门职权范围的，由本部门或者本部门同国务院其他有关部门会商后，报请国务院决定。协定的中方草案由本部门审核决定，必要时同外交部会商[697]。双边协议缔结后，应由本部门送外交部登记[698]。

三、无线电业务国际协调的成果类型

无线电管理国际协调可以达成频率指配协调协议。例如，2004年12月，中俄两国通过开展边境无线电频率协调，签署了中方提交的《中俄边境地区48.5MHz–862MHz频段电视和VHF/FM台站频率指配协调协议》，解决

---

694 《中俄边境地区无线电频率有效使用和频率协调技术专家组会议在京举行》，《中国无线电》2018年第10期；《中俄边境地区无线电频率协调工作组及专家组会议在莫斯科举行》，《中国无线电》2019年第9期。
695 《中华人民共和国缔结条约程序法》，第4条。
696 《缔结条约管理办法》，第5条。
697 《中华人民共和国缔结条约程序法》，第5条。
698 《中华人民共和国缔结条约程序法》，第9条。

了在相关频段困扰两国的通信干扰问题[699]。又如，2019年10月9至11日，中国与蒙古国无线电管理部门间第三次边境地区地面无线电业务频率协调会谈在北京举行，中方代表团由工业和信息化部无线电管理局，内蒙古自治区、甘肃省和新疆维吾尔自治区无线电管理机构，国家无线电监测中心，中国电信、中国移动和中国联通等单位组成。蒙方代表团由蒙古国通信和信息技术管理局、蒙古国无线电频率管理和监测中心以及蒙古国电信运营企业等单位组成。双方就地面业务边境地区无线电频率协调的多个议题进行了交流，达成了一系列共识，并签署了中蒙边境地区800MHz频段频率使用协议[700]。

无线电管理国际协调还可以达成设立跨境有害干扰解决机制方面的协议。例如，2007年8月，中国和俄罗斯通信与信息技术分委会签署了《中俄无线电监测和联合查找干扰源合作建议书》，确立了两国联合查找无线电干扰源的基本原则、合作方式、职责、工作程序及工作方法，对进一步加强两国在无线电监测及消除边境地区无线电干扰等方面的合作具有重要意义[701]。

无线电管理国际协调还可以在主管部门之间的卫星网络协调会谈结束后签署会谈纪要。例如，2010年4月12至16日，中国与印度尼西亚无线电主管部门间第九次卫星网络协调会谈在北京举行，双方针对会谈中的60项议程签署了两国第九次卫星网络协调会谈纪要[702]。

---

[699] 余建波，王虹，翁丽娜，杨春，班乃玉，林小力：《浅谈过界无线电管理》，《中国无线电》2007年第2期。

[700] 《中蒙边境地区无线电频率协调会谈在北京举行》，《中国无线电》2019年第10期。

[701] 杜廷山：《中俄无线电频率主管部门签署联合查找干扰源合作建议书》，《中国无线电》2007年第9期。

[702] 《中国与印尼无线电主管部门举行第九次卫星网络协调会谈》，《中国无线电》2010年第5期。

附录

附录 1　主要文件

一、法律

《中华人民共和国缔结条约程序法》

《中华人民共和国反恐怖主义法》

《中华人民共和国国防动员法》

《中华人民共和国国防法》

《中华人民共和国国家安全法》

《中华人民共和国国务院组织法》

《中华人民共和国海商法》

《中华人民共和国海上交通安全法》

《中华人民共和国环境保护法》

《中华人民共和国军事设施保护法》

《中华人民共和国立法法》

《中华人民共和国领事特权与豁免条例》

《中华人民共和国民法典》

《中华人民共和国民用航空法》

《中华人民共和国民族区域自治法》

《中华人民共和国气象法》

《中华人民共和国人民防空法》

《中华人民共和国突发事件应对法》

《中华人民共和国外交特权与豁免条例》

《中华人民共和国宪法》

《中华人民共和国刑法》

《中华人民共和国刑事诉讼法》

《中华人民共和国行政处罚法》

《中华人民共和国行政许可法》

《中华人民共和国治安管理处罚法》

二、行政法规

《缔结条约管理办法》

《广播电视管理条例》

《规章制定程序条例》

《国境河流外国籍船舶管理办法》

《国务院、中央军委关于保护通信线路的规定》（国发〔1982〕28号）

《国务院关于废止和修改部分行政法规的决定》（国务院令第638号，2013年7月18日）

《国务院关于修改部分行政法规的决定》（国务院令第653号，2014年7月29日）

《国务院关于修改部分行政法规的决定》（国务院令第666号，2016年2月6日）

《国务院关于修改部分行政法规的决定》（国务院令第709号，2019年3月2日）

《国务院关于修改和废止部分行政法规的决定》（国务院令第676号，2017年3月1日）

《民用机场管理条例》

《气象设施和气象探测环境保护条例》

《铁路安全管理条例》

《外国民用航空器飞行管理规则》

《无人驾驶航空器飞行管理暂行条例》

《行政执法机关移送涉嫌犯罪案件的规定》

《中华人民共和国电信条例》

《中华人民共和国飞行基本规则》

《中华人民共和国海关总署关于外国驻中国使馆和使馆人员进出境物品的规定》

《中华人民共和国海上交通事故调查处理条例》

《中华人民共和国航标条例》

《中华人民共和国军事设施保护法实施办法》

《中华人民共和国水文条例》

《中华人民共和国搜寻援救民用航空器规定》

《中华人民共和国外国常驻新闻机构和外国记者采访条例》

《中华人民共和国外国籍船舶航行长江水域管理规定》

《中华人民共和国无线电管理条例》

《中华人民共和国无线电管制规定》

三、部门规章

《边境地区地面无线电业务频率国际协调规定》

《船舶无线电台执照核发办法》

《地面无线电台（站）管理规定》

《工业和信息化部行政许可实施办法》

《广播电视无线传输覆盖网管理办法》

《国家地震局无线电管理办法》

《建立卫星通信网和设置使用地球站管理规定》

《民用航空通信导航监视工作规则》

《设置卫星网络空间电台管理规定》

《铁路无线电管理办法》

《卫星移动通信系统终端地球站管理办法》

《无线电发射设备管理规定》

《无线电频率使用许可管理办法》

《无线电台执照管理规定》

《业余无线电台管理办法》

《一般运行和飞行规则》

《渔业无线电管理规定》

《中国民用航空无线电管理规定》

《中华人民共和国无线电频率划分规定》

四、地方性法规、地方政府规章和规范性文件

《安徽省无线电管理条例》

《北京市无线电管理办法》

《福建省无线电管理条例》

《甘肃省无线电管理办法》

《四川省人民政府办公厅关于印发〈四川省权责清单管理办法〉的通知》

《四川省人民政府关于印发四川省行政许可事项清单（2022年版）》

《广东省工业和信息化厅无线电干扰投诉和查处工作办法》

《广东省无线电管理条例》

《广西壮族自治区无线电管理条例》

《贵阳龙洞堡国际机场净空和电磁环境保护管理规定》

《贵州省500米口径球面射电望远镜电磁波宁静区保护办法》

《贵州省无线电管理条例》

《海南省无线电管理条例》

《河北省无线电管理规定》

《湖北省无线电管理条例》

《湖南省无线电管理条例》

《吉林省无线电管理条例》

《江苏省无线电管理条例》

《江西省民用机场净空和民用航空电磁环境保护办法》

《江西省无线电管理条例》

《泸州市机场净空及电磁环境保护管理办法》

《内地与澳门地面移动、固定及广播（声音及电视）业务频率协调协议书》

《内地与香港地面移动、固定及广播（声音及电视）业务频率协调协议书》

《内蒙古自治区无线电管理条例》

《宁夏回族自治区无线电管理办法》

《黔南布依族苗族自治州500米口径球面射电望远镜电磁波宁静区环境保护条例》

《青岛市民用机场净空和电磁环境保护管理办法》

《山东省无线电管理条例》

《山西省无线电管理局行政处罚自由裁量基准制度》

《山西省无线电管理条例》

《上海市无线电管理办法》

《深圳经济特区无线电管理条例》

《四川省民用机场净空及电磁环境保护条例》

《四川省内无线电管理派出机构权责清单》

《四川省无线电管理办法》

《天津市无线电管理条例》

《无锡市民用机场净空和电磁环境保护办法》

《西藏自治区无线电管理条例》

《徐州观音国际机场净空和电磁环境保护条例》

《云南省无线电电磁环境保护条例》

《浙江省公共信用信息管理条例》

《浙江省无线电管理条例》

《浙江省无线电管理信用评价办法（试行）》

《中共四川省委机构编制委员会办公室四川省经济和信息化厅关于明确市（州）无线电管理机构职能的通知》

《重庆市无线电管理办法》

五、司法解释

《最高人民法院　最高人民检察院　公安部　国家安全部关于依法办理非法生产销售使用"伪基站"设备案件的意见》

《最高人民法院　最高人民检察院　公安部关于办理电信网络诈骗等刑事案件适用法律若干问题的意见》

《最高人民法院　最高人民检察院关于办理扰乱无线电通讯管理秩序等刑事案件适用法律若干问题的解释》

《最高人民法院　最高人民检察院关于办理组织、利用邪教组织破坏法律实施等刑事案件适用法律若干问题的解释》

《最高人民法院　最高人民检察院关于办理组织考试作弊等刑事案件适用法律若干问题的解释》

《最高人民法院关于审理扰乱电信市场管理秩序案件具体应用法律若干问题的解释》

《最高人民法院关于审理危害军事通信刑事案件具体应用法律若干问题的解释》

六、其他规范性文件

《150MHz、400MHz 频段数字对讲机设备无线射频技术指标》

《工业和信息化部关于发布24GHz频段短距离车载雷达设备使用频率的通知》

《3000–5000MHz频段第五代移动通信基站与卫星地球站等无线电台（站）干扰协调管理办法》

《工业和信息化部关于发布5150–5350MHz频段无线接入系统频率使用相关事宜的通知》

《800MHz数字集群通信频率台（站）管理规定》

《车联网（智能网联汽车）直连通信使用5905–5925MHz频段管理规定（暂行）》

《地球站国际协调与登记管理暂行办法》

《第十二届全国人民代表大会第一次会议关于国务院机构改革和职能转变方案的决定》

《对地静止轨道卫星动中通地球站管理办法》

《工业和信息化部办公厅关于开展无线电发射设备型号核准自检自证试点工作的通知》

《工业和信息化部办公厅关于修订发布无线电发射设备型号核准证书样式和代码编码规则的通知》

《工业和信息化部关于1447–1467MHz频段宽带数字集群专网系统频率使用事宜的通知》

《工业和信息化部关于第五代移动通信系统使用3300–3600MHz和4800–5000MHz频段相关事宜的通知》

《工业和信息化部关于调整800MHz频段数字集群通信系统频率使用规划的通知》

《工业和信息化部关于国际移动通信系统（IMT）频率规划事宜的通知》

《工业和信息化部关于加强"非独立操作使用的无线电发射模块"型号核准管理的通知》

《工业和信息化部关于无线电发射设备型号核准代码电子化显示事宜的通知》

《工业和信息化部机关各司局及相关单位具体职责内设机构和人员编制规定》

《工业和信息化部主要职责内设机构和人员编制规定》

《工业和信息化部关于150MHz、400MHz频段专用对讲机频率规划和使用管理有关事宜的通知》

《工业和信息化部关于2.6吉赫兹（GHz）频段时分双工方式国际移动通信系统频率规划问题的通知》

《关于第三代公众移动通信系统频率规划问题的通知》

《关于调整1-30GHz数字微波接力通信系统容量系列及射频波道配置的通知》

《关于发布〈微功率（短距离）无线电设备的技术要求〉的通知》

《工业和信息化部关于规范对地静止轨道卫星固定业务Ka频段设置使用动中通地球站相关事宜的通知》

《关于建立无线电发射设备销售巡检工作制度的通知》

《关于清理1885-2025MHz及2110-2200MHz频段有关问题的通知》

《关于无线汽车防盗报警设备使用频率的通知》

《国务院办公厅关于深化电子电器行业管理制度改革的意见》

《国务院办公厅关于推广随机抽查规范事中事后监管的通知》

《国务院关于第三批清理规范国务院部门行政审批中介服务事项的决定》

《国务院关于调整无线电管理办事机构设置的通知》

《国务院关于议事协调机构和临时机构设置的通知》

《禁止非法生产销售使用窃听窃照专用器材和"伪基站"设备的规定》

《民用无人驾驶航空器无线电管理暂行办法》

《十四届全国人大常委会立法规划》

《司法部、工业和信息化部、公安部关于进一步加强防范和打击利用互联网及无线电设备在国家司法考试中违法作弊活动的通知》

《铁路机车制式无线电台执照核发管理办法》

《微功率（短距离）无线电设备的技术要求》

《微功率（短距离）无线电设备管理暂行规定》

《卫星网络国际申报简易程序规定（试行）》

《卫星网络国内协调管理办法（暂行）》

《卫星网络申报协调与登记维护管理办法（试行）》

《卫星无线电频率使用可行性论证办法（试行）》

《无线电发射设备监督检查办法》

《无线电发射设备销售备案实施办法（暂行）》

《无线电发射设备型号核准测试及监督检查资金使用管理办法（暂行）》

《无线电发射设备型号核准承检机构信用管理办法（暂行）》

《无线电干扰投诉和查处工作实施细则》

《无线电干扰投诉和查处工作暂行办法》

《无线电频率使用率要求及核查管理暂行规定》

《信息产业部关于加强无线电发射设备管理的通告》

《遥感和空间科学卫星无线电频率资源使用规划（2019—2025年）》

《增强机器类通信系统频率使用管理规定（暂行）》

《雷达无线电管理规定（试行）》

《国家无线电办公室关于150MHz和400MHz频段对讲机频率使用管理和设备技术要求有关事宜的通知》

《卫星无线电有害干扰快速受理处置工作机制》

七、国际条约和国际组织宣言、决议、指南、标准等

《WHO"国际电磁场计划"评估结论与建议》

《程序规则》（2021年版）

《各国经济权利和义务宪章》

《公民权利和政治权利国际公约》

《关于各国探索和利用包括月球和其他天体的外层空间活动所应遵守原则的条约》

《关于各国依联合国宪章建立友好关系及合作之国际法原则之宣言》

《关于各国以平等权利公平地使用空间无线电通信业务的对地静止卫星轨道和频段》

《关于强制解决与〈国际电信联盟组织法〉、〈国际电信联盟公约〉和行政规则有关的争议的任选议定书》

《天然资源之永久主权》

《国际电信公约》（1947年）

《国际电信规则》

《国际电信联盟大会、全会和会议的总规则》

《国际电信联盟公约》

《国际电信联盟组织法》

《国际监测系统》（ITU-R SM.1139号建议书）

《建立新的国际经济秩序行动纲领》

《建立新的国际经济秩序宣言》

《将国际监测系统扩展到全球范围》（ITU-R第23号决议）

《联合国海洋法公约》

《联合国宪章》

《实施〈无线电规则〉中国际移动通信频段地面部分的频率安排》（ITU-R M.1036号建议书）

《世界人权宣言》

《维也纳领事关系公约》

《维也纳条约法公约》

《维也纳外交关系公约》

《无线电规则》

《中俄边境地区48.5MHz-862MHz频段电视和VHF/FM台站频率指配协调协议》

《中俄无线电监测和联合查找干扰源合作建议书》

《中华人民共和国政府和老挝人民民主共和国政府国境铁路协定》

八、其他相关文件

U.S. Department of Commerce National Telecommunications & Information Administration. Manual of Regulations and Procedures for Federal Radio Frequency Management [R]. 2021.

附录2 参考文献

一、著作

HAIM MAZAR. 无线电频谱管理政策、法规与技术[M]. 王磊,谢树果,译. 北京:电子工业出版社,2018.

JAMES A HOLLAND, JULIAN S WEBB. Learning legal rules: a students'guide to legal method and reasoning[M]. 6th ed. Oxford: Oxford University Press, 2006.

工业和信息化部无线电管理局. 无线电频谱知识百问百答[M]. 北京:人民邮电出版社,2008.

马丁·凯夫,克里斯·多伊尔,威廉·韦伯. 现代频谱管理精要[M]. 丁家昕,李英华,魏梅英,等,译. 北京:人民邮电出版社,2012.

戚道孟. 自然资源法[M]. 北京:中国方正出版社,2005.

世界卫生组织. WHO"国际电磁场计划"的评估结论与建议[M]. 杨新村,李毅,译. 北京:中国电力出版社,2008.

王爱立.《中华人民共和国刑法》解释与适用[下][M]. 北京:人民法院出版社,2021.

王爱立.《中华人民共和国刑法》释义(第7版)[M]. 北京:法律出版社,2021.

王爱立. 中华人民共和国刑法修正案(九)(十)解读[M]. 北京:中国法制出版社,2018.

王丽娜,王兵. 卫星通信系统(第2版)[M]. 北京:国防工业出版社,2014.

翁木云,吕庆晋,谢绍斌,等. 频谱管理与监测(第2版)[M]. 北京:

电子工业出版社，2017.

徐锋，朱丽华. 安全学原理[M]. 北京：中国质检出版社，2016.

中国社会科学院语言研究所词典编辑室. 现代汉语词典（第7版）[M]. 北京：商务印书馆，2016.

朱立东，吴廷勇，卓永宁. 卫星通信导论（第4版）[M]. 北京：电子工业出版社，2015.

祝捷. 无线电行政法[M]. 北京：人民出版社，2010.

二、期刊和会议论文

ERKKI HOLMILA. Common Heritage of Mankind in the Law of the Sea[J]. Acta Societatis Martensis, 2005(1): 187–205.

F. MOLINA NEGRO, J.-M. NOVILLO-FERTRELLY PAREDE. The International Telecommunication Convention from Madrid (1932) to Nairobi (1982): half a century in the life of the Union[J]. Telecommunication Journal, 1982, 49(12): 814–817.

HARVEY LISZT. 射电天文、频谱管理和2019年世界无线电通信大会[J]. 国际电信联盟新闻杂志——不断演进的新技术的频谱管理，2019(5): 81–84.

ITU. The Council turns 60[J]. ITU News, 2007(7): 4–5.

YVON HENRI. 为卫星行业服务：致力于频谱/卫星轨道资源的充分利用[J]. 国际电信联盟新闻杂志——2012年世界无线电通信大会，2012(1): 21–28.

陈如明，李海清，谢远生，等. 加强规划、促进发展——中国无线电频率划分规定全面修订新进展[J]. 中国无线电管理，2001(11): 2–4.

董洁，李丕兰. 浅谈无线电管理标准规范体系建设[J]. 中国无线电，2018(5): 21–22.

杜廷山. 中俄无线电频率主管部门签署联合查找干扰源合作建议书[J].

中国无线电，2007（9）：1.

何爱群.《无线电管制规定》学习心得[J]. 中国无线电，2011（9）：60-62.

康国钦，张余. 浅谈国家重大活动无线电管制[J]. 中国无线电，2011（9）：66-68.

康国钦. 频谱使用审查评估研究[J]. 中国无线电，2018（6）：27-29.

李伟，戴慧玲，杨淼. ITU无线电台站解读和种类划分研究[J]. 中国无线电，2015（3）：35-39.

刘海洋，石会鹏，韩锐. 加强卫星网络申报协调 保障卫星系统用频合理有序[J]. 中国无线电，2017（4）：27-29.

吕卫东，王传亮. 浅谈对大数据时代电磁环境状况发布工作的几点思考[J]. 中国无线电，2015（10）：39-41.

马骏，沈建潮，卢军. 浙江省无线电台站分级管理研究[J]. 中国无线电，2022（1）：28-31.

马政. 我国无线电管理的历史与发展概况[J]. 中国无线电管理，1995（3）：12-15.

马政. 无线电管理的概念和本质[J]. 中国无线电管理，1995（4）：20-23.

祁锋.《云南省无线电电磁环境保护条例》解读[J]. 中国无线电，2008（6）：22-26.

祁锋. 我国无线电频率资源分配方式变革初探[J]. 中国无线电管理，2003（5）：30-32.

邱雨，杜胜兰. 锤炼维护电波秩序的"尖兵利器"——《工业和信息化部关于加强无线电监测工作的指导意见》发布[J]. 中国无线电，2019（3）：14-15.

沈建峰，徐一丁. 无线电频谱资源公共属性及其应用[J]. 中国无线电，2014（8）：39-41.

史雅宁，宋琦军. 市场机制下的频率资源分配研究 [J]. 中国无线电，2006（6）：24-27.

薛永刚，胡之源. 提高频率资源使用效益的经济分析 [J]. 中国无线电，2006（10）：7-10.

易龙. 确保无线电安全是坚持总体国家安全观的题中应有之义 [J]. 中国无线电，2017（11）：1.

余建波，王虹，翁丽娜，等. 浅谈过界无线电管理 [J]. 中国无线电，2007（2）：19-23.

张继宏，杜佳，杨莉. 频谱资源全流程管理初探 [J]. 中国无线电，2020（11）：15-17.

张宇燕. 关于国家安全学理论建设框架的初步思考 [J]. 国家安全研究，2024（2）：10-14.

佚名. 中国与法国主管部门间首次卫星网络协调会谈在巴黎举行 [J]. 中国无线电，2012（12）：2.

刘卓然. 中国与美国首次主管部门间卫星网络协调会谈在北京举行 [J]. 中国无线电，2011（5）：5.

佚名. 中国与印尼无线电主管部门举行第九次卫星网络协调会谈 [J]. 中国无线电，2010（5）：5.

佚名. 中蒙边境地区无线电频率协调会谈在北京举行 [J]. 中国无线电，2019（10）：3.

周洪，陆唯群. 专用数字对讲机技术与频率规划 [J]. 上海信息化，2012（5）：40-43.